Un día
en la vida
de Abed Salama

Nathan Thrall

# Un día
# en la vida
# de Abed Salama

## Anatomía de una tragedia en Jerusalén

Traducción de Antonio Ungar

EDITORIAL ANAGRAMA
BARCELONA

*Título de la edición original*:
A Day in the Life of Abed Salama
Metropolitan Books
Nueva York, 2023

*Ilustración*: © Levente Szabo / Colagene.paris. Diseño de lookatcia

*Primera edición*: *mayo 2024*

Diseño de la colección: lookatcia.com

© De la traducción, Antonio Ungar, 2024

© Nathan Thrall, 2023
  Publicado por acuerdo con Metropolitan Books,
  un sello de Henry Holt and Company, Nueva York

© EDITORIAL ANAGRAMA, S.A., 2024
  Pau Claris, 172
  08037 Barcelona

ISBN: 978-84-339-2430-8
Depósito legal: B. 3120-2024

Printed in Spain

Liberdúplex, S.L.U., ctra. BV 2249, km 7,4 - Polígono Torrentfondo
08791 Sant Llorenç d'Hortons

No vemos nuestra voluntad en lo que pasa, así que llamamos a algunos eventos «accidentes de la melancolía», cuando son las inevitabilidades de nuestros proyectos, y llamamos a otros eventos «necesidades» solamente porque no vamos a cambiar de opinión.

STANLEY CAVELL

# PERSONAJES

PRÓLOGO
Milad Salama, hijo de Abed y Haifa
Abed Salama, padre de Milad
Haifa, esposa de Abed y madre de Milad
Adam, hermano de Milad
Amin, primo de Abed

PRIMERA PARTE: TRES BODAS
Ghazl Hamdan, primer amor de Abed
Naheel, hermana de Abed y esposa de Abu Wisaam
Abu Wisaam, cuñado de Abed
Ahmad Salama, primo de Abed y hermano de Amin
Na'el, hermano de Abed
Abu Hasán, padre de Ghazl y de Hasán
Hasán, hermano de Ghazl e hijo de Abu Hasán
Layla, cuñada de Abed y esposa de Wa'el
Wa'el, hermano mayor de Abed
Asmahan, primera esposa de Abed
Lulu, hija mayor de Abed y de Asmahan
Yameela, prometida de Abed, de Kafar Kanna
Wafaa, hermana de Haifa
Abu Awni, padre de Haifa

9

SEGUNDA PARTE: DOS FUEGOS
Huda Dahbur, doctora de la UNRWA y madre de Hadi
Abu Faraj, conductor de la UNRWA
Nidaa, farmacéutica de la UNRWA
Salem, voluntario en un rescate
Ula Yulani, profesora del Nur al-Huda
Mustafá, padre de Huda
Kamel, tío de Huda
Ahmad Dahbur, tío de Huda y poeta
Ismail, esposo de Huda
Hadi, hijo de Huda

TERCERA PARTE: INCIDENTE CON MÚLTIPLES VÍCTIMAS
Radwan Tawam, conductor de autobús
Sami, tío de Radwan
Nader Morrar, paramédico de la Media Luna Roja
Eldad Benshtein, paramédico de Mada
Dubi Weissenstern, miembro del personal de ZAKA
Bentzi Oiring, miembro del personal de ZAKA
Saar Tzur, coronel de las Fuerzas de Defensa de Israel
(FDI)
Tala Bahri, profesora de infantil del Nur al-Huda
Ibrahim Salama, tío de Abed y oficial de la Autoridad Pa-
lestina (AP)
Abu Mohammad Bahri, abuelo de Tala
Ashraf Qayqas, conductor de tráiler de carga

CUARTA PARTE: EL MURO
Dany Tirza, cabeza de la Administración Arcoíris dentro
de las FDI y arquitecto del muro
Beber Vanunu, fundador del asentamiento israelí de Adam
Adi Shpeter, residente de Ananot

QUINTA PARTE: TRES FUNERALES
Abu Yijad, primo de Abed
Bashir, hermano menor de Abed
Ruba al-Najjar, esposa de Bashir
Nansy Qawasme, madre de Salaah y esposa de Azzam
Azzam Dweik, padre de Salaah
Salaah, hijo de Nansy y Azzam
Sadine, hija de Nansy y Azzam
Fadi, hermano de Nansy
Osama, hermano de Nansy
Faisal, hermano de Nansy
Livnat Wieder, trabajadora social en Hadassah
Huda Ibrahim, trabajadora social en Hadassah
Jalil Jury, enfermera en Hadassah
Haya al-Hindi, madre de Abdullah
Abdullah al-Hindi, hijo de Haya y Hafez
Hafez, esposo de Haya y padre de Abdullah
Ahmad, hermano de Abdullah

EPÍLOGO
Arik Weiss, reportero de Canal 10
Arik Vaknish, residente de Adam
Duli Yariv, residente de Anatot

# PRÓLOGO

La noche anterior al accidente, Milad Salama no podía contener la emoción por la excursión de su clase.
«Baba», dijo, tirando del brazo de Abed, su padre, «quiero
comprar la comida para el pícnic de mañana.» Estaban en
el piso de los suegros de Abed, que eran los dueños de un
pequeño supermercado a pocos metros de allí. Abed salió
a la calle con su hijo, de cinco años, a través de uno de los
estrechos pasadizos de Dahiyat a-Salaam, el barrio de
Anata donde vivían.

Avanzaron lentamente por la calle sin aceras, entre los
coches aparcados y el tráfico. Un enredo de cuerdas, ca-
bles y líneas colgaba sobre sus cabezas, y se veían pequeñí-
simos junto a los edificios que, como torres, se elevaban
cuatro, cinco y hasta seis veces más altos que la barrera de
separación que cercaba Anata. Abed recordaba un tiempo,
no hacía mucho, en que Dahiyat a-Salaam era todavía rural y había mucho espacio libre, en que todavía era posible
expandirse hacia los lados, y no hacia arriba. Ya en el supermercado, le compró a Milad una botella de Tapuzina,
una bebida israelí de naranja, además de un tubo de Pringles
y un huevo Kinder de chocolate, su golosina favorita.

A la mañana siguiente, muy temprano, Haifa, la mujer de Abed, delgada y de piel clara como Milad, ayudó al niño a ponerse el uniforme: camisa blanca, jersey gris con el emblema del colegio privado, el Nur al-Huda, y unos pantalones también grises que tenía que subirse todo el rato hasta la estrecha cintura. Adam, el hermano de nueve años de Milad, ya se había ido.

La furgoneta blanca del colegio pitó desde la calle. Milad se apuró para acabar su desayuno: un trozo de pan pita mojado en aceite de oliva con *zatar* y *labneh*. Con una gran sonrisa, cogió el táper con el almuerzo y las golosinas, le dio un beso de despedida a su madre y salió corriendo por la puerta. Su padre seguía dormido.

Cuando Abed se levantó, el cielo estaba gris y llovía a cántaros, con rachas de viento tan fuertes que podía ver a la gente en la calle esforzándose por caminar derecha. Haifa miraba por la ventana, frunciendo el ceño.

–El tiempo pinta mal.

–¿Por qué estás tan preocupada? –le dijo Abed, acariciándole el hombro.

–No lo sé. Es solo una sensación.

Abed se había tomado el día libre en su trabajo en la compañía telefónica israelí Bezeq. Esa mañana, su primo Hilmi y él fueron juntos a comprar carne a su amigo Atef, dueño de una carnicería en Dahiyat a-Salaam. Atef no estaba en la carnicería, lo que no era habitual, así que Abed le pidió a uno de los trabajadores que lo llamara para saber si estaba bien.

El carnicero vivía en otra parte de Jerusalén, en Kafr Aqab, un barrio denso, de bloques altos edificados sin normas, casi al azar. Un barrio que, como Dahiyat a-Salaam, estaba aislado del resto de la ciudad por un puesto de control militar y por el muro. Para evitar los atascos diarios y las esperas en el puesto de control, que podían durar horas, ese día había tomado otra ruta, algo sinuosa, para ir a trabajar. Atef los informó de que estaba atrapado en un atasco. Parecía que había un choque delante de él, en la carretera que unía dos puestos militares: uno, en el campo de refugiados de Kalandia; el otro, en el pueblo de Yaba. Un instante después, Abed recibió una llamada de un sobrino. «¿Ha ido Milad de excursión hoy? Un autobús escolar ha tenido un accidente cerca de Yaba.»

A Abed se le revolvió el estómago. Salió de la carnicería con Hilmi y se subió al jeep plateado de su primo. Bajaron la colina a través del tráfico matutino, dejaron atrás a los adolescentes que empezaban a trabajar en los talleres de coches con letreros en hebreo para clientes judíos, pasaron junto al colegio de Milad y luego siguieron el muro. La carretera rodeaba las urbanizaciones del asentamiento israelí de Neve Yaakov y subía la empinada colina hasta Geva Binyamin, otro asentamiento también conocido como Adam, nombre asimismo del hermano mayor de Milad.

En el cruce de Adam, los soldados impedían a los coches acercarse al lugar del accidente, y se había formado un atasco. Abed saltó del jeep. Hilmi, suponiendo que el choque había sido leve, se despidió y dio media vuelta.

Justo el día anterior, Abed había estado a punto de arruinar la excursión de Milad. No se había tratado de una premonición ni de nada por el estilo, sino solo de un descuido.

Había estado con Hilmi en Jericó, de pie en la llanura polvorienta de la ciudad más profunda de la Tierra, cientos de metros por debajo del nivel del mar, cuando recibió

15

una llamada de su mujer. Haifa le preguntó si había pagado los cien séqueles para la excursión escolar de Milad. Abed se había olvidado. Haifa no quería que el niño fuera a la excursión, pero, al ver las ganas que tenía Milad de estar con el resto de su clase, había cedido. El niño llevaba días hablando del viaje. Cuando Haifa llamó, estaba corriendo por toda la casa de los abuelos maternos, esperando emocionado el regreso de su padre, ansioso por ir a comprar golosinas. Pero era tarde. Si Abed no llegaba al colegio antes de que cerrara, Milad no se podría subir al autobús a la mañana siguiente.

Era media tarde, pero hacía frío y estaba nublado. La tormenta del día siguiente empezaba a formarse. Las ramas de las palmeras datileras se agitaban a lo lejos. Abed le dijo a Hilmi que tenían que volver deprisa.

Hilmi estaba en Jericó por negocios. Había heredado setenta mil dólares y quería invertirlos en tierras, pero ya no quedaba casi nada para comprar en Anata, donde vivían los Salama. En tiempos había sido una de las ciudades más extensas de Cisjordania, una larga franja que se extendía hacia el este desde las montañas de Jerusalén hasta las colinas amarillo pálido y los *wadis* desérticos de las afueras de Jericó. Sin embargo, Israel había confiscado casi toda la tierra o la había hecho inaccesible para Abed, Hilmi y la gente de Anata. Un pueblo de treinta kilómetros cuadrados estaba ahora confinado en menos de un kilómetro cuadrado. De ahí la idea de Jericó.

Conduciendo lo más rápido posible para llegar a tiempo al colegio de Milad, Abed y Hilmi entraron a la principal vía este-oeste de Israel, la autopista 1. Después subieron la cresta de la montaña, pasando junto a tres asentamientos israelíes cerrados que estaban construidos en tierras de Anata, y junto al barrio de chabolas beduino

16

Jan al-Ahmar, que se extendía en una parcela propiedad del abuelo de Abed. En la calle Abu George vieron los olivares que habían pertenecido a Abed y a sus hermanos, ahora en manos de colonos judíos. A continuación, la ruta los llevó cerca de la muy conocida zona E1, donde Israel planeaba levantar varios miles de viviendas y plazas hoteleras de nueva construcción, así como una zona industrial. Finalmente, subiendo la última colina, pasaron por el asentamiento israelí de Anatot y la base militar adyacente, también en tierras de la familia Salama.

Al entrar en Anata, Abed y Hilmi condujeron hasta el edificio del colegio, que estaba en las afueras de la ciudad, contra el muro de separación. El recinto principal estaba tranquilo y casi vacío. Abed atravesó la puerta metálica, cruzó el césped artificial hasta el vestíbulo y le dijo a la secretaria que quería pagar la excursión.

—Es demasiado tarde. Hemos cerrado.

Abed subió corriendo las escaleras y encontró a una profesora conocida, Mufida. Ella llamó a la directora, que llamó a la secretaria, y Abed bajó de nuevo al primer piso para pagar, suspirando de alivio. Milad iría a la excursión.

Cuando Abed salió del todoterreno de Hilmi en el cruce de Adam, estaba lloviendo. Llevaba la chaqueta negra que había cogido por si la tormenta llegaba al fin. Cuanto más se acercaba al sitio del accidente, más nervioso se ponía. Sus pasos ya se habían convertido en un trote cuando vio acercarse un jeep verde del ejército israelí. Gritó para que parara y les explicó a los soldados, en hebreo, que creía que su hijo estaba en el autobús. Les pidió que lo llevaran. Se negaron. Entonces empezó a correr. Al principio no podía ver el autobús: un inmenso camión de carga atravesado en los tres carriles le tapaba la vista. Decenas de personas se agolpaban, entre ellas, padres a los que reconocía y que también habían llegado corriendo. «¿Dónde está el autobús?», preguntó Abed. «¿Dónde están los niños?» Y un instante después lo vio: volcado de lado, vacío, ardiendo. Abed no vio niños, ni profesoras, ni ambulancias. Entre la multitud divisó a un primo suyo que le caía muy mal, Amin. Años antes, los dos se habían enzarzado en una pelea feroz que había acabado con Abed en el hospital. Amin trabajaba ahora para la Organización Palestina de Seguridad Preventiva, que en la práctica actuaba como policía de Israel en los centros urbanos de Cisjordania. Era conocido como uno de los agentes corruptos que extorsionaban a la gente.

—¿Qué ha pasado? —preguntó Abed.

—Un accidente terrible —respondió Amin—. Han sacado los cuerpos del autobús y los han dejado en el suelo.

Abed se alejó, con el corazón latiéndole con fuerza. ¿Quién le diría a un padre algo así? Hasta ese momento, Abed no había oído que nadie hubiera muerto, y ahora no podía borrar de su mente esa imagen espantosa. Se adentró en la multitud, con las palabras de Amin resonándole en la cabeza.

Los rumores revoloteaban entre quienes observaban la escena: habían llevado a los niños a una clínica en a-Ram, a dos minutos carretera arriba; los niños estaban en Ramá, la base militar israelí a la entrada de a-Ram; se encontraban en el centro médico de Ramala; los habían trasladado de Ramala al hospital Hadassah Monte Scopus. Abed tenía que decidir adónde ir. Con su carnet verde de Cisjordania no podía entrar a Jerusalén para buscar en el Hadassah. El rumor sobre a-Ram era improbable, dado que no tenía hospital. El centro médico de Ramala era el destino más plausible. Pidió a dos desconocidos que lo llevaran. Acababan de viajar dos horas y media desde el campo de refugiados de Yenín e iban en la dirección contraria, pero aceptaron sin dudarlo.

Tardaron un buen rato en salir del denso atasco que se había formado en el lugar del accidente. En la carretera Jerusalén-Ramala pasaron por delante del parque de juegos Kids Land, donde la clase debería haber estado a esa hora. En la azotea había un Bob Esponja gigante, uno de los personajes de dibujos animados favoritos de Milad.

Tras conducir hacia Ramala, Abed y los dos amables desconocidos llegaron por fin al hospital, donde había un caos absoluto: sirenas de ambulancia, médicos que llevaban a los niños heridos en camillas, padres aterrorizados que gritaban y lloraban, equipos de televisión entrevistando al personal del hospital. Abriéndose paso a través de esa confusión, con la respiración entrecortada y presión en el pecho, Abed trató de calmar su miedo, que iba en aumento. Pero la mente no le obedecía. Parecía atorada en un solo pensamiento: «¿Estoy siendo castigado por lo que le hice a Asmahan?».

# Primera parte
## Tres bodas

# I

Cualquiera que hubiera conocido a Abed en su juventud habría pensado que estaba destinado a acabar con cierta mujer. Sin embargo, esa mujer no era ni Haifa ni Asmahan. Era una chica llamada Ghazl.

Se habían conocido a mitad de los años ochenta, cuando Anata era tranquila y rural, más pueblo que ciudad. Ghazl era una chica de catorce años, alumna de primer año en el bachillerato femenino. Abed cursaba el último año en el masculino, que estaba al otro lado de la calle. Era una época en la que todos se conocían en Anata. Más de la mitad del pueblo provenía de tres grandes familias, que descendían todas de un hombre llamado Alawi. La de Abed, la de los Salama, era la familia más grande. La de Ghazl, los Hamdan, era la segunda.

El propio Alawi podía rastrear sus ancestros hasta el hombre que había fundado Anata, Abdel Salaam Rifai, un descendiente del fundador del sufismo, del siglo XII. Ese antepasado original había viajado dese Irak para ir a la mezquita de al-Aqsa, en Jerusalén, y se había establecido en Anata, cuyo nombre podría venir de la diosa cananea Anat o de la ciudad bíblica Anatot. De niños, Abed y sus herma-

23

nos solían ir por la carretera hasta el antiguo santuario de piedra dedicado a Abdel Salaam Rifai, y encendían velas dentro del recinto abovedado. Después ese lugar sería convertido en un sitio de descanso para los soldados israelíes, que lo llenarían de colillas de cigarros y botellas de cerveza.

En esa época, Abed vivía a menos de cincuenta metros del bachillerato femenino, colina abajo, en la primera planta de una casa de piedra caliza. El bajo se usaba como corral para cabras, gallinas y ovejas. El padre de Abed quería mucho a los animales, sobre todo a las cabras. Les había puesto nombre a todas y las llamaba para que comieran semillas, nueces o dulces. De adolescente, Abed solía llevarlas a pastar al pequeño valle que había entre Anata y el nuevo asentamiento judío de Pisgat Ze'ev.

Durante su juventud, el paisaje estaba salpicado de higueras y olivos, entremezclados con campos de trigo y lentejas. Todos los miembros de una familia dormían en una sola habitación, sobre el suelo cubierto de colchonetas. Las casas tenían retretes exteriores, y las mujeres cargaban el agua de los manantiales cercanos en grandes jarras que balanceaban sobre la cabeza. Los niños se bañaban en baldes muy grandes que se llevaban una vez a la semana al salón de la casa, los viernes. Después, todos se alineaban con la ropa limpia y el pelo mojado para darles las gracias a sus padres con un beso en la mano; a cambio recibían otro en la frente y una bendición de consuelo y bienaventuranza, un *na'eeman*.

Anata empezó a cambiar después de que Israel la conquistara, junto con el resto de Cisjordania, en la guerra de 1967. Hasta ese momento, esa área había estado gobernada por Jordania. Durante las siguientes décadas, Israel transformaría la demografía y la geografía de los territorios ocupados, usando una gran variedad de políticas para judaizarlas.

En Anata se apoderó de las tierras parcela por parcela, emitió cientos de órdenes de demolición, anexionó parte de la ciudad a Jerusalén, erigió una muralla de separación para rodear su centro urbano y confiscó el resto para crear cuatro asentamientos israelíes, varios puestos de avanzada de colonos, una base militar y una autopista segregada mediante otro muro, lo que hacía que el tráfico palestino fuera invisible para los colonos judíos. La piscina natural y el manantial del pueblo los convirtieron en una reserva natural israelí, que era gratis para los colonos de Anatot y de pago para la gente de Anata. La carretera al manantial atravesaba el asentamiento israelí y, como los palestinos no podían acceder sin permiso, usaban otra ruta que daba un largo rodeo por un peligroso camino de tierra.

Año tras año, los palestinos de Anata veían cómo iban siendo absorbidos por el tejido urbano de una Jerusalén que se expandía y que ya se había tragado la Ciudad Vieja y el resto de Jerusalén Este, así como las tierras de más de dos docenas de pueblos cercanos, todos anexionados por Israel. Sus habitantes conducían por las autopistas israelíes de varios carriles, hacían la compra en sus cadenas de supermercados y hablaban hebreo en las oficinas, los centros comerciales y en los cines. Pero las costumbres sociales no habían cambiado. Las relaciones sexuales prematrimoniales seguían estando prohibidas; los matrimonios solían ser concertados, y algunos primos se casaban entre sí para mantener algo de riqueza y de tierra en la familia. Quienes eran enemigos fingían una gran cortesía entre ellos, pues el destino estaba en gran medida determinado por la reputación de cada hogar –por ejemplo, una hija rebelde podía arruinar las posibilidades de matrimonio de todas sus hermanas–, y todo ese drama venía envuelto en un discurso ritual y cortés.

Si Anata recordaba a un pueblo preindustrial del siglo XVIII, Abed había nacido en su aristocracia. Sus dos abuelos, que eran hermanos, habían sido en algún momento *mujtar*, líderes del pueblo, y, sumando sus parcelas, habían sido dueños de la mayoría de la tierra. Pero, a medida que las propiedades se fueron reduciendo al ser confiscadas por las nuevas normas israelíes, también se redujo la relevancia de los *mujtar*. A comienzos de los años ochenta, cuando le llegó el turno al padre de Abed, este rehusó ese honor, argumentando que ahora ser *mujtar* consistía sobre todo en señalar a los soldados de la ocupación las casas de los hombres a quienes querían arrestar.

El padre de Abed era un hombre orgulloso que casi nunca mostró rencor por las pérdidas que había sufrido: ni por las materiales, ni por las del espíritu. Su primer amor había sido una chica de la familia Hamdan, pero su padre y su tío tenían planes de casarlo con una prima para evitar tener que dividir la tierra de la familia. Los parientes de la chica también conspiraron para mantenerlos apartados debido a la rivalidad entre los Salama y los Hamdan; tan pronto como supieron de las inclinaciones románticas de ella, la casaron con un primo. Al padre de Abed no le quedó más remedio que respetar los deseos de su familia y aceptar el matrimonio concertado.

Años después, cuando el propio Abed se enamoró de una Hamdan, se preguntó si estaría siguiendo el destino frustrado de su padre. Por las tardes le escribía notas secretas a Ghazl. Por las mañanas se las entregaba a una de sus vecinas o de sus compañeras de clase para que ella las recibiera en el instituto. A menudo, las notas le indicaban que debía contestar el teléfono a una hora determinada. La casa de Ghazl disponía de línea telefónica, dado que el barrio en el que vivía había sido anexionado por Israel y ahora formaba parte de Jerusalén. Las demás casas de Anata no tenían teléfono. Después del colegio, Abed cogía el autobús a la Puerta de Damasco, en Jerusalén Este, caminaba hasta la oficina de correos de la calle Saladino, el principal bulevar comercial, y, a la hora acordada, metía una ficha en el teléfono. Hablaban todo lo que podían, que solía ser muy poco. Si los padres de Ghazl entraban en la habitación del teléfono, ella se dirigía a Abed en femenino, antes de colgar abruptamente. Algunos días, apenas llegaban a saludarse cuando el pitido monótono de la llamada interrumpida dejaba a Abed en mitad de una frase.

Los dos eran apuestos. Abed era moreno, alto y esbelto, de mandíbula fuerte, mirada reflexiva y una actitud amable, tranquila. Tenía una densa mata de cabello, cortado casi a ras a los lados, y un bigote que más adelante lo avergonzaría. Con la camisa desabotonada hasta el pecho, parecía un James Dean palestino. Ghazl tenía los ojos grandes y almendrados, y un lunar en la mejilla derecha. Se parecía a su padre; su cara, como la de él, irradiaba bondad.

Naheel, la hermana mayor de Abed y su favorita, vivía en Dahiyat a-Salaam con su esposo, Abu Wisaam, en una casa cercana a la de Ghazl. Desde aquella casa, Abed espiaba a Ghazl cuando esta salía a la azotea o al balcón, los únicos sitios al aire libre en los que se descubría el pelo.

Abed no era religioso y estaba en contra del *hiyab*. Ninguna de sus hermanas lo había usado antes de casarse, y Naheel ni siquiera lo había hecho después. El *hiyab* no era muy común, sobre todo entre las élites. Cuando Abed se graduó en el instituto en 1986, menos de la mitad de las chicas de Anata se cubrían el cabello. A él, sin embargo, no le importaba que Ghazl usara *hiyab*. Sabía que lo hacía por respeto a su padre, que era un hombre religioso, y que, en otros asuntos, Ghazl era mucho menos respetuosa que las chicas de su edad y se le permitía más independencia. Su padre era afable y de fiar, y su madre –que provenía de Silwan, un barrio de Jerusalén central que estaba justo detrás de la mezquita de al-Aqsa– había adoptado las costumbres modernas de la ciudad. Fue la flexibilidad de sus padres lo que permitió que Ghazl y Abed se vieran con frecuencia; al menos al principio, antes de que el cortejo secreto pudiera florecer de verdad, encubierto por la lucha política conjunta.

La primera intifada ocurrió en diciembre de 1987, un año y medio después de que Abed acabara el bachillerato. Empezó como una serie de protestas callejeras espontáneas, después de que un camión del ejército israelí se estrellara contra una camioneta en Gaza y matara a cuatro trabajadores palestinos. En cuestión de días, las protestas se expandieron, impulsadas por años de rabia hacia lo que el ministro de Defensa israelí llamaba «política de puño de hierro», y se convirtieron en la primera gran revuelta colectiva organizada contra la ocupación. Hubo cientos de batallas campales en las que los jóvenes palestinos tiraban piedras a las tropas israelíes, equipadas con vehículos militares blindados y rifles de asalto. En aquellos años, todos los palestinos tuvieron que hacer sacrificios dolorosos: pobres o burgueses, profanos o religiosos, cristianos o musulmanes, refugiados o arraigados, encarcelados o expulsados. Las distinciones de clase y los rastros de opulencia se evaporaron, e incluso las mujeres menos religiosas usaron temporalmente el *hiyab* como una muestra de solidaridad nacional.

Se sitiaron varias ciudades, se impusieron toques de queda, se agotaron las provisiones, se perdieron puestos de trabajo, los colegios cerraron; hubo niños encarcelados, maridos torturados, padres asesinados e hijos mutilados. Se rompieron tantos huesos que los garrotes de los soldados dejaron de ser útiles. Según el diario israelí *Kol Hazman*, «ese tipo de garrote de madera se reemplazó varias veces, porque era demasiado débil y se rompía, y se empezaron a usar varas metálicas. Como estas se doblaban, se implementó el uso de porras de plástico flexible». Más de mil cien palestinos fueron asesinados por soldados o civiles israelíes en los seis años de la revuelta. Hubo ciento treinta mil heridos y unos ciento veinte mil encarcelados. Durante esos años, Israel tuvo la mayor proporción de población encarcelada per cápita del mundo.

El ejército israelí cerró todas las instituciones de educación superior palestinas, lo que hizo que Abed no pudiera graduarse. Al acabar el bachillerato tenía esperanzas de estudiar en el extranjero. Un amigo cercano, Osama Rajabi, le propuso que enviaran una solicitud a una universidad en la Unión Soviética –la Organización para la Liberación Palestina, OLP, ofrecía becas en los países socialistas aliados–. Abed quería irse con Osama, pero antes tenía que conseguir un pasaporte, y para ello necesitaba la ayuda de su padre. Israel no emitía pasaportes para los individuos que vivían bajo la ocupación, pero su padre tenía pasaporte jordano, emitido cuando el Reino Hachemita controlaba Cisjordania, por lo que Abed podía solicitar uno en Jordania. Pero su padre se negó a ayudarlo: dijo que no iba a permitir que su hijo dejara Palestina para convertirse en un comunista. Osama se fue solo.

En Anata y en otros lugares de Cisjordania, el Frente Democrático por la Liberación de Palestina (FDLP), una facción marxista-leninista de la OLP, estaba a la vanguardia de la sindicalización y de la organización política detrás de la intifada. El líder local del FDLP era nada menos que Abu Wisaam, el cuñado de Abed, un intelectual pequeño, simpático y locuaz, que se había unido al grupo en los años setenta; había estudiado en Beirut, donde se había entrenado en espionaje, explosivos e ideología de partido, y había estudiado otras revoluciones en el mundo y el movimiento sionista. En una visita a Anata para ver a sus padres, lo habían arrestado por pertenecer al FDLP –considerado una organización ilegal, como todas las facciones de la OLP– y había pasado quince meses en la cárcel, durante los cuales leyó los textos más importantes del marxismo. Se comprometió con Naheel poco después, cuando ella tenía dieciséis años, y Abed, doce. Desde ese momento, Abu Wisaam vio a su cuñado como un futuro revolucionario; una vez que empezó la intifada, lo reclutó para el partido.

No se trataba solo de ampliar las filas de su facción. Hacer que Abed ingresara en el FDLP era también una forma de protegerlo. Plagada de colaboracionistas, Palestina era seguramente una de las sociedades con más infiltrados en la historia de las ocupaciones extranjeras y de la imposición colonial. En el Frente Democrático, por lo menos, Abu Wisaam sabía en quién se podía confiar. En una ocasión, un joven miembro de Fatah, la facción rival, repartió dinero asegurando que se lo había enviado un tío suyo desde Estados Unidos. Según su versión, el tío quería ayudar a la intifada, y el dinero se destinaría a comprar zapatillas para los *shabaab*, los adolescentes de la revuelta. Mediante esa estrategia, el joven pensaba que podía erigirse en líder.

Dio cinco dinares jordanos a cada activista adolescente, suficiente para comprarse un par de zapatillas Nike blancas nuevas, las mejores para correr cuando las balas israelíes empezaran a silbar. Abed aceptó el dinero, pero, cuando Abu Wisaam lo supo, lo obligó a devolverlo inmediatamente. Tenía claro que era una treta: el dinero venía de los israelíes, que querían saber quiénes de entre los *shabaab* estaban involucrados en las protestas, y a quiénes podían comprar. Más tarde, arrestaron a todos los que aceptaron el dinero: los soldados los sacaron de sus casas en plena noche. Gracias a Abu Wisaam, Abed se salvó.

Aunque la mayoría de los hombres de la familia de Abed eran de Fatah, el partido de Yasir Arafat, Abed aprendió a desconfiar de esa organización. Le parecía que el discurso de Fatah era simple palabrería vacía, una convicción que se reforzó con los años, a medida que veía a sus líderes hacer concesiones en casi todos sus principios, y después concesiones a las concesiones, hasta el punto de que, tras la intifada, acabaron convertidos en agentes de Israel. Lo que le gustaba a Abed del Frente Democrático era que, en el terreno –en Anata, en Jerusalén, en el resto de Cisjordania–, el grupo parecía ser el más comprometido con construir un movimiento local por la liberación de Palestina.

El FDLP apoyaba la decisión de Abed de unirse a Osama y estudiar Derecho en la Unión Soviética. Ghazl también. Él quería defender al grupo de presos políticos palestinos, cada vez más numeroso. Desde que su amigo se fue, Abed pedía permiso todos los años para estudiar con él, y todos los años su padre decía que no.

Estancado en Anata, Abed trabajó en la construcción mientras ascendía en las filas del Frente Democrático y de su sindicato, el Bloque Unido de los Trabajadores. Organizó protestas, reclutó a nuevos miembros y distribuyó *bayanaat*, los comunicados de la intifada que coordinaban las acciones de farmacéuticos, médicos, abogados, profeso-

31

res, comerciantes, hosteleros y comités locales. Esos pequeños panfletos daban instrucciones acerca de cuándo hacer huelgas o boicots, qué empleados públicos debían dimitir, qué ordenes israelíes debían ignorarse o adónde se debía marchar para impedir el transporte hacia los asentamientos judíos. Tener un *bayanaat* o cualquier «material de propaganda» de la OLP era un delito, como también lo era imprimir o publicitar «cualquier convocatoria, cartel, fotografía, panfleto u otros documentos que incluyera material de relevancia política».

Los *bayanaat* tenían que producirse y distribuirse en la clandestinidad. La manera de hacerlo era rotar permanentemente, dado que Israel confiscaba los folletos y a veces también la prensa donde se imprimían. Una vez, Abed recibió un *bayanaat* de una joven europea que había conseguido cruzar los puestos de control militar con los panfletos escondidos bajo el forro del maletero de su coche. Abed entraba en el supermercado de Anata con periódicos acomodados bajo la camisa, se dirigía a un pasillo vacío y los dejaba caer al suelo. Por la noche, él y otros *shabaab* escribían los textos de los *bayanaat* con espray en los muros de Anata.

Una tarde, cuando ya habían pasado varias semanas desde el inicio de la revuelta, Naheel fue a una manifestación del FDLP en la Puerta de Damasco, en Jerusalén. Antes se había preparado una coartada. Abu Wisaam y ella estaban tratando de tener un hijo, y tenía que hacerse una prueba de embarazo, así que llamó a una clínica en la calle Saladino y programó una cita justo antes de la manifestación. Con el resultado de la prueba en la mano se unió a sus amigos fuera de las murallas de la Ciudad Vieja, donde empezó a agitar la bandera palestina, que estaba prohibida. Las fuerzas de seguridad israelíes embistieron, pero, antes de que pudieran coger a Naheel, su amiga le arrancó la bandera de la mano y se escapó corriendo por la calle. A Naheel la llevaron a un centro de detención en Jerusalén Este, en el Complejo Ruso, conocido entre los palestinos como Moscobiya. Por mostrar la bandera palestina podían condenarla a varios meses de cárcel, pero los soldados no la pillaron con la bandera; además, pudo indicarles el día y la hora de su prueba de embarazo, argumentando que simplemente había estado en el lugar equivocado en la fecha equivocada. Como resultado, solo pasó diez días en prisión.

El test de Naheel había salido negativo, pero se quedó embarazada poco tiempo después, durante el primer ramadán de la intifada. Su hijo nació en enero de 1989, cuando la revuelta llevaba un año. Cuando el bebé cumplió dos semanas, arrestaron a Abu Wisaam por su papel en el FDLP. Era su tercer paso por la cárcel, y el segundo desde que se había casado con Naheel, pero esta vez estuvo encerrado casi un año. Con el FDLP sin líder, Abed tomó el mando.

Pasó mucho de ese tiempo ayudando a Naheel con su bebé, durmiendo en la casa de ella, muy cerca de Ghazl, que estaba acabando su último curso de bachillerato. Abed había reclutado a Ghazl para el Frente Democrático y la había puesto a cargo de captar y formar a otras jóvenes. Ghazl hacía muy bien su trabajo. Había veinticinco mujeres activas en el grupo cuando Abu Wisaam fue encarcelado; para cuando salió, Ghazl había duplicado ese número.

La casa de Naheel, ubicada en lo alto de la colina de Dahiyat a-Salaam, les ofrecía a Abed y a sus amigos una ventaja estratégica para divisar a los soldados israelíes subiendo a través de Anata, o desde el campo de refugiados de Shuafat, que estaba un poco más arriba. El campo de Shuafat era un punto frecuente de encuentro para manifestaciones y uno de los primeros barrios de Jerusalén puestos bajo estado de sitio cuando empezó la revuelta. A los residentes de Shuafat, Abed y la gente de Anata los llamaban *thawaala* –«la gente de Beit Thul», un pueblo cercano a Jerusalén–, porque algunas de las familias más grandes del campo habían sido expulsadas de allí en 1948, cuando las fuerzas sionistas establecieron el Estado de Israel. Era tabú decirlo, porque los refugiados eran un elemento central del movimiento nacional palestino: eran sus fundadores, sus líderes en el exilio, su símbolo más potente y la personificación de la causa palestina por volver a su tierra. Sin embargo, a Abed no le gustaban los *thawaala*. Le molestaba que actuaran como si fueran los únicos defensores de Palestina, de alguna manera mejores que la gente que se había quedado en su tierra; creía también que los refugiados de aquel campo presentaban una imagen falsa de los palestinos, como mendigos que vivían de las donaciones de la ONU. Por si fuera poco, dificultaban la vida de todos cortando las calles cuando había alguna disputa entre familias.

El campo de Shuafat era también un paraíso para los drogadictos y sus camellos, y Abed veía a los soldados israelíes comprando allí hachís y otras sustancias. En cualquier otro lugar, esto no habría pasado de ser un problema social, pero en el contexto palestino era un lastre nacional. Israel solía reclutar a sus colaboradores amenazándolos con mostrarles a sus familias conservadoras y a sus vecinos fotografías reales o manipuladas de sus transgresiones, sobre todo de las sexuales. Los israelíes utilizaban a los camellos y a los adictos como trampas, por lo que se los consideraba una amenaza para la revuelta. De noche, Abed y otros *shabaab* se ponían máscaras e iniciaban peleas con los camellos, para expulsar de las calles a posibles colaboracionistas.

Uno de los aspectos más duros de la intifada eran las disputas entre palestinos, algo más generalizado de lo que nadie quería admitir. Cientos fueron asesinados y un sinnúmero más, heridos, Abed entre ellos. Ola Ya'uni, mentora de Ghazl en el Frente Democrático, era una estudiante universitaria a cargo del reclutamiento y la formación de mujeres en Jerusalén y en los pueblos cercanos hacia el norte. Asistía a todas las protestas e informaba directamente a los jefes con más antigüedad. Abed admiraba a Ola. Era fuerte, inteligente e independiente. Como era guapa y no procedía de Anata, la gente se quedaba mirándola por la calle y llamaba la atención de los *shabaab* locales de Fatah, que la molestaban cuando llegaba a la ciudad para encontrarse con Ghazl y otros activistas del FDLP.

Un miembro de Fatah en concreto pasó a la ofensiva directamente. Fue Ahmad Salama, uno de los primos de Abed. Apareció en el bachillerato femenino de Anata para desacreditar a Ola frente a las alumnas. Después fue a las casas de las chicas del Frente Democrático, incluida la de Ghazl, para informar a sus padres de que Ola no era una mujer respetable y debían alejarla de sus hijas. El padre de Ghazl defendió a Ola, quien frecuentaba a la familia, y echó a Ahmad de su casa.

Un día, Ola iba caminando por la calle Saladino cuando Ahmad y algunos de sus amigos de Fatah empezaron a acosarla con comentarios veladamente sexuales. «¡Eh, Ola! Ven con nosotros al coche, disfrutarás del viaje.»

Humillaron a Ola, pero ella mantuvo la cabeza alta, primero respondiendo y después ignorándolos mientras la seguían. Cuando llegó a su casa, les contó a sus dos hermanos lo que había pasado. Esa misma noche, estos fueron a Anata para buscar a Ahmad. Sin identificarse, le dijeron que necesitaban hablar con él sobre asuntos importantes de la intifada, y el chico aceptó reunirse con ellos. Condujeron los pocos kilómetros que los separaban del pueblo de Hizma; los hermanos de Ola revelaron su verdadera identidad y le dieron una paliza a Ahmad, dejándolo ahí tirado.

Las lesiones de Ahmad fueron menores, pero quería vengarse. Lo consiguió contándoles a sus amigos y parientes que había sido secuestrado y golpeado por miembros del FDLP, sin mencionar el acoso a Ola ni las represalias por parte de sus hermanos. Entonces, todos los Salama de Anata se dirigieron a Abed, el jefe local del FDLP, porque querían saber por qué había ordenado la paliza de un miembro de la familia. Abed no tenía ni idea de lo que le estaban diciendo, e insistió en que el FDLP no le había hecho nada a Ahmad. Hasta ahí llegó el asunto, o eso le dijeron a Abed.

Unos meses después, Abed recibió la visita de tres miembros del FDLP venidos de Jerusalén para coordinar juntos acciones de la intifada. Después de la reunión, mientras los acompañaba a coger el autobús de vuelta a Jerusalén, Ahmad y su hermano Amin, mucho más grande que él, aparecieron de la nada.

Ahmad agarró a uno de los visitantes y lo acusó de ser uno de sus secuestradores. Abed tiró del brazo de Ahmad. «No les hables a mis invitados; si tienes un problema, háblalo conmigo», dijo. Para ese momento, una pequeña multitud se había congregado a su alrededor. Abed urgió a sus invitados a montarse pronto en el autobús y marcharse. «Va a haber una pelea y no tiene nada que ver con vosotros.»

Cuando se volvió, Ahmad y Amin sacaron sendas navajas. Los tres empezaron a pelear mientras la multitud intentaba detenerlos. Justo entonces, Abed vio a su hermano mayor, Na'el, el segundo en orden de nacimiento y la oveja negra de la familia. Era un drogadicto. Se metía de todo, desde hachís hasta heroína, y hacía poco había caído en desgracia con unos camellos del campo Shuafat. Mentía y robaba, nunca había trabajado y se metía en peleas que derivaban en problemas mayores con otras familias. Llevaba a otros drogadictos y camellos a casa de los Salama, incluidos israelíes, lo que daba pie a que la policía hiciera redadas en busca de drogas.

Na'el era un motivo de angustia permanente para sus padres. Lo habían intentado todo, antes de que el padre lo desheredara: dijo que Na'el ya no era su hijo, se negó a hablar con él y le prohibió compartir la mesa con la familia. La madre le llevaba la comida a la habitación. Decía que estaba enfermo y necesitaba ayuda, pero Abed creía que, sencillamente, era su hijo favorito. Como su padre, Abed le había perdido el respeto a Na'el: ya ni siquiera lo consideraba su hermano mayor. Desde que Na'el había sido rechazado, y como Wa'el, el mayor, llevaba varios años viviendo en Jordania, Abed había adoptado el papel del hijo responsable.

Esa tarde, saliendo de la multitud en la parada del autobús, Na'el se enfrentó a Amin mientras Abed y Ahmad se daban golpes. Al tiempo que los testigos intentaban agarrarlos por las camisas, el primero le dio al segundo un puñetazo en la cara y lo tiró al suelo. Su cráneo rebotó en la acera. Mientras tanto, Amin blandía la navaja contra Na'el. Ahora que estaba libre, Abed se acercó para intervenir

# Anata y sus alrededores

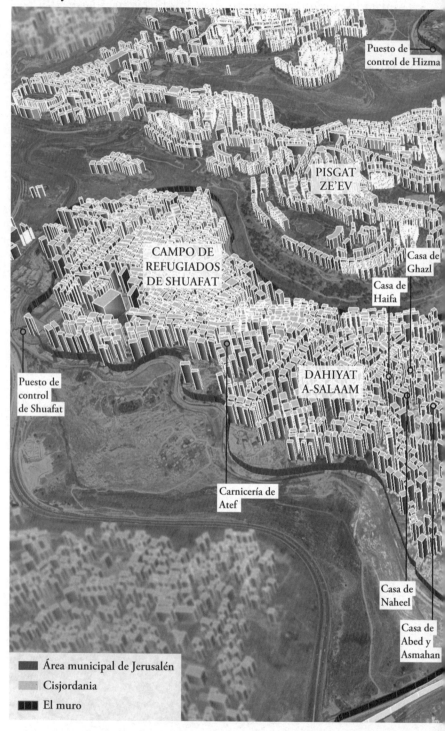

Puesto de control de Hizma

PISGAT ZE'EV

CAMPO DE REFUGIADOS DE SHUAFAT

Casa de Ghazl

Casa de Haifa

Puesto de control de Shuafat

DAHIYAT A-SALAAM

Carnicería de Atef

Casa de Naheel

Casa de Abed y Asmahan

Área municipal de Jerusalén

Cisjordania

El muro

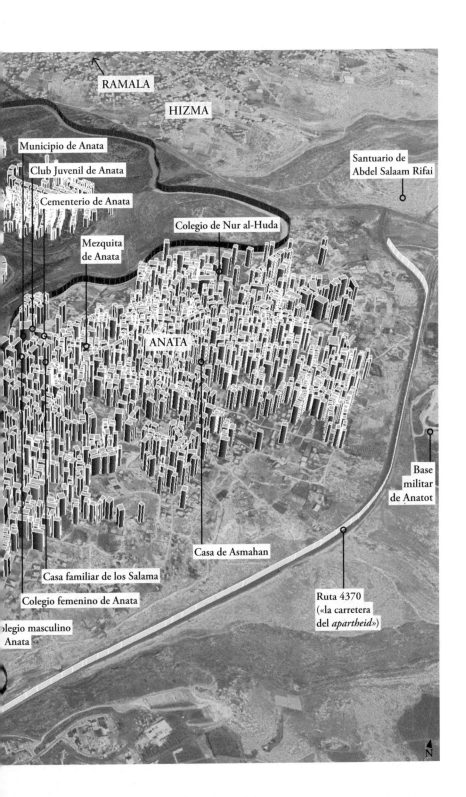

RAMALA

HIZMA

Municipio de Anata

Club Juvenil de Anata

Cementerio de Anata

Mezquita de Anata

Colegio de Nur al-Huda

Santuario de Abdel Salaam Rifai

ANATA

Base militar de Anatot

Casa de Asmahan

Casa familiar de los Salama

Colegio femenino de Anata

Ruta 4370 («la carretera del *apartheid*»)

olegio masculino Anata

N

justo cuando Amin hacía un amplio movimiento con la navaja, que impactó en la caja torácica de Abed; a continuación, lo apuñaló en el antebrazo. Empezó a sangrar inmediatamente. Al ver lo que había hecho, el agresor corrió mientras Na'el lo perseguía. Alguien pidió dos coches, que se llevaron a Abed y a Ahmad, que sangraba por el golpe en la cabeza.

En el hospital Makassed, Na'el fue hasta la cama de su hermano. «Estaba intentando protegerte», dijo Abed, pero Na'el se rió. «¿Acaso parezco herido?» Se levantó la camisa, que tenía pequeños rotos hechos por la navaja de Amin, para mostrar que no le había tocado la piel. Él, a su vez, estudió las heridas de Abed, negando con la cabeza y murmurando. Luego se volvió para irse mientras le decía a Abed: «Espera». Pocos segundos después, Abed oyó un chillido muy fuerte, seguido de gritos en los pasillos. Na'el había entrado al cuarto de Ahmad, empujando a doctores y enfermeras. «Disculpen», había dicho, antes de agarrar un bisturí y de ponerlo en el lugar en el que la quijada de Ahmad se encontraba con su oreja: le hizo un corte hasta la barbilla. Ahmad tendría en la cara una profunda cicatriz en forma de guadaña el resto de su vida. Mientras Ahmad gritaba y el personal del hospital pedía auxilio, Na'el dejó caer el bisturí y salió caminando tranquilamente de la habitación.

Después de la pelea, los mayores de los Salama organizaron una *sulha*, un proceso tradicional de reconciliación, entre la familia de Abed y la de Ahmad. Cada lado tenía un hijo herido, por lo que no fueron necesarias reparaciones. Abed se negó a asistir: él no había hecho nada malo, mientras que Ahmad había acosado a Ola, había acusado falsamente al FDLP de darle una paliza y lo había atacado a él sin ninguna razón. Al no participar en la *sulha*, Abed se reservaba el derecho a la venganza. Pero sus superiores en el FDLP le dijeron que no hiciera nada: se suponía que los palestinos debían de estar luchando contra los israelíes, no entre ellos. La familia de Ahmad recibió una compensación por parte de la familia de Ola, por la paliza que le habían dado sus hermanos, y el Frente Democrático cubrió las facturas hospitalarias de Abed.

Cuando este volvió del hospital a casa, Ghazl le hizo una visita. Faltó a clase y caminó colina abajo para poder verlo. Los padres de Abed le dieron la bienvenida y los dejaron juntos, solos, pero el padre no estaba tranquilo, y más tarde riñó a Abed: «¿Qué pasaría si alguien como Amin la viera entrar en la casa sola? ¿Qué pasaría si ese alguien se lo contara al padre de Ghazl? ¿Qué dirían sus padres?». Podrían castigar a Ghazl, incluso golpearla. Su padre le echaría la culpa a Abed. Su enamorada y él podrían arruinar cualquier posibilidad de estar juntos, incluso de casarse, por ponerse en peligro de esa manera.

Abed estaba tendido en una cama que sus padres habían llevado al salón. Se apoyaba en un costado para disminuir la presión en las costillas. Ghazl estaba sentada en un diván cerca de él. Le preguntó por su salud y después se señaló el cuello: «¿Dónde tienes el collar?». Abed se palpó y se dio cuenta de que faltaba. «Perdona», dijo, «debí de perderlo durante la pelea. Compraré otro.» Hacía años que los dos llevaban collares de plata casi idénticos. Tenían medallones con las iniciales de sus nombres en el alfabeto latino. Ghazl tenía una *A* por el *ayn* en el nombre de Abed. Abed tenía *GH* por el *gjayn* en el nombre de Ghazl. En árabe, las dos letras son casi idénticas, separadas solo por un punto.

Ghazl tenía noticias para Abed. Después de la pelea, había estado en el pórtico de su casa, hablando con sus cuatro hermanas y un primo. No sabía si las heridas de Abed eran graves y estaba preocupada. Resultaba que una de sus tías se había acercado y le había hablado de un collar que había encontrado. Todas las hermanas, de edades parecidas, lo querían. «Yo lo quiero», «No, ¡yo!», «Yo». Pero la tía ya había decidido qué hacer con él. «Es para Ghazl», había dicho, dándoselo. No sabía nada de los collares gemelos ni tenía idea de que el que había encontrado pertenecía a Abed, solo había pensado que un collar con las letras *GH* debía de ser de Ghazl.

–¿Dónde lo has encontrado? –le había preguntado a su tía.

–En la calle, frente a mi casa.

Viendo a Abed tendido ahora en la cama, Ghazl sacó el collar del bolsillo, se lo puso a él en la palma y, por un segundo que pudo haberle parado el corazón, dejó que sus dedos delicados contactaran con esa mano. Fue la única vez que se tocaron.

## II

El trabajo de Abed en el FDLP inevitablemente llamó la atención de los israelíes. En el otoño de 1989, casi dos años después del inicio de la intifada, y nueve meses desde la sentencia de Abu Wisaam, los soldados llegaron a su casa una noche. Lo lanzaron a la parte de atrás de un camión del ejército con otra media docena de detenidos, con los ojos vendados y las manos atadas con bridas detrás de la espalda, todos sentados en el fondo frío y duro del vehículo, doblados y con las piernas cruzadas. Cuando les quitaron las vendas, Abed reconoció a los otros hombres: tres eran del FDLP y tres de Fatah. Mientras el camión se abría paso hasta el centro de detención de Ramala, dos soldados golpearon e insultaron a Abed y a los demás detenidos esposados, y después se turnaron para tirarse sobre sus cabezas.

Una vez acabado el trayecto, los metieron en una gran tienda de campaña al lado de la cárcel, que era un antiguo fuerte *tegart*, uno de esos edificios erigidos durante la revuelta árabe de 1936-1939 contra las autoridades del Mandato británico. Llamados así en honor a su diseñador, sir Charles Tegart, un agente de la policía colonial, los israelíes usaron más tarde estos fuertes como cárceles y co-

43

misarías de policía. En cuanto los soldados se fueron, los detenidos de Fatah interrogaron al prisionero que sospechaban que los había delatado. Era el mismo activista que les había dado cinco dinares jordanos a los *shabaab* antes de que los detuvieran. Israel encarcelaba frecuentemente a sus propios informantes, para evitar sospechas y para que pudieran seguir recopilando información incriminatoria desde la prisión. Después de que le dieran una paliza, el activista de Fatah confesó que les había dado sus nombres a las autoridades de Israel a cambio de treinta y cinco séqueles, unos cuarenta dólares.

Desde Ramala, Abed fue trasladado a una instalación insalubre al sur de Hebrón, Dhahiriya, donde lo interrogaron. Los capitanes de la inteligencia israelí, la Shabak, vestidos de civil, lo torturaron usando el método habitualmente conocido como *shabih*, una referencia a la forma en que estiraban los brazos del prisionero. Le ponían una bolsa muy sucia y asquerosa sobre la cabeza, y le amarraban las manos a una barra metálica muy alta, de tal manera que solo los dedos gordos de los pies tocaran el suelo, tirando de las extremidades como si estuvieran en un potro vertical. Al contrario de algunos detenidos, que soportaban el *shabih* durante todo un día, la tortura de Abed se acabó al cabo de una hora. Los israelíes no necesitaban que confesara nada: le dijeron que dos compañeros de celda ya lo habían delatado y lo habían identificado como el líder.

Abed contrató a una de las abogadas judías más prominentes en la defensa de palestinos, Lea Tsemel: astuta, de cuarenta y cuatro años, parecía algo así como un duendecillo, con brillantes ojos verdes y el pelo castaño muy corto. Había pasado casi dos décadas en una batalla quijotesca contra las leyes y las ordenanzas militares que les negaban a los palestinos sus derechos civiles básicos. Desde el principio le explicó a Abed que, bajo la Enmienda Tamir —llamada así en homenaje a un ministro de Justicia israelí que había comandado el ataque con bombas a la Oficina de Impuestos británica en 1944—, lo podían condenar exclusivamente a partir de la declaración de un tercero, sin derecho a un contrainterrogatorio y sin la necesidad de estar presente frente a la corte siquiera.

Después del interrogatorio lo enviaron a la prisión de Ofer, cerca de Ramala, y de allí a un centro de detención en la base militar de Anatot, que, casualmente, estaba construida en tierras confiscadas a su familia. Los detenidos usaban baldes como retrete. Él estuvo encerrado dos meses y solamente le permitieron ducharse dos veces. Después lo llevaron de regreso a Ofer, donde una corte militar lo procesó y lo sentenció a seis meses de cárcel. De ahí, de vuelta a Dhahiriya, y finalmente fuera de Cisjordania, a la prisión más grande de Israel, Ketziot, en el desierto del Néguev, construida para encarcelar a los miles de palestinos de Cisjordania y Gaza detenidos durante la intifada —en un momento dado, llegó a encerrar entre sus muros a uno de cada cincuenta hombres palestinos—. Los prisioneros con conciencia política la llamaban Ansar III, como el campo-prisión del mismo nombre que Israel había erigido después de ocupar el sur del Líbano. Pero la mayoría se refería a ella con el nombre árabe que se le daba a esa zona desde antes de que Israel la colonizara: el Néguev.

Abed llegó al Néguev en invierno, cuando las temperaturas del desierto caían por debajo de los cero grados. El complejo se componía de más de cien tiendas de campaña, con un par de docenas de prisioneros en cada una de ellas. Cada conjunto de dos a cuatro tiendas estaba rodeado de un montículo de tierra y cercado con alambre de púas. Para las fuerzas israelíes, era más fácil controlar a los prisioneros si se les daba un poco de autonomía a las facciones: a cada una se le permitía controlar su propia tienda. En el conjunto de Abed había una que controlaba el FDLP, una que controlaba Fatah y otra que controlaban los islamistas. Cuando los soldados llegaban con nuevos prisioneros, estos formaban una fila frente a los líderes de las facciones y declaraban su afiliación. No todos estaban afiliados, así que tenían que tomar la decisión en ese momento.

Una vez, Abed vio a un prisionero llegar a la cabeza de la fila y declarar: «Yo estoy con la OLP». Todos a su alrededor se rieron. «¡Todos estamos con la OLP!», dijo uno de los líderes, dado que la OLP no era una facción, sino el paraguas que cubría a todos los partidos no islamistas. «Está bien: estoy con Abu Ammar», replicó el hombre, usando la forma *kunya*, u honorífica, para llamar a Yasir Arafat. Lo pusieron con los de Fatah. Dos meses después, Abed vio que ese hombre, que ni siquiera sabía el nombre de su facción al llegar, ya era el líder de formación de Fatah en su conjunto. «Así es como escogen a sus líderes», pensó Abed.

En esa época, casi la mitad de los trece mil palestinos encarcelados estaba en el Néguev. Los presos incluían a la mayoría de los dos mil palestinos retenidos bajo detención administrativa, es decir, sin que se hubieran presentado cargos contra ellos ni los hubieran juzgado, y con la posibilidad de que sus sentencias se alargaran indefinidamente. Entre estos había periodistas, abogados, médicos, profesores universitarios, estudiantes, miembros de sindicatos, líderes de la sociedad civil, defensores de la no violencia y miembros de los grupos de diálogo de la OLP, que se consideraban ilegales. A diferencia de lo que le sucedía a Abed, la mayoría desconocía el motivo de su encarcelamiento.

Cada tienda definía sus propios horarios. La de Abed tenía cursos obligatorios de objetivos de partido, políticas e ideología, y enseñanzas sobre cómo aguantar los interrogatorios de la policía israelí, la Shabak. Algunos prisioneros leían y traducían los artículos de diarios que les llevaban sus abogados. La cárcel prohibía usar televisores y aparatos de radio, así como la lectura de una extensa lista de libros —desde Shakespeare, Tolkien o Tolstói hasta Solzhenitsyn o la Constitución israelí—. Las visitas familiares tampoco estaban permitidas.

Las tiendas no tenían sillas ni mesas, y se inundaban cuando llovía. Incluso durante las tormentas de polvo y arena, los soldados exigían que las entradas permanecieran abiertas. Los baldes usados para la basura rebosaban todos los días, lo que producía un olor nauseabundo y atraía moscas y ratas. Muchos de los prisioneros desarrollaban enfermedades cutáneas. Pero el tormento real llegaba al atardecer. Todas las noches, los israelíes subían el volumen de los altavoces y ponían una balada muy conmovedora de Umm Kalzum: era la cantante favorita de Abed, junto con Abdel Halim Hafez. A Abed no le gustaba la música pop y solo escuchaba los clásicos. Los israelíes ponían una canción de Umm Kalzum todas las noches; en general, sus canciones eran muy largas: la más famosa, «Enta Omri» (Tú eres mi vida), duraba casi una hora. Los prisioneros, desesperados, se echaban en la cama, extrañando sus hogares, algunos llorando, otros avanzando en la escritura de la única carta que se les permitía cada mes. Abed no se atrevía a enviarle nada a Ghazl. Los israelíes leían todo el correo, y quién sabe cómo podían usar la información en su contra o en contra de ella. En cambio, se paraba frente a la tienda, contemplando la luna, preguntándose si su amada la estaría contemplando también.

# III

Después de su liberación, Abed recibió un nuevo carnet de identidad, de color verde, que lo identificaba como exconvicto. Los carnets normales de Cisjordania eran de color naranja, pero los exprisioneros recibían uno verde durante distintos espacios de tiempo, dependiendo del tiempo que habían estado encerrados y de los crímenes cometidos. Abed había recibido uno de seis meses. Era una manera muy eficaz de controlarlo, incluso después de haber cumplido su sentencia. No le dejaban pasar los controles militares cuando lo mostraba y algunas veces incluso lo trataban bruscamente o lo golpeaban. Pasados unos días, se dio por vencido y dejó de intentar salir de Anata, resignándose a no hacerlo durante otros seis meses.

Los carnets de identidad de colores eran una nueva forma de regular el movimiento de los palestinos de los territorios ocupados. Desde los primeros días del dominio israelí, una orden militar general les había permitido moverse con bastante libertad en Cisjordania, Gaza, Jerusalén Este y el territorio israelí anterior a 1967. Con excepción de los periodos de cierre general de estos territorios, un palestino podría haber desayunado en Ramala, comido en

Jerusalén y cenado en Haifa, siempre y cuando regresara a su casa antes de la una de la mañana.

Todo eso cambió durante la intifada, con el nacimiento de un sistema laberíntico de restricciones. Israel instaló puestos de control militar en los territorios ocupados, a lo largo de las líneas anteriores a 1967 y entre Jerusalén Este y Cisjordania. Las posibilidades de cruzarlos dependían del color del carnet, del lugar de nacimiento, de la edad, del sexo y del hecho de haber estado (o no) arrestado o detenido alguna vez. El carnet verde adquirió un significado distinto en los años venideros. Los costes de la intifada habían convencido a Israel de que sería más fácil gobernar los territorios ocupados a través de un intermediario. Con ese objetivo, se permitió a los líderes de la OLP regresar del exilio para implementar una autonomía muy limitada en las áreas ocupadas urbanas. Israel se quedó con el control del registro poblacional y del sistema de permisos, y decidía quién podía entrar, salir o residir en qué partes del territorio, pero se le otorgó a la recién creada Autoridad Palestina el rol simbólico de expedir los carnets aprobados por Israel. Para los residentes en Cisjordania, la AP decidió cambiar las tarjetas naranjas por tarjetas verdes, el antiguo color de los exprisioneros. A Abed le pareció adecuado: cada palestino era como un prisionero, desde el más joven hasta el presidente de la AP, quien también necesitaba de un permiso israelí para moverse con libertad.

Ser exprisionero en Anata no era, aun así, del todo malo. Abed retomó su papel de líder del Frente Democrático, y la intifada seguía fuerte. En cuanto obtuvo de nuevo su carnet naranja, que le permitía entrar a Jerusalén, empezó a trabajar con el padre de Ghazl, Abu Hasán, un contratista exitoso que trabajaba sobre todo en proyectos israelíes en la ciudad, donde el sueldo era mucho más alto que en Anata. Abed se pasaba todos los días laborables con Abu Hasán y con Hasán, el hermano mayor de Ghazl. Se hicieron muy amigos. Abed se dirigía a Abu Hasán como «tío», un gesto de afecto y respeto. Con uno de los hermanos menores de Ghazl, que trabajaba con ellos de vez en cuando y había sido reclutado por su hermana para el FDLP, trabó una entrañable amistad que duró toda su vida.

Abed detestaba trabajar para los israelíes, sobre todo en los asentamientos, pero lo aguantó solamente para estrechar su relación con Abu Hasán. Construyeron casas por toda la ciudad: en el asentamiento judío de Pisgat Ze'ev, en Jerusalén Este; en Katamon, el boyante barrio antes palestino-cristiano, que había sido el hogar de muchos de los refugiados que ahora vivían en el campo de Shuafat; y en el barrio ultraortodoxo de Bucharim, donde habían construido una sinagoga para uno de los rabinos más populares de Israel, Isaac Kaduri, el cabalista nacido en Bagdad que distribuía amuletos a sus seguidores prometiéndoles salud y prosperidad.

Abed no había abandonado su sueño de estudiar Derecho en la Unión Soviética. Después de varios intentos fallidos de convencer a su padre, se decidió finalmente por una nueva estrategia. Fue adonde los amigos de este y les rogó que intercedieran por él: «Ya no tiene razones para prohibírmelo; ya soy comunista». La estrategia funcionó y el padre finalmente cedió, pero, mientras la burocracia seguía su curso, la Unión Soviética colapsó. Abed se quedó sin título universitario.

En su tiempo libre, trabajaba construyendo la casa de dos plantas que había empezado justo antes de su arresto y en la que planeaba formar una familia con Ghazl. Estaba en las tierras de su abuelo, en lo más alto de Dahiyat a-Salaam. Se podía llegar caminando desde la casa de sus padres y tenía unas vistas clarísimas hacia el este, incluidas las costas del mar Muerto. Una vida en común en esa casa era un sueño tanto para él como para su amada. Se habían estado encontrando a escondidas durante años para estudiar los planos y diseñar así su futuro común, escogiendo la distribución de la cocina, la sala y las habitaciones.

Llevaban ya siete años saliendo. Abed tenía veintitrés años, y Ghazl, que estudiaba para ser enfermera, veintiuno. Su relación era todavía un secreto, al menos para la familia de ella, pero pasaban tanto tiempo juntos y era tan obvio que estaban enamorados que mucha gente lo sabía. Los padres de Abed hacían la vista gorda, incluso cuando la pareja empezó a levantar miradas de suspicacia. Era cuestión de tiempo que los padres de Ghazl se enteraran. Su hermano Hasán tenía sospechas y un día exigió saber por qué ella llevaba un collar con la letra *A*, y él, uno con las letras *GH*. Ghazl dijo que no tenía ni idea de lo que Abed se ponía o no en el cuello, pero la letra de su collar era por su hermana mayor, Abeer. Al final, el padre de Abed le dijo a este que era inaceptable que siguiera así con una chica con la que ni siquiera estaba casado. «Esta no es nuestra ética», dijo, «si quieres casarte con ella, tienes mi permiso.»

Fue así como Abed decidió que le pediría matrimonio. Se lo dijo a Naheel y, pasados unos minutos, ya estaban camino de la casa de Ghazl. Abed se sentó con Hasán y pidió la mano de Ghazl, mientras ella hablaba con la madre en otra habitación. La madre y el hermano de la chica les dieron las gracias y les dijeron que necesitarían dos o tres días para consultarlo con la familia.

En la obra, temprano por la mañana, Abed le preguntó a Hasán si había alguna noticia. Hasán le respondió que había hablado con su padre, que le había dicho que tenía que hablar con el abuelo, y le prometió que recibiría una respuesta al día siguiente.

No pasó tanto tiempo. Abed se encontró con Abu Hasán esa misma tarde. Habían llamado a Abed para ayudar en la construcción de la casa de su cuñada Layla, que estaba casada con We'el, su hermano mayor. Layla había crecido en Anata, pero hacía poco que había regresado de Jordania, donde Wa'el, ella y sus dos hijas pequeñas habían estado viviendo unos años. Pocas semanas después de que Abed saliera de la cárcel, Wa'el había sido arrestado en el puente Allenby mientras cruzaba desde Jordania hacia Cisjordania. Le había dicho a Layla que iba a casa para hacer una visita. Cuando esta dejó de tener noticias de Wa'el, llamó a su familia en Anata. Nadie sabía dónde estaba su marido, hasta que los padres de Abed contactaron con el Comité Internacional de la Cruz Roja y se enteraron de que lo habían arrestado en la frontera.

Justo antes de que Wa'el saliera para su viaje, un exsoldado israelí llamado Ami Popper se había despertado temprano por la mañana, se había puesto los pantalones militares de su hermano, había cogido su rifle de asalto Galil y había caminado hasta una estación de autobús en la ciudad de Rishon LeZion. Algunos trabajadores de Gaza estaban ahí sentados esperando a que empleadores israelíes los recogieran. Fingiendo ser un oficial, Popper les había pedido a los trabajadores su carnet de identidad y después les había ordenado que se pusieran en fila y se arrodillaran. Cuando un coche con matrícula de Gaza pasó por allí, hizo que el conductor se detuviera y que bajaran todos los pasajeros. Entonces, con todo organizado, abrió fuego: asesinó a siete personas e hirió gravemente a otras once.

Wa'el estaba furioso. Habló con un contacto en Fatah y propuso vengar los asesinatos atacando un objetivo clave: la sede central de la policía en los edificios del Gobierno del barrio anexionado de Sheij Yarrah, en Jerusalén Este. El plan era cruzar la frontera, volver a Anata y recoger explosivos en un lugar escondido. Los instalaría debajo de un coche que aparcaría frente a la sede de la policía, antes de detonarlos desde lejos. Cuando llegó al puente Allenby, nueve días después de la masacre, lo detuvieron sin leerle los cargos.

Pasó varias horas esperando en un cuartito antes de ser conducido al centro de detención de Moscobiya, desde el cual lo trasladaron a Ramala un día después. Al final lo llevaron a ver a un oficial. «Bienvenido el que vino a joder a Israel», le dijo el oficial en árabe, «es un honor tenerlo entre nosotros.» Durante once días de interrogatorio, miembros de la Shabak le preguntaron por qué había intentado regresar a Anata. Él se aferró a su historia: había regresado a recoger a su madre y a su padre, para llevarlos al inminente *hach*, el peregrinaje anual a La Meca. Los interrogadores lo golpearon contra una pared y amenazaron con arrestar a su esposa, pero nunca especificaron los cargos de los que se le acusaba. Si no confesaba, dijeron, pasaría entre quince y veinte años en la cárcel.

Pasados los once días, lo llevaron junto con un nuevo detenido a otra celda. Los prisioneros de ese lugar eran todos de Fatah. Saludaron a Wa'el y al otro detenido con entusiasmo, les dieron comida y les mostraron las duchas. Wa'el no se había bañado desde el día del arresto. En la celda había muchos libros acerca de la revolución palestina y se sintió aliviado de estar entre camaradas. Después del rezo del atardecer, un prisionero con una gran barba dijo que todos allí eran hermanos y que le proveerían de cualquier cosa que necesitara. En los días de visita, agregaron los demás, podían sacar cartas de Wa'el a escondidas.

Desde el día de su arresto, Wa'el había estado preocupado por si alguien encontraba los explosivos y se hacía daño, así es que escribió una carta al liderazgo militar de Fatah para advertirlos del peligro, y se la dio al prisionero barbudo. Cuando lo enviaron de vuelta a interrogatorio al día siguiente, Wa'el se dio cuenta de que lo habían engañado. Todos en su celda eran *asfour*, «pájaros», «colaboradores de la prisión», en jerga. Israel ya tenía los cargos que necesitaba.

Lo sentenciaron a ocho años. Su esposa y sus dos hijas regresaron a Anata y se fueron a vivir con los padres de ella, cerca de la casa de Abed. La familia Salama se implicó a la hora de ayudar a criar a las niñas, la mayor de las cuales solo tenía tres años cuando encarcelaron a Wa'el. Abed adoraba a sus dos sobrinitas, les compraba regalos y solía llevarlas de excursión a parques de Jerusalén y la Ciudad Vieja. Sus hermanos y él hicieron planes para construirle a Wa'el y a su familia una casa para cuando él saliera de la cárcel. Los planes iban ganando fuerza y, para cuando Abed pidió la mano de Ghazl, los Salama ya estaban a punto de escoger a un contratista. Layla y Abed habían decidido hablar con un tío de Ghazl para que hiciera el trabajo. Había construido numerosas casas en la ciudad y, a diferencia de Abu Hasán, trabajaba sobre todo para clientes palestinos.

Layla llevó a Abed colina arriba en su Fiat diminuto para que se reuniera con el hombre, que vivía en la casa contigua a la del resto de la familia. A medida que se acercaban, el enamorado vio a Ghazl en el balcón del segundo piso y sonrió de alegría. Al salir del coche, Layla comentó que ella le podía preguntar a Abu Hasán, que era primo hermano suyo, cómo pensaba responder a la propuesta de matrimonio de Abed. Era muy cercana a la familia y podía interceder a su favor, dijo. Sin embargo, también era conocida por ser una entrometida, y Abed prefirió declinar la oferta, pidiéndole que, por favor, se mantuviera al margen, pues en todo caso le darían la respuesta en los días siguientes. Ella aceptó.

En la casa estaban el tío de Ghazl, un vecino y Abu Hasán. Layla los dejó para unirse a las mujeres en otra habitación. Los hombres discutieron acerca del proyecto de construcción, y el tío de Ghazl le prometió a Abed que pronto le entregaría un presupuesto aproximado. Abu Hasán salió entonces un momento de la habitación para hacer el *wudu*, la ablución de cara, brazos, cabeza y pies anterior al rezo, y Abed se fue con Layla poco después.

En el camino hacia el coche, Ghazl los miró desde el balcón y Layla confesó que había hablado con Abu Hasán cuando este había dejado la habitación para ir a hacer el *wudu*. Furioso, Abed le recordó que había jurado no intervenir. No había sido su intención, respondió ella; había sido Abu Hasán quien había iniciado la conversación.

–¿Y bien? –preguntó Abed–. ¿Qué dijo?

Con un aire de preocupación no del todo convincente, Layla le dijo cómo había sido el intercambio. «Abed es un buen muchacho», supuestamente había dicho el padre de Ghazl, «un trabajador incansable; fuerte, afable, divertido. He llegado a conocerlo bien. Pero hay algo que no puedo aceptar: es un Salama.» Layla vio la sorpresa y el dolor en la cara de Abed.

–¿De verdad? ¿Dijo eso?

–Sí –respondió Layla con una compasión empalagosa–, eso dijo.

La intensidad de la humillación cegó a Abed. Aunque ligeramente consciente de que su reacción era exactamente la que Layla estaba esperando, no pudo reprimir su ira.

–¡Dile que retiro mi propuesta! –Y, volviendo la cara hacia Ghazl, que seguía en el balcón, añadió, sin estar seguro de que ella pudiera escucharlo–: Ghazl es como una hermana para mí, y nunca podría casarme con ella.

En la obra, al día siguiente, Abed evitó a Hasán y a su padre. Durante toda la mañana y toda la tarde notó que lo observaban muy de cerca, buscando una excusa para poder hablarle. Él, sin embargo, no respondió a las miradas y se alejó cuando intentaron acercarse. Nada se dijo acerca de la propuesta. Después del trabajo también evitó a Ghazl. No la llamó, ni la visitó, ni le envió mensajes. Ella se había acostumbrado a verlo todas las tardes, pero los días pasaron sin ningún contacto. A través de amigos y parientes supo que estaba angustiada. Y, al final, una hermana de Ghazl le envió un mensaje a través del hermano de Abed: Ghazl tenía que verlo, lo antes posible.

Acordaron encontrarse al lado de la escuela de enfermería a la que asistía Ghazl, cerca de Kafr Aqab. Él pensó que hablarían dentro del campus, pero ella insistió en que tomaran un autobús desde allí al centro de Jerusalén Este, donde tendrían más privacidad. Ese día había una huelga –las huelgas eran muy comunes a estas alturas de la intifada, que ya entraba en su quinto año–, así que todos los cafés y restaurantes estaban cerrados. Se bajaron del autobús cerca de la Puerta de Damasco y caminaron hasta la sede del YMCA en Jerusalén Este, al lado de una antigua villa de piedra perteneciente al consulado de Estados Unidos. Se sentaron fuera, en los escalones, de cara al jardín.

–¿Qué hiciste? ¿Qué pasó? –preguntó Ghazl–. Después de pedir la mano, se supone que el hombre debe regresar para conocer la respuesta.

–Perdóname, pero no podemos seguir juntos –dijo Abed–. A tu padre no le gustan los Salama, siente vergüenza de verse asociado a nuestro nombre –escupió–. Yo no siento vergüenza: yo estoy orgulloso de ser un Salama. –Después hizo una pausa, mirando el caminito sinuoso alineado con las palmeras y los cipreses, pensando primero en la casa que habían planeado construir, y después en la afrenta de Abu Hasán–. Ghazl, eres como una hermana para mí, no puedo casarme contigo.

Ghalz empezó a llorar y después gritó:

–No lo entiendo. –Y buscó los ojos de Abed con los suyos–. ¡No lo entiendo!

En el autobús de vuelta a Anata se sentaron separados, pues había mucha gente que los conocía. Abed vio a Ghazl llorar todo el camino desde la Puerta de Damasco hasta su parada en Dahiyat a-Salaam.

## IV

Abed estaba en una situación delicada. De sus sueños de futuro solo quedaban las ruinas. Se bajó del autobús y vagó por las calles, agitado y confuso, sacudido por las lágrimas y el desconcierto de Ghazl. En momentos como ese, la persona a la que más quería ver era Naheel. Caminó hasta su casa y se sentó en las escaleras. Ghazl estaba en el balcón, recostada en la balaustrada, con la cabeza apoyada en los antebrazos. Se ignoraron mutuamente.

Naheel y Abu Wisaam se reunieron con Abed en las escalinatas de entrada. Nunca lo habían visto tan desolado. Queriendo consolarlo, Naheel le dijo que ya encontraría a alguien más, a alguien mejor. Entró en casa para encender la tetera y regresó con la fotografía de una chica que tenía la edad de Abed. Entregándosela, le preguntó si la reconocía. Él dijo que nunca la había visto.

–Es tu prima –dijo Naheel.

–¿La prima de quién?

–¡Tuya! Es hija del hermano de Abu Wisaam. ¿No la reconoces?

Abed examinó la fotografía de cerca, aunque ya no tenía ninguna importancia. Estaba demasiado triste para notar que la joven era muy guapa, menuda, con piel color caramelo y ojos grandes. Casi ni se dio cuenta de que era una Salama. De hecho, también era prima de Ghazl por parte de madre. Naheel le dijo que era buena, hacendosa, una buena chica. Su nombre era Asmahan. «Si quieres, podemos organizar un compromiso matrimonial ahora mismo.» Abed estaba furioso con Abu Hasán y consigo mismo por haber sido tan estúpido como para enamorarse de una Hamdan, una chica cuyo padre sentía desprecio por los Salama. Su propio padre había cometido el mismo error. Abed quería castigar a Abu Hasán, castigar a Ghazl y castigarse a sí mismo. En su angustia, era incapaz de calmarse o de pensar con claridad. Quería escapar, borrar a la chica del balcón para borrar así también su pena. Su hermana le estaba ofreciendo una vía de escape. Ante una decisión que cambiaría su vida, no lo pensó ni un segundo y dijo que sí.

Abu Wisaam se ofreció a ir a ver a su hermano para decirle que Abed estaba en camino con una propuesta matrimonial. Después le dijo a Naheel que llevara a Abed a casa de sus padres. El padre lo escuchó, impasible. No lo felicitó.

–¿Y qué ha pasado con Ghazl? –le preguntó.

Abed no quería meter a su padre en una disputa con Abu Hasán, así que no dijo por qué había cambiado de opinión, solo que ya no quería estar con Ghazl.

El padre lo intentó de nuevo.

–Fuiste a su casa y hablaste con su familia.

Era lo más cerca que alguien había estado de sugerirle a Abed que no se diera por vencido respecto a la chica a quien había amado durante siete años. Nadie le dijo que se estaba precipitando, ni que esperara unos días.

–Se acabó, *jalas*, no se hable más –dijo Abed–. No la quiero.

Su padre permaneció en silencio. Después de una larga pausa, dijo por fin:

–Es tu decisión. Es tu vida.

Juntos, Abed, Naheel y sus padres fueron a ver a la familia de Asmahan en Anata. El cuñado se había adelantado y había hablado con el padre de ella, que había dado su consentimiento. En el salón, Abed se sentó con Abu Wisaam, con sus padres y con el padre, los hermanos, el tío y un vecino muy cercano de Asmahan. Ella y su madre, sus hermanas y Naheel estaban en el cuarto contiguo.

De acuerdo con lo que dictaban las formalidades, el padre de Abed hizo la propuesta. El padre de Asmahan la aceptó respetuosamente. En ambos cuartos, todos dijeron en voz muy baja la *Fátiha*, el rezo de siete versos que abre el Corán. Habían pasado menos de dos horas desde el momento en que Naheel le había mostrado a Abed la fotografía.

Al día siguiente, él fue con su padre y la madre de Asmahan al mercado de los joyeros, cerca de la iglesia del Santo Sepulcro, en la Ciudad Vieja. Compró un anillo de plata para sí mismo, y otro de oro y más joyería para Asmahan. Poco después, las familias celebraron una fiesta de compromiso en la casa de ella, con más de cien invitados. Las mujeres bailaron en el salón. Fuera, en el jardín delantero, los hombres se sentaron en sillas de plástico y charlaron. Cuando todos los huéspedes hubieron llegado, el padre de Abed se puso de pie y anunció el compromiso en nombre de la familia. «Hemos venido aquí para pedir a su hija que se case con nuestro hijo.» El padre de Asmahan aceptó de nuevo y los hombres bajaron la cabeza y pusieron las manos en forma de cuenco frente a la cara para rezar la *Fátiha*. Después felicitaron a Abed mientras las mujeres gritaban y celebraban en el salón. Abed estrechó la mano de cada uno de los hombres, mientras circulaban pastelitos dulces de *baklava* y vasos de gaseosa entre los invitados. El padre de Asmahan se llevó entonces al novio a la casa. Entraron al salón donde estaban las mujeres –unas cincuenta, entre hermanas, primas, madres, tías, abuelas y vecinas– y se detuvieron en una mesa con dos sillas encima. Asmahan estaba sobre la mesa, vestida con un vestido rosa y con el pelo arreglado glamurosamente. Abed, con un traje negro, se subió para acompañarla. Una de las hermanas de Abed sacó una caja con el anillo, un collar, unos pendientes, un reloj y un brazalete, todo de oro. Abed debía ponerle las joyas a la novia. Ella, a su vez, le pondría el anillo de plata a él, y las mujeres bailarían a su alrededor.

En el momento en el que le puso el anillo a Asmahan, sin embargo, Abed oyó una gran conmoción. Con docenas de mujeres mirándolo, estaba demasiado nervioso para buscar de dónde procedía el ruido. Era Ghazl. Huía del salón, con lágrimas corriéndole por las mejillas, mientras dos primas salían detrás de ella. La puerta de una habitación se cerró violentamente. Abed no la vio alejarse, ni siquiera había sido consciente de que estaba en la casa. Si lo hubiera sabido, tal vez habría corrido tras ella.

Si Ghazl no hubiera asistido, sus parientes habrían adivinado que todavía estaba enamorada de Abed. Se sintió obligada a ir y a fingir una indiferencia estoica. No obstante, había dado un espectáculo frente a todas las mujeres, derrumbándose cuando Abed entró al salón. Mientras él estaba de pie sobre la mesa, sus primas le murmuraban a Ghazl que no debía dejar que nadie viera su desesperación. Un instante después, Abed puso el anillo en el dedo de Asmahan, y ella huyó de la ceremonia.

Se comprometió varias semanas después, tras aceptar la propuesta de un joven de Fatah vecino suyo. En una de las viejas cartas de amor que ella le había dirigido a Abed, había escrito que, de toda la gente de Anata, ese era el hombre al que más odiaba. Su amiga Julood intentó intervenir y le dijo que le diera otra oportunidad a Abed, que no era demasiado tarde: él solo estaba comprometido, no casado, tal vez todavía podía volver con ella. Habían estado juntos tanto tiempo que Ghazl no debía perder la esperanza. El hombre que le había propuesto matrimonio, un profesor de matemáticas inteligente y educado, no era a quien ella quería, y por lo tanto no era un buen partido.

El hermano de Julood, que era amigo de Abed, le informó de la respuesta de Ghazl: ella había aceptado la propuesta de compromiso, no por el carácter del vecino, sino por su inteligencia. En cualquier caso, Abed estaba ahora comprometido, y ella no podía volver a estar con él. Él había dicho que ella era como una hermana. ¡*Jalas*, basta, se había acabado!

Hubo muchos momentos a lo largo de los años en los que Abed pensó en lo muy diferente que pudo haber sido todo. Si tan solo Ghazl hubiera escuchado a Julood. Si tan solo alguien le hubiera dado a él el mismo consejo. Romper un compromiso no era ningún escándalo. Si él y Ghazl se hubiera vuelto a unir, todos lo habrían comprendido. Incluso Asmahan y sus padres, que sabían de su relación, lo habrían entendido. Él culpaba también a Naheel. No debería haberle mostrado la fotografía de Asmahan, no debería haberle hablado de otra chica. En ese momento de desesperación, él habría aceptado casarse con cualquiera. Se habían aprovechado de su vulnerabilidad.

Solo dos décadas después, cuando Ghazl ya tenía hijos, cuando Abed y Haifa también tenían a sus niños, él supo quién había sido la culpable. Estaba con Abu Hasán en la fábrica de hierro de Anata, sentado fuera tomando un café, escuchando al viejo contarle una anécdota. Cuando Abu Hasán llegó al remate de la historia, sonrió ampliamente. A Abed le encantaba esa sonrisa.

–Tío –le dijo–, quiero preguntarle algo que me ha estado reconcomiendo desde hace muchos años. ¿Recuerda cuando pedí la mano de Ghazl?

–Sí, y nunca volviste.

–Quiero decirle por qué.

Y entonces Abed le contó lo que le había dicho Layla. Abu Hasán se levantó furioso de su silla.

–¿Que yo dije eso? Yo nunca dije eso. Voy a ir a donde Layla ahora mismo.

A Abed no le sorprendió. Sospechaba que Layla le había mentido. Ahora que Abu Hasán lo estaba confirmando, sintió el dolor del remordimiento. Había permitido que su orgullo truncara su vida y la de Ghazl. Si tan solo hubiera confrontado entonces a su padre, Ghazl y él estarían juntos. Tranquilizó a Abu Hasán, le dijo que ya no importaba. Que no estaba en el destino.

Abed y Asmahan se casaron un año después del compromiso. Aunque Abed había sido el primero en proponer matrimonio, la boda de Ghazl tuvo lugar antes que la suya. Desde entonces, sus pasos se cruzarían frecuentemente en Anata, pero ninguno de los dos hablaría. Ghazl se sonrojaba cuando se lo encontraba fortuitamente. Sus mejillas se ponían tan rosadas que él podía notar el cambio de color incluso desde un coche. Cuando ella lo miraba directamente, Abed veía cómo lo culpaban sus ojos tristes. Mucho tiempo después de haberse separado, mucho tiempo después de haber tenido hijos, la culpa seguía ahí. Era él quien había hecho que ella tuviera esa vida, era él quien había destrozado la que habían planeado tener.

# V

Tanto Abed como Ghazl se casaron en 1993, el año
en el que Israel y la OLP firmaron los acuerdos de Oslo
que dieron por terminada la intifada y condujeron a la
formación de la Autoridad Palestina, la *sulta*, con su limi-
tado poder de autonomía en las áreas más pobladas de
Gaza y Cisjordania.

Ghazl y su marido eran empleados del Ministerio de
Educación de la *sulta* en Ramala. Hacia el final del segundo semestre de uno de esos años, Abed apareció en la oficina de Ghazl. Su sobrino estaba preparando los exámenes
finales, los *tawjihi*, para graduarse del bachillerato. Re-
cientemente se había sometido a una operación en Jordania por un tumor cerebral. La cirugía había sido un éxito,
pero lo había dejado con la visión severamente reducida.
Los médicos creían que mejoraría con el tiempo, pero en
ese momento no veía lo suficientemente bien para hacer
los *tawjihi*. La hermana de Abed le pidió que averiguara si
era posible hacer un examen especial.

Así que Abed fue a Ramala, donde paró en una cabina
telefónica en la plaza de la Torre del Reloj para llamar al
ministerio. Una secretaria le dio el número del Departa-

mento de Salud Escolar. Cuando contestaron, oyó una voz familiar.

–Hola, *marhaba* –contestó una mujer. Abed no respondió–. *Ahlan*, hola –dijo la mujer de nuevo.

–Un segundo –respondió Abed–, yo te conozco.

–¿Con quién hablo? –preguntó ella.

Abed hizo una pausa

–¿Estoy hablando con Ghazl?

–Sí –dijo ella lentamente, antes de reconocerlo también–. Abed...

No habían hablado desde aquel día ya lejano, en las escaleras del YMCA.

–Necesito hablarte de mi sobrino. ¿Dónde está tu oficina?

Unos minutos después entró en el edificio y la recepcionista le señaló el departamento de Ghazl. Había un despacho vacío, y un hombre sentado en el siguiente. Ghazl había ido al baño, dijo el hombre, y volvería pronto. Abed tuvo que esperar.

Cuando ella por fin volvió, tenía los ojos hinchados y rojos. Estaba claro que había estado llorando. Otro empleado se les unió en la oficina, empeorando la tensión y la extraña formalidad. Abed pidió disculpas por molestar a Ghazl y procedió a describir la situación de su sobrino. Vio que ella sufría en su presencia, tartamudeando al principio y hablando con una dificultad evidente después. Y, a pesar de eso, prometió que haría todo lo que pudiera por el muchacho. Abed lamentó haberla incomodado. También había subestimado el impacto que el encuentro tendría en sí mismo. Apurándose para acabar, le dio las gracias y le dijo que no podría volver al ministerio, que ella debería contactar con los padres del chico.

Desde aquel día, Abed se dio cuenta de que pensaba en Ghazl constantemente. A su alrededor, todos se daban cuenta de lo preocupado que estaba, Asmahan incluida. No era que no amara a su esposa. Era hermosa, amable y atenta, una gran cocinera y una buena madre para Manolia, a la que llamaban Lulu, nacida año y medio después de su boda. La madre y las hermanas de Abed también querían mucho a Asmahan. Era, desde su punto de vista, la esposa ideal. Pero no importaba cuánto la apreciara su familia: ella no era suficiente; Abed quería más que una buena esposa, que una buena cocinera, más incluso que la belleza. Era su mujer y también era una buena compañía, sí, pero no era una amante ni una pareja.

Abed sentía que había heredado los fracasos de su padre, quien también había perdido a su alma gemela y había acabado con una mujer a la que no podía amar de la misma manera. Como él, se contentaba con su matrimonio, pero no estaba completamente satisfecho. Siempre había visto a sus padres como polos opuestos: él, de carácter fuerte, y ella, siempre débil. Su relación con Asmahan era igual. Ella no podía tomar ni siquiera la decisión más simple. No importaba lo que Abed pidiera, la respuesta era una variable de «Lo que tú quieras». Lo distinto que habría sido con Ghazl, se decía.

Intentaba recordarse a sí mismo que nada de aquello era culpa de Asmahan. Él la había escogido, no al revés. Ella era inocente e incluso empatizaba con el anhelo de Abed por Ghazl. Hablaban abiertamente al respecto. Si alguien mencionaba el nombre de Ghazl, Abed se giraba. Cuando sus padres o sus hermanos contaban una historia de amor o veían una película romántica, lo miraban inquisitivamente. Asmahan también lo hacía. «Espero que llegue el día en que me digas que me amas más que a Ghazl», le dijo un día. Lo dijo sinceramente y sin amargura.

No era justo que ella fuera el objeto de su necesidad de escape, que recibiera ese trato, y Abed estaba atormentado por la culpa. Permanecía el mayor tiempo posible fuera de casa. Había dejado la construcción y tenía dos trabajos: uno en la compañía de teléfonos israelí Bezeq, y otro como cocinero en Askadinya, un restaurante de Sheij Yarrah cuyo nombre era el del níspero de su salón principal. Trabajaba en Bezeq hasta la tarde, como supervisor de un grupo que reparaba líneas telefónicas por todo Jerusalén Este, desde Dahiyat a-Salaam y el campo de Shuafat, hasta el monte de los Olivos y la Ciudad Vieja. Regresaba del trabajo para una ducha rápida, se cambiaba de ropa y salía de nuevo para ir al restaurante.

No volvía hasta la medianoche. Cuando acababa el turno, salía con su amigo Midhat, el chef del Askadinya, que le había enseñado a cocinar y lo había ascendido de lavaplatos a *sous-chef* en solo unos pocos meses. Caminaban por el Tayelet, el paseo construido en tierras que Israel había confiscado de Yabel Mukaber, respirando la brisa fresca de la noche y disfrutando de las maravillosas vistas de la Ciudad Vieja, con el Domo de la Roca iluminado en el centro. O iban a Musrara, el barrio cercano a la Puerta de Damasco, y compraban pan de ajonjolí en forma de anillo (*ka'ek*) recién horneado, y lo llevaban para el personal del Askadinya. No importaba lo tarde que regresara Abed, Asmahan estaba siempre esperándolo con la cena. Era el único rato que podía compartir con él. Incluso ese momento fastidiaba Abed a veces, cuando llevaba a casa a su amigo; aun así, Asmahan les servía con amabilidad *maqluba, musajan* o *mansaf.* Abed reconocía que aquella era una vida terrible para Asmahan. Y ella la sufría en silencio y casi nunca se quejaba.

Después del nacimiento de su segunda hija, Fátima, a la que llamaban Fufu, Abed empezó a pensar en tener una segunda esposa. De acuerdo con la ley jordana, que seguía rigiendo las cortes de familia en Jerusalén Este, se le permitía tener cuatro. Ninguno de los hombres en la generación de su padre tenía más de una, y seguramente encontraría una fuerte resistencia, tal vez incluso ostracismo, entre las mujeres de Anata, que no querrían que sus maridos e hijos siguieran su ejemplo. Pero Abed estaba dispuesto a pagar ese precio. Necesitaba un cambio desesperadamente. Haberse casado con Asmahan había arruinado su propia vida y la de ella, además de la de Ghazl. Tal vez ese error merecía un castigo, pero no una condena de por vida, razonaba.

Nunca consideró la posibilidad del divorcio. Quería hacer las cosas bien por Asmahan, o tan bien como fuera posible dadas las circunstancias, y el divorcio habría implicado que ella tuviera que regresar a la casa de su infancia para vivir bajo el abrigo de sus padres, o separarse de sus hijos si se volvía a casar. Su plan era seguir apoyándola económicamente, que ella y sus hijas vivieran en la casa familiar, y que la segunda esposa llegara a la casa de Dahiyat a-Salaam. Pensaba que pasaría tres noches a la semana con Asmahan y cuatro con la segunda. Asmahan no sería feliz con ese trato, pero en la situación actual era muy desgraciada. Los dos lo eran.

Abed planteó la idea de volver a casarse. La mencionó frente a sus suegros y les pareció que estaba bromeando. La mencionó frente a Asmahan, y ella se mostró más dispuesta a seguir la máxima de las mujeres mayores de Anata: dale muchos hijos a tu esposo y él nunca te dejará. Acababa de dar a luz a su tercera hija en un lapso de tres años y medio. Abed le dijo que quería tomarse un respiro.

Tenía dos trabajos y una recién nacida, una bebé y una niña pequeña en casa. Pero, solo un año después, Asmahan lo llamó desde la consulta del médico para comunicarle que estaba embarazada. Él colgó el teléfono en Askadinya y atravesó furioso la cocina, pasando al lado de Mishat, que le preguntó qué estaba pasando. «No te lo vas a creer», dijo Abed. «Basta con un estornudo para dejar embarazada a esa mujer.»

Al mismo tiempo, Abed empezó a tener problemas en el trabajo. Bezeq estaba despidiendo a muchos de sus trabajadores palestinos con carnets de identidad verdes de Cisjordania. Aunque Abed era bueno en su trabajo y sus jefes lo apreciaban, su puesto no estaba asegurado. No solo era un indeseable como portador de un carnet verde, sino que, además, desde el punto de vista de una compañía gubernamental israelí dirigida por un comandante de Cisjordania retirado, era un empleado menos que ejemplar. Entre sus colegas palestinos se referían siempre a Givat Shaul, la localización de la central de Bezeq en Jerusalén, como Deir Yassin, el pueblo palestino sobre el que estaba construido y en el que se había cometido en 1948 una terrible masacre por parte de las fuerzas paramilitares sionistas. Todos los empleados a su cargo hacían lo mismo. Cuando le pidieron hacer un trabajo en la casa de un colono en Sheij Yarrah, lo rechazó.

La amenaza laboral que sufrían Abed y otros empleados con carnets verdes era, de hecho, parte de un proceso más grande que buscaba apartar a los palestinos del área metropolitana de Jerusalén. Los acuerdos de Oslo estaban diseñados para implementarse durante un periodo de cinco años, al cabo de los cuales se realizarían negociaciones acerca de los asuntos importantes, entre ellos el estatus de Jerusalén. Adelantándose a esas negociaciones, Israel tenía todos los motivos para debilitar las reivindicaciones de los palestinos. El objetivo de Israel era reducir la presencia de palestinos, aumentar los asentamientos judíos y hacer de la anexión de Jerusalén Este un hecho irreversible. Se suspendieron los permisos de construcción para los palestinos, se demolieron casas, se desalojó a los portadores de carnets de identidad verdes, nuevos controles militares aparecieron de repente y los permisos de entrada a la ciudad se restringieron severamente. Miles de palestinos que vivían en la zona anexionada de Jerusalén y que tenían carnets azules –que permitían más libertad de movimientos– vieron sus permisos de residencia revocados.

Nabeel, hermano de Abed, estaba casado con una mujer de Dahiyat a-Salaam que tenía el carnet de identidad azul. Como él tenía el verde, no estaba autorizado a residir en áreas anexionadas de Jerusalén, por lo que la pareja vivía en Anata. Sin embargo, tenían que conservar su piso en Dahiyat a-Salaam, para que ella pudiera ser residente de Jerusalén sin perder el carnet azul. Periódicamente, Israel enviaba inspectores para comprobar si ella estaba realmente viviendo allí. Tanto los inspectores como sus coches eran bien conocidos en la zona, así que los residentes, frenéticos, empezaban a hacer llamadas tan pronto como los veían. Cuando la esposa de Nabeel recibía una de esas llamadas, corría al piso. Por el delito de vivir con su marido a pocos metros por la misma calle, podían separarla del resto de su familia y de la ciudad en la que había nacido y en la que se había criado.

El proceso que utilizaba Israel para apartar a los palestinos de Jerusalén había hecho que Midhat, el amigo de Abed, dejara Askadinya. Como era palestino de Jordania ni siquiera tenía carnet de identidad verde, y no pudo escapar por más tiempo del escrutinio israelí, cada vez más estricto. Aceptó un trabajo como chef en un hotel de Ramala, donde conoció a alguien relacionado con el cónsul estadounidense y obtuvo un visado para irse a Estados Unidos. Midhat se convirtió en poco tiempo en el dueño de un exitoso negocio en Estados Unidos y ya nunca miró atrás.

Los únicos palestinos que tenían acceso completo a Jerusalén y no podían ser expulsados eran aquellos con ciudadanía israelí. No tenían que preocuparse por perder su residencia si se iban a estudiar al extranjero, o a vivir con sus esposas a ciudades vecinas como Anata o Belén. Como resultado, un número creciente de personas en Anata empezó a hablar de casarse con los «palestinos del 48»: se llamaban así por haberse quedado en la parte de Palestina que se había convertido en Israel en 1948. Algunos de los colegas de Abed en Bezeq incluso estaban convencidos de que haciéndolo podían conservar o recuperar sus puestos de trabajo. En aquella época, los cónyuges de palestinos del 48 podían obtener fácilmente la residencia permanente o la ciudadanía; solo dos años después, Israel haría que resultara casi imposible. Abed tenía un amigo beduino que hacía poco se había casado con su segunda esposa, que tenía ciudadanía israelí. Ese amigo conocía a muchas familias palestinas del 48 en el norte y le ofreció a Abed ayuda para encontrarle una segunda esposa. Si el matrimonio no funcionaba, al menos Abed tendría carnet azul.

Abed reflexionó al respecto. Un matrimonio así le daría seguridad laboral y le permitiría tener una conexión legal con Jerusalén, con independencia de las restricciones que Israel pudiera imponer. Pensaba en una segunda esposa sobre todo en términos utilitarios, pero admitía

71

para sus adentros que también esperaba sentirse menos atrapado.

Lo discutió con Asmahan y sus padres. Como era la forma en que podría conservar su trabajo, no pusieron objeciones. Viajó a Galilea con su amigo beduino, y allí conocieron a las familias de varias posibles novias. Él les habló de sus hijas, pero les dijo que estaba divorciado. La tercera familia era de una ciudad llamada Kafar Kanna, justo al norte de Nazaret, donde Abed había trabajado en una fábrica durante un tiempo. El nombre de la joven era Yameela, «bella». Abed pensó que no tenía ningún atractivo físico especial, pero quedó impactado por su fuerza de voluntad y su independencia, lo cual era un cambio refrescante con respecto a Asmahan. Simpatizó inmediatamente con sus padres, sobre todo con el padre, y se comprometieron ese mismo día. Poco después, una hermana de ella se casaría con un hombre de Belén con carnet verde.

La ley israelí prohibía la poligamia, así que, para casarse con Yameela, Abed tendría que aportar en la corte de Nazaret pruebas de que estaba divorciado. Era solo una formalidad, le dijo a Asmahan. Era mejor divorciarse en la corte de la calle Saladino y casarse de nuevo allí unos días después, cuando él volviera de Nazaret. El juez de Jerusalén estaba al tanto del plan y expresó su enfado, pero la ley no le daba otra opción que acatar.

El siguiente paso era planear la celebración de la boda, sin la cual la pareja sería considerada solo comprometida ante la sociedad, aunque existiera el matrimonio legal. Abed empezó a buscar excusas para posponer la boda. Estaba claro que Yameela lo amaba, y estaba igual de claro que él a ella no. Cuando ella le cogía la mano y lo besaba, los dos sabían que su corazón estaba en otra parte. La perspectiva de divorciarse inmediatamente después de conseguir el carnet de identidad azul empezó a parecerle repugnante. No le había dicho nada a la familia acerca de que se casaría de nuevo con Asmahan, y cuanto más tiempo pasaba con ellos, peor se sentía por el engaño. Los padres de Yameela habían reservado un terreno para su hija y su nuevo yerno, y animaban a Abed a construir una casa en él en cuanto obtuviera el carnet azul. Incluso habían empezado a comprar los muebles. Abed no sabía cómo continuar esa relación. Decir la verdad era impensable, pero también lo era seguir con la mentira. Empezó a cancelar sus viajes a Kafar Kanna, que, de todos modos, se habían vuelto más complicados. Era el otoño del año 2000 y ya comenzaba la segunda intifada. No se parecía en nada a la primera, que había sido una auténtica sublevación popular de huelgas generales, protestas masivas, boicots y actos de desobediencia civil. Esta, en contraste, se había militarizado rápidamente: Israel disparó más de un millón de balas en los primeros días, después de lo cual los grupos armados palestinos pasaron a un primer plano, haciendo que la participación masiva fuera imposible.

El detonante para la revuelta fue la provocadora visita de Ariel Sharón, defensor de los colonos y exministro de Defensa, al complejo de la mezquita de al-Aqsa. Ante las primeras protestas, Israel reaccionó violentamente, matando a cuatro palestinos desarmados e hiriendo a otros doscientos, muchos de ellos del campo de Shuafat y de Anata. En un contexto más amplio, la segunda intifada fue el resultado de años de frustración con el proceso de los acuerdos de Oslo, que no les habían proporcionado a los palestinos ni libertad ni independencia, y que no habían significado

73

el final de la ocupación. Tampoco habían conseguido poner freno a la expansión de los asentamientos israelíes, cuya población había crecido en más de un setenta por ciento desde la firma de los primeros compromisos. De hecho, Oslo fortaleció aún más el objetivo israelí de hacerse con la mayor cantidad de tierra posible, con la menor cantidad de palestinos en ella. Los acuerdos fracturaron Cisjordania en ciento sesenta y cinco islas de autonomía muy limitada, cada una de ellas rodeada por un océano de control israelí. Atrapados en esas islas y vigilados por las fuerzas de seguridad de la AP, que servía a los intereses israelíes, los palestinos se burlaban de la impotencia de la Autoridad Palestina, su *sulta*, llamándola *salata*, «ensalada». La revuelta hizo que una gran cantidad de tanques de las Fuerzas de Defensa de Israel (FDI) inundaran las ciudades, incluida la capital administrativa de la *sulta*, Ramala, donde Israel tenía sitiados los edificios presidenciales.

La gente corriente temía por su seguridad e incluso los palestinos del 48 se sentían en peligro. En los primeros días de la intifada se manifestaron en solidaridad con los territorios ocupados, y los francotiradores israelíes abrieron fuego. Doce ciudadanos palestinos del Estado de Israel fueron asesinados, incluido un joven de diecinueve años de Kafar Kanna. Cientos de personas asistieron a su funeral y protestaron contra la policía. En otros lugares de Galilea, palestinos del 48 cortaron carreteras, incendiaron neumáticos y lanzaron cócteles molotov. Una comisión estatal de investigación sobre estas protestas masivas, conocidas por los israelíes como los «eventos de octubre de 2000», concluyó que el despliegue de francotiradores con munición real contra los ciudadanos no judíos había sido «injustificado».

Con las nuevas restricciones de movimiento, a Abed le resultaba difícil salir de Anata. Antes de la intifada, se había hablado de que Yameela y él quizá podrían vivir en Ramala, al menos hasta que pudieran estar juntos en Kafar Kanna. Ahora eso era impensable. El último lugar en el que los padres de Yameela querían que viviera su hija era Cisjordania. Habían oído hablar de los cierres de carreteras en las ciudades, de los helicópteros que dejaban caer misiles sobre edificios en Ramala y de los tanques que disparaban a los palestinos en Beit Yala, al sur de Jerusalén.

Asumieron que Abed los visitaba con menos frecuencia porque tenía dificultades para entrar a Israel, lo cual era solo parcialmente cierto. También estaba tratando de evadir su culpa. Se había vuelto demasiado doloroso seguir con la farsa y, a medida que pasaba el tiempo, era casi imposible cerrar los ojos ante sus diferencias sociales y políticas. Abed respetaba a Yameela y a su familia, pero no le gustaba la forma en que vivían los palestinos del 48. Su vida social, sus modales, el hebreo mezclado en su hablar. Se parecían demasiado a los israelíes, incluso en lugares como Kafar Kanna, que Abed consideraba menos corrupta que otras ciudades palestinas del 48. Una vez, de camino al Tiberíades, Yameela señaló el uniforme de un soldado y dijo que le parecía bonito.

—¿Bonito? —Abed no podía creer lo que acababa de oír—. ¿Te parece bonito? Ese es el uniforme que nos dispara en Cisjordania.

—Discúlpame —dijo ella—, no quise decir eso.

—Tú eres palestina —le respondió él—, no puedes hablar así.

Cuando llevaban nueve meses de relación, Yameela tuvo un accidente de coche. Nadie se lo contó a Abed. La visitaba tan poco que no apareció hasta más de un mes después. Yameela ya había sido dada de alta en el hospital y se estaba recuperando en casa cuando le dijo a su madre que no podía seguir con Abed. No había preguntado por ella desde hacía semanas. ¿Cómo podía confiar en él? Frente a la posibilidad de la separación, Abed solamente sintió alivio. Ya podía dejar de fingir. Enseguida les concedieron el divorcio rápidamente: la pareja nunca había celebrado la boda ni habían pasado la noche en la misma cama, así que su matrimonio no se había consumado (*zawaj bidun dujul*: literalmente, «matrimonio sin entrada»). Los padres de Yameela no le guardaron rencor. El padre quería tanto a Abed que le ofreció presentarle a una sobrina, educada y guapa, en una ciudad cercana. Pero él ya había aprendido la lección. No valía la pena romperle el corazón a nadie por un carnet azul.

# VI

Como la segunda intifada seguía agravándose, Abed se vio forzado a trabajar en Dahiyat a-Salaam, en el campo de Shuafat y en barrios de Jerusalén cercanos a su casa. Al menos de momento, todavía conservaba su trabajo en Bezeq, incluso sin el carnet azul. Tenía treinta y dos años y era padre de cuatro niñas. Un día, Ahmad, un amigo del Frente Democrático que trabajaba en el colmado de su suegro, lo paró por la calle. ¿Podía ir al piso de su suegro para arreglar una línea telefónica dañada? La avería era una fuente de angustia para toda la familia: tenían hijos en Estados Unidos que estaban preocupados por las noticias, pero no podían cerciorarse de que todo estuviera bien entre sus parientes.

Abed conocía al suegro de Ahmad. Era el *mujtar* de Dahiyat a-Salaam y una figura muy respetada. Conocía asimismo a sus hijas, pues vivían prácticamente al lado de la casa familiar de Ghazl y, en la adolescencia, le pasaban notas de amor. El *mujtar* vivía justo detrás del pequeño supermercado en el que Abed se detuvo para lavarse las manos. Camino del baño, se encontró con Haifa, una de las hijas menores. La saludó, pero ella no respondió. Aunque la diferencia de edad entre los dos era demasiado grande para que lo conociera bien, no eran en absoluto extraños: como Abed, Haifa era miembro del FDLP, y habían asistido juntos a eventos y reuniones.

Molesto por el desaire, salió del baño y oyó a Ahmad gritando: «Haifa, dile a tu padre que Abed quiere venir a arreglar el teléfono». Pero, una vez en el piso, no pudo encontrar la causa del problema. Miró adentro, en el techo, y de vuelta en las habitaciones, donde por fin dio con lo que buscaba. Pasó al lado de Haifa varias veces y la observó en compañía de su familia. Le recordaba a Ghazl, y no solo por ser una Hamdan. Era aguda, lista, independiente y sofisticada en cuanto a política: todo lo que no era Asmahan. Cuando la línea estuvo arreglada, ella hizo café y se lo llevó a él y a su padre.

Durante los días siguientes, Abed se la encontró colándose en sus pensamientos. Al final llamó a Ahmad y le dijo que quería visitarlo en su casa.

—¿Pasa algo? —preguntó él.

Fue entonces cuando Abed le anunció que quería pedir la mano de Haifa como su segunda esposa. Tímidamente, Ahmad dijo que él prefería mantenerse al margen.

—Está bien —dijo Abed—, pero, de todas formas, quiero hablar con las hermanas de Haifa.

Cuando Abed apareció por allí esa misma tarde, Ahmad se excusó diciendo que tenía que dormir. ¡Qué cobarde!, pensó Abed. Las hermanas estaban en el FDLP y lo conocían bien. También sabían todo acerca de su compromiso con Ghazl y eran conscientes de su infelicidad con Asmahan. Abed les fue contando poco a poco los problemas de su matrimonio, y les explicó cómo había llegado a ese punto. Durante siete años había tenido la esperanza de que Asmahad se convirtiera en alguien que no era, y ahora quería cambiar su vida y casarse de nuevo. Había visto a Haifa la semana anterior y esperaba que ella conviniera en estar con él. ¿Podían hablar en su nombre? Wafaa, una de las hermanas, prometió que preguntaría.

–Espero que diga que sí –agregó.

–¿Por qué «espero»? –preguntó Abed–. ¿Crees que me va a rechazar?

–Nos ha dicho más de una vez que está en contra de la idea de que los hombres tengan segundas esposas –explicó Wafaa.

Abed le pidió que hablara con Haifa de todos modos.

–Tú me conoces. Conoces a mi familia. Conoces mi vida –dijo–. No merezco esta suerte, quiero una oportunidad para ser feliz. Por favor, díselo.

Ahmad llamó al día siguiente y le pidió a Abed que fuera a su casa. En la sala, Wafaa le explicó que no había querido mencionarle a Haifa la propuesta directamente. En cambio, había abierto sutilmente el tema del matrimonio. Haifa se había dado cuenta de lo que estaba pasando, y había preguntado de inmediato quién estaba pidiendo su mano.

«Es un buen hombre», había dicho Wafaa. «Conocido, respetado, fuerte, inteligente. Nuestra familia quiere mucho a la suya. Pero hay una pequeña razón por la cual puedes oponerte.» «¿Cuál?», había preguntado Haifa impaciente. «Está casado.»

–Tan pronto como se lo dije –continuó Wafaa–, Haifa me dijo que me fuera de la casa. Ni siquiera había mencionado tu nombre. Más tarde, cuando se calmó, preguntó de quién se trataba. Cuando te mencioné, respondió que no: «No solo está casado, sino que además tiene hijas». –Wafaa hizo una pausa–. Le dije que la habías visto en la tienda y en casa, que habías estado pensando en ella, que querías cambiar tu vida. Entonces Haifa empezó a hacer preguntas. Nos sentamos durante cuatro horas, y al final aceptó.

–¿Aceptó?

–Sí, pero con una condición: no puedes divorciarte de tu esposa. Ella no quiere romper tu familia ni lastimar a Asmahan.

A la mañana siguiente, Abed despertó muy temprano a sus padres para contárselo: Haifa, la hija del *mujtar* de Dahiyat a-Salaam, iba a ser su segunda esposa. Resultó que también era la hija del antiguo amor de su padre, la chica Hamdan con la que se le había impedido casarse.

–¿Y su familia ha dicho que sí? –preguntó el patriarca–. Estás casado, tienes cuatro hijas, y eres mayor que ella. Ella es guapa, su padre es un *mujtar* y sus hermanos trabajan en Estados Unidos. ¿Crees que realmente van a aceptar?

Le dijo que Haifa había aceptado, e instó a su padre a vestirse para ir a ver a la familia.

–¿Estás loco? Media casa seguirá dormida.

Pero Abed insistió. Estaba seguro de que toda Anata se iba a oponer al matrimonio. Si dejaba que pasaran tan solo unas pocas horas, la noticia se extendería, y Haifa y su familia tal vez sufrirían presiones para rechazar la propuesta. Él se había dado cuenta de que su madre se oponía, seguramente no por el daño que esa boda iba a hacer, sino porque no le gustaba que los hombres tuvieran más de una esposa. Él asumió que otras mujeres de su familia también estarían furiosas. Tal vez incluso se negarían a hablarle de nuevo. Los parientes de Haifa tendrían sus propios motivos para oponerse. Ella tenía primos que también querían desposarla. Los padres de esos primos, sus tíos, tal vez intentarían detener el matrimonio; incluso aunque no estuvieran en contra de las segundas esposas, usarían ese argumento como pretexto.

El padre de Abed aceptó hacer la visita a la familia de Haifa. Abed tuvo la sospecha de que se habría negado a aceptar una segunda esposa que no fuera la hija de su primer amor. Cuando aparecieron en la puerta de Haifa, el padre de ella, Abu Awni, les dio la bienvenida.

–Disculpe que hayamos venido tan temprano –dijo el padre de Abed–, pero este hijo loco, este hijo temerario y terco, insistió en que teníamos que venir ya mismo. Creo que usted sabe por qué estamos aquí.

–Lo sé –dijo Abu Awni–, consideraremos la propuesta después de haber hablado con Haifa.

–Pueden hablar con ella ya –interrumpió Abed.

–Está durmiendo.

–Pueden despertarla, yo sé que está de acuerdo. Pueden despertarla y preguntárselo, no podemos volver más tarde

–Eres increíble –dijo Abu Awni.

Y entonces le indicó a su esposa que trajera a su hija. Haifa salió medio dormida de su cuarto. Abu Awni le preguntó si aceptaba a Abed como esposo, y Haifa sonrió y respondió que sí. Abu Awni se dirigió al padre de Abed y le dijo:

–Si usted tiene un hijo loco, yo tengo una hija loca.

Todos recitaron la *Fátiha*. Abu Awni le pidió a Abed que regresara esa tarde para discutir los detalles.

–¿Qué detalles? ¿Está usted de acuerdo o no?

–Estoy de acuerdo –contestó Abu Awni.

–¿Y la madre de Haifa también está de acuerdo?

–Sí, está de acuerdo.

–Entonces, por favor, cámbiese de ropa, tenemos que ir a la corte de familia para firmar el contrato de matrimonio.

–¿Qué? ¿Ahora?

Abed sabía que Abu Awni saldría muy pronto hacia la mezquita de al-Aqsa, pues pasaba todos sus días allí, y la corte quedaba de camino.

–Podemos firmar el contrato antes del rezo.

–¿Estás loco? –preguntó Abu Awni.

–Sí –respondió Abed–, estoy loco.

Como su padre no fue con ellos, Abed se vio forzado a encontrar testigos de reemplazo. Eran necesarios dos. Llevó a su hermano Wa'el y a un sobrino que trabajaba en Sheij Yarrah. Firmaron el contrato esa misma mañana, y después Abu Awni caminó hasta al-Aqsa.

Naheel fue la primera persona a quien Abed quiso contárselo, así que se presentó en su casa por la tarde. Abu Wisaam y ella se dieron cuenta de que estaba dichoso. Acababa de comprometerse, les dijo. La cara de Abu Wisaam se endureció, sin duda pensando en Asmahan, su sobrina.

–¿Quién es? –quiso saber.

–Es mi vecina, Haifa –dijo Abed–. Y ya hemos firmado el contrato.

–Entonces, ¿qué quieres de nosotros?

Abed necesitaba su ayuda. No quería estar solo con Asmahan cuando le diera la noticia. Si Naheel y Abu Wisaam estaban con él, era menos probable que su esposa montara una escena. Los dos aceptaron de mala gana. Abed fue primero a su casa y se llevó a sus hijas a la de sus padres; después regresó con Naheel y Abu Wisaam. Asmahan no los esperaba y se puso contenta de verlos. Parecía una ocasión especial. Creyó que Abed se había llevado a las niñas para que los cuatro pudieran pasar una tarde tranquila juntos, y se levantó para preparar el té. Mientras estaba en la cocina, ninguno abrió la boca. Normalmente,

Abed, su hermana y su cuñado habrían estado haciendo bromas y riéndose. Asmahan tenía que estar dándose cuenta de que algo no iba bien.

Cuando regresó con los vasos de té dulce de menta y se sentó, Abed rompió el silencio. Llevaba años hablando de casarse por segunda vez, dijo. Ahora había conocido a alguien, había escogido a alguien, y acababan de comprometerse.

—*Mabruk*, felicidades —dijo Asmahan fríamente.

Entonces empezó a llorar y se fue a una de las habitaciones, hasta donde la siguió Naheel. Esta se lo explicó: no aprobaba la decisión y, como ella, acababa de enterarse. Un rato después consiguió convencerla de que saliera, y Abed y Asmahan se fueron a estar con las niñas, mientras que Abu Wisaam se fue a donde su hermano, el padre de la afrentada. Más tarde esa misma noche, este apareció en la casa del padre de Abed, indignado y exigiendo llevarse a su hija. Abed se negó a dejarla ir, y la pelea subió de tono hasta que echó a su suegro de malas maneras. Su padre, que había estado callado durante el altercado, lo regañó por haberle hablado irrespetuosamente a su suegro.

Abu Wisaam llegó para intervenir y le pidió a Abed que dejara que Asmahan se quedara a dormir con sus padres.

—Basta —dijo—, su padre está furioso. La situación es complicada —agregó—. Déjala ir con él dos o tres días, para que esté con su familia y asimile la noticia. Después de eso, la traigo de vuelta, te lo prometo. Todo va a ir bien.

Abed aceptó de mala gana, con la esperanza de que Asmahan regresara en un par de días. Sin embargo, los padres de ella le pidieron el divorcio. No estaban dispuestos a que lo discutiera con su esposa, aunque Abed siguió pidiendo que le dejaran verla, o al menos hablar con ella por teléfono. Los padres se negaron e insistieron en lo del divorcio. Abed rogó que la dejaran regresar a casa para que él pudiera estar de nuevo con sus hijas. Los días se convirtieron en semanas y seguía sin verlas. Después de un mes, recibió la visita del más anciano de los vecinos de Asmahan, un amigo cercano de los padres de ella.

–Acabemos con este asunto –le dijo–, dale el divorcio.

–Tengo una sola petición –dijo Abed–. Por favor, siéntese a solas con Asmahan; si ella dice que esto es lo que quiere, me reuniré con ella en la corte mañana mismo. Si, en cambio, quiere estar con su esposo y sus hijas, la traeré de vuelta a casa. Pero tiene que obtener una respuesta verdadera, sin que sus padres estén presentes, y transmitírmela tal y como la oiga.

El vecino hizo lo que Abed le pidió y lo confirmó: Asmahan quería el divorcio. Abed sintió que lo había intentado todo. Si ella realmente quería irse, no la iba a detener. Ya había sufrido bastante. Era el momento de empezar una nueva vida. Le dijo al vecino que Asmahan y sus padres debían encontrarse con él en la corte de Saladino a la mañana siguiente, y eso hicieron. Ella se quedó callada mientras su padre soltaba toda su ira con Abed. Después, el suegro le informó al juez que su hija rechazaba la custodia de las niñas, y Asmahan asintió con la cabeza. Cuando todo se hubo acabado, Abed estaba divorciado y era el único tutor de sus cuatro hijas pequeñas.


Haifa se lamentó de que Abed se hubiera divorciado de Asmahan a pesar de su promesa, pero entendió que no le habían dejado más opciones. Él no había querido que ella reemplazara a Asmahan; le habría gustado, en cambio, que la complementara, que llenase el vacío dejado por la ausencia de Ghazl. Nunca se le ocurrió que Haifa se fuera a convertir en la madre de sus cuatro hijas, pero así sucedió. Aunque Asmahan siguió viendo a las niñas, Haifa las adoptó como si fueran suyas, y fue ella quien las crió en realidad. Abed pensaba frecuentemente que la querían más a ella que a él. Los padres de Haifa también adoraban a las hijas de Abed. Su madre veía ese matrimonio como obra del destino.

–Mira nuestras vidas –le dijo un día a Abed–, yo debí haberme casado con tu padre, pero la suerte no lo quiso así. Ahora tú te has casado con mi hija.

Abed se comprometió a empezar de nuevo. Sería un mejor esposo, un mejor padre, una mejor persona. Por primera vez en su vida, empezó a rezar. No en la vieja mezquita de Anata, que estaba controlada por la *sulta*; esta censuraba cualquier contenido políticamente relevante del sermón de los imanes, quienes, en su lugar, aburrían a todo el mundo con instrucciones de cómo lavarse antes del rezo. Abed prefería subir la colina hasta Jerusalén Este, Dahiyat a-Salaam o el campo de Shuafat; en las mezquitas bajo control jordano sí podía oír sermones inspiradores y comparativamente más libres de la supervisión de Israel o de la *sulta*.

No mucho después de que Abed y Haifa celebraran la boda, Asmahan se casó también con un hombre de Gaza, oficial de seguridad de la *sulta*. Tal vez él la buscó con el propósito de obtener el permiso de Israel para mudarse de Gaza a Cisjordania, una relocalización que casi nunca se permitía. Era mucho mayor que Asmahan, estaba enfermo, y moriría un año después del matrimonio, dejándola con una nueva hija.

Al conocer las noticias, Haifa quiso que Abed se volviera a casar con Asmahan. Su viudedad era una señal, le dijo. Ahora él podría enderezar los males que le había hecho sin que ella tuviera culpa alguna. Estaba sola y triste, cuidando de una bebé. El apoyo económico le iría muy bien. Abed se sintió conmovido por la compasión de Haifa. No había muchas esposas que pudieran sugerir algo así, por lo que estuvo de acuerdo con hablar con su exesposa. Estaba seguro de que diría que sí, no solo porque estaba en una situación desesperada, sino porque todavía lo amaba. Sus padres, sin embargo, se negaron, y Asmahan se quedó sola.

Haifa se quedó embarazada menos de un año después de la boda. La consulta de su médico estaba en Jerusalén, al otro lado del puesto de control militar. En esa época, todos los palestinos de Anata y Jerusalén podían usar los hospitales de la ciudad aunque no tuvieran permisos de residencia. Era una complicación pasar por el puesto de control, pero la mayoría de las mujeres embarazadas escogían Jerusalén, no tanto porque la atención en el hospital fuera mejor, sino porque querían asegurar los lazos de la siguiente generación con la ciudad, corazón de la nación palestina. Cuando Haifa se puso de parto varias semanas antes de lo esperado, Abed los llevó a ella y a sus padres en un taxi compartido hasta el puesto de control militar del campo de Shuafat. Aunque la Policía de Fronteras vio que Haifa estaba de parto, no la dejó pasar. Abed le pidió al conductor que intentaran pasar por otro puesto de control, al otro lado del campo de refugiados, en Ras Jamis. Allí se dirigió a una pareja de policías, una mujer y un hombre. También ellos vieron como Haifa estaba de parto. La agente les pidió cigarros y, cuando Abed le dio dos, uno para ella y otro para su compañero, les dio el permiso.

Enfrente de la garita había grandes bloques de hormigón para evitar que pasaran los coches. Haifa tuvo que bajarse con sus padres para montarse en otro taxi. Abed llevaba su ropa de trabajo y no tenía el carnet verde. Le dijo a la mujer que Haifa y sus padres seguirían hasta el hospital de la Media Luna roja en a-Suwana, justo al este de las murallas de la Ciudad Vieja, mientras él iría a casa para bañarse, coger su carnet y tomar otro taxi de vuelta. Ella le dijo que lo dejaría pasar cuando volviera.

Poco después, Abed llegó de nuevo al punto de control y le recordó a la agente lo que le había dicho. Ella le pidió otros dos cigarros y lo dejó pasar. Para cuando pudo llegar al pabellón de maternidad, Haifa ya había dado a luz a su hijo. Decidieron llamarlo Adam, el padre de la humanidad. Tres años después nació un segundo hijo, esta vez en el hospital Makassed, en el monte de los Olivos. Era más pequeño y más delicado que Adam. Lo llamaron Milad, «nacimiento».

# Segunda parte
## Dos fuegos

# VII

La mañana del accidente, Huda Dahbur salió de su piso en Ramala y luchó contra el viento y la lluvia para ir a encontrarse con algunos de los miembros de su equipo en la plaza de la Torre del Reloj. Endocrinóloga, cincuenta y un años, y madre soltera, Huda Dahbur dirigía una clínica móvil gestionada por la UNRWA, la organización de la ONU para los refugiados palestinos. Había estado dieciséis años trabajando en el cuartel general de la UNRWA en Sheij Yarrah, hasta que Israel imposibilitó su entrada en la ciudad. Ahora trataba a los pacientes en una clínica móvil en Cisjordania.

Tres personas de su equipo se reunieron con ella en la plaza. Habían programado hacer su visita rutinaria al campamento de Jan al-Ahmar. Cuando se subieron al minibús saludaron al conductor, Abu Faraj, un beduino de pelo y bigote blancos. Además de conducir, hacía las veces de consejero cultural, ayudando a Huda y a su equipo a navegar entre las rivalidades locales y las costumbres tribales.

Jan al-Ahmar era casa de los beduinos de la tribu yahalín, que habían sido expulsados del desierto del Néguev en los primeros años después de la fundación de Israel. La mayoría de los yahalín habían sido desplazados a la fuerza en 1948, y habían huido a Cisjordania, Gaza y los países vecinos. En los cuatro años posteriores a la guerra, Israel expulsó a unos diecisiete mil más; en total, se desplazó a aproximadamente el ochenta y cinco por ciento de su población. Los que se quedaron en el Néguev fueron acorralados en una reserva, la *siyaaj*, o vallado, mientras toda su tierra era confiscada. Junto con la mayoría de los ciudadanos palestinos de Israel, vivieron durante dieciocho años bajo un régimen militar que impuso toques de queda, restricciones de movimiento, prohibición de partidos políticos, detenciones sin juicio y zonas de seguridad cerradas.

Obligados a punta de pistola a dejar el Néguev y cruzar a Cisjordania, los beduinos yahalín se dirigieron hacia el norte hasta las colinas cercanas a Jerusalén. De allí fueron expulsados nuevamente para que pudiera construirse el asentamiento israelí de Ma'ale Adumim. Cuando llegaron a Jan al-Ahmar pidieron permiso al dueño de la tierra, el abuelo de Abed, para quedarse allí. Inicialmente, los rechazó. La familia, como otras muchas de Anata, no confiaban en los beduinos. Algunos se quedaban con la tierra de los propietarios originales, pedían comida gratis a la ONU y la revendían, e ignoraban las facturas de los servicios públicos, argumentando que sus prácticas culturales no reconocían prácticas burguesas como la de pagar impuestos.

A pesar de la resistencia de los Salama, ocuparon Jan al-Ahmar. Con el tiempo, el abuelo de Abed pudo ver el valor de su presencia. Como él no tenía permitido utilizar la tierra, tener a los beduinos allí hacía que la expropiación fuera más difícil. Los colonos israelíes consideraban el campo un obstáculo para la vista, y los constructores querían toda la zona libre de palestinos. Cuando las autoridades emitieron órdenes de demolición para las casitas de chapa y para la sede del colegio hecho con neumáticos, la familia de Abed mostró los documentos que demostraban cómo los beduinos habían recibido permiso para vivir en la tierra de los Salama.

Huda hacía lo que podía para ayudarlos, pues eran muy pobres. Aunque estaba prohibido tratar a sus cabras o llevarlos en vehículos de la ONU a comprar provisiones, ella lo hacía de todas formas. Era conocida por desobedecer las reglas cuando su conciencia se lo exigía. A pesar de varias advertencias de sus jefes para que no se involucrara en actividades políticas, Huda llevaba al personal a las protestas contra los ataques israelíes en Gaza, y una vez incluso los hizo entregar flores a las prisioneras políticas que estaban siendo liberadas de las cárceles israelíes. Después de que la UNRWA hiciera recortes presupuestarios que afectaban el tratamiento prenatal de pacientes consideradas de riesgo, Huda dio citas a todas las mujeres embarazadas que encontró. Cuando sus supervisores le hicieron frente, admitió muy orgullosa la transgresión y dijo que seguiría haciéndolo hasta que las regulaciones se cambiaran de nuevo.

Al dejar la plaza de la Torre del Reloj, Abu Faraj llamó al jeque de Jan al-Ahmar para confirmar que Huda y su equipo estaban de camino. Los vecinos del pueblo habían preparado una carpa ceremonial para darles la bienvenida antes de que trataran a las mujeres, los niños y los hombres. Yendo hacia al sur, el equipo silbaba, como siempre, tonadas de Fairuz, la cantante favorita de Huda. Después de recoger al encargado de anotar los datos en el campo de refugiados de Kalandia, la farmacéutica, Nidaa, dijo que sentía náuseas. A Huda le pareció que estaba pálida. Madre joven de dos niños pequeños, Nidaa estaba embarazada de varios meses de un tercero. La coordinadora le pidió a Abu Faraj que se hiciera a un lado de la carretera y a los demás que le buscaran algo de comer. Dieron la vuelta en una rotonda y entraron a a-Ram, un área urbana enfrente del asentamiento israelí de Neve Yaakov: el muro de separación rodeaba tres de sus lados. Hacía frío, todo se veía lúgubre y mojado. Tomaron té y comieron *ka'ek* con *zatar* y falafel. Ya iban tarde hacia al-Ahmar cuando salieron de a-Ram por la carretera de Yaba y se encontraron súbitamente con un espectáculo terrible: un autobús volcado de lado, las puertas contra el suelo, la parte frontal envuelta en llamas.

La carretera de Yaba se había construido originalmente para que los colonos israelíes pudieran moverse desde y hacia Jerusalén sin tener que pasar por Ramala. Era una de muchas vías de circunvalación diseñadas para reducir los tiempos de conexión de los colonos, darles una sensación de seguridad y crear la ilusión de una presencia judía continua desde la ciudad hasta los asentamientos. Después de que el Estado construyera nuevas carreteras de circunvalación, esta pasó a ser utilizada mayoritariamente por palestinos.

La habían tallado en la estribación, formando una especie de zanja profunda con altos acantilados rocosos a ambos lados. El pueblo de Yaba colgaba de lo alto de una colina. A-Ram colgaba de la siguiente. La carretera tenía dos carriles que se dirigían hacia un puesto de control militar de Kalandia, y uno en sentido contrario, hacia el puesto de Yaba, y no había división central. El único carril oriental les servía a unas doscientas mil personas como ruta principal alrededor de Jerusalén, pero en el que iba a

Yaba no siempre había personal. Los soldados estaban ahí para dar el alto a los vehículos, sobre todo en las horas punta de la mañana y la tarde, y reducir así el tráfico palestino en las carreteras que estos compartían con los colonos, por lo que en las horas de más tráfico la carretera estaba atascada por una larga fila de autobuses, camiones y coches. Cuando los conductores se acercaban al embotellamiento, pocos minutos después de haber salido del de Kalandia, algunos adelantaban a los coches más lentos metiéndose en el carril de tráfico que se movía en sentido contrario. Esto había causado tantos accidentes que la vía era conocida como «la carretera de la muerte».

Huda le pidió a Abu Faraj que aparcara a un lado. La gente se estaba agrupando alrededor del autobús volcado. Como la carretera estaba mojada y cubierta de aceite, Abu Faraj detuvo la camioneta perpendicularmente para evitar que los coches que venían chocaran contra la creciente multitud. Huda y su equipo se bajaron de un salto y corrieron a la parte delantera. Más allá podían ver un tráiler de carga de dieciocho ruedas atravesado en diagonal, ocupando dos de los tres carriles.

Salem, uno de los que miraba, vivía a menos de cien metros de distancia, pero hablaba arrastrando las palabras con el fuerte acento de los habitantes de Hebrón. Había dejado a sus niños en casa esa mañana por culpa de la tormenta y la densa niebla. En sus treinta y ocho años de vida nunca había visto una lluvia igual. Iba camino del trabajo cuando vio el autobús volcado, detuvo su coche en medio de la calle y corrió hacia él.

Huda les pidió a Salem y a otros espectadores que sacaran al conductor, que estaba muy cerca del fuego. Mientras lo hacían, Salem gritó que salvaran también a los menores y a sus profesoras. Hasta ese momento, Huda no se había dado cuenta de que había niños en el autobús. Sus colegas le recordarían después los gritos, pero ella, o bien había borrado ese recuerdo, o bien había ignorado el sonido. Salió corriendo junto con Salem adonde estaba el conductor, que seguía atorado y ya tenía las piernas en llamas. Cuando finalmente pudieron liberarlo, la lluvia apagó el fuego que le devoraba los pantalones.

Lo acostaron a un lado de la carretera, con el humo todavía saliendo de sus rodillas, y corrieron de vuelta a la parte delantera del autobús para poder alcanzar a una profesora que había estado sentada detrás de él. Mientras la agarraban, gritó que la dejaran y salvaran a los niños. En ese momento, Nidaa empezó a convulsionar y a chillar. Huda la mandó deprisa de regreso a la camioneta de la UNRWA y le dijo que se quedara ahí.

Abu Faraj, mientras tanto, estaba dirigiendo el tráfico, manteniendo un camino despejado para la futura evacuación de los heridos. En un momento dado corrió más allá del autobús en llamas y del inmenso camión tendido en la carretera, y siguió, más de cien metros colina abajo, para suplicarles a los soldados que ayudaran en el rescate. El humo era visible desde el puesto de control, pero los soldados, que parecían asustados, le gritaron que no se acercara más, que retrocediera.

El fuego era demasiado fuerte para intentar sacar a alguien más de la parte frontal del autobús, pero no había llegado a la trasera, donde, según podía ver Huda, había varios niños apiñados. Salem quería romper la ventana de atrás para poder sacar a los niños, pero Huda no estaba tan segura de que fuera una buena idea. A nadie se le ocurrió nada mejor y parecía que no había ni soldados, ni policía, ni camiones de bomberos, aunque la gente en la pequeña multitud no dejaba de llamar frenéticamente a los servicios de emergencia palestinos e israelíes. Uno de los miembros del equipo de Huda incluso llamó a un pariente que trabajaba en el Parlamento palestino.

Huda y los demás se pusieron de acuerdo: Salem rompería la ventana trasera usando el pequeño extintor que había sacado del coche uno de los que miraban. En el mismo instante en que el vidrio reventó, Huda oyó el silbido del oxígeno y vio las llamas crecer en todas las direcciones. El fuego ahora era el doble de alto y dejaba escapar una columna de humo negro que subía por encima del acantilado. Huda contempló atónita cómo Salem se arrastraba hacia el interior del autobús en llamas. Podía oír a los niños llorar y gritar. Algunos trataron de escalar por las sillas del revés para saltar por las ventanas sobre sus cabezas. Dos profesoras lograron escapar a través de las ventanas y sacaron a varios pequeños.

Ula Yulani, una de las profesoras, estaba en la excursión con su sobrino Saadi, que estaba en su clase de preescolar. Era como una segunda madre para Saadi. Ese día, como siempre entre semana, Ula había ido en coche a casa de sus padres, donde también vivían Saadi y su familia. Quejándose por el tiempo que hacía, su madre no había querido que el niño fuera a la excursión. Ula se había reído y le había preguntado a su madre si también quería la devolución del dinero. Ella había pagado la tarifa de uno de sus alumnos, que era huérfano, y había prometido que cuidaría de otro niño, el hijo de un amigo que, como la abuela de Saadi, tenía dudas acerca de la conveniencia de salir de excusión con ese tiempo.

Después de que Ula consiguiera salir del autobús en llamas, oyó a los niños atrapados que gritaban su nombre, así que fue la única persona que siguió a Salem de regreso adentro. Él, encorvado dentro del autobús, logró abrir algunas de las ventanas laterales. Los dos alzaron a los niños por la parte de atrás, donde Huda y los demás habían formado una fila e iban sacando uno a uno a los pequeños. Más arriba de la carretera, decenas de vecinos del pueblo de Yaba y a-Ram se habían reunido. Algunos de los beduinos de Yaba llevaron grandes tanques de agua que vaciaron a través de las ventanas abiertas, entre las llamas, evitando que Salem y Ula se quemaran. Al lado del autobús, la pequeña multitud trató de ayudar vaciando los pequeños extintores de sus coches.

Ula y Salam lograron salvar a docenas de niños. Según avanzaban hacia la parte frontal del autobús, donde las llamas eran más fuertes, encontraban a los que estaban en peor situación. Algunos se habían quemado de la cabeza a los pies: los habían puesto en la carretera boca arriba, con las rodillas dobladas hacia el pecho. Si no hubiera sabido de antemano que eran niños, Salem no habría podido reconocerlos como tales. Colocaron a una pequeña toda ennegrecida junto con los niños muertos; entonces, una de las enfermeras que trabajaban con Huda se dio cuenta de que todavía respiraba. Huda y la enfermera la levantaron y la pusieron en el asiento trasero de un coche que la llevó al hospital.

El hedor a pelo y carne quemada era sofocante. Huda había leído en alguna parte que el olor era el sentido que más fuertemente se relacionaba con la memoria. Tal vez fue por eso por lo que ahí, de pie, rodeada de niños muertos, su memoria la hizo retroceder al peor día de su vida.

# Palestina e Israel

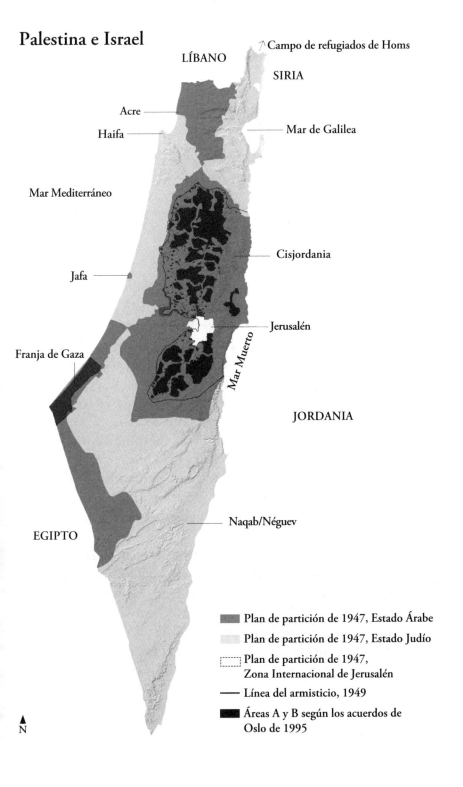

LÍBANO

↗ Campo de refugiados de Homs

SIRIA

Acre

Haifa

Mar de Galilea

Mar Mediterráneo

Jafa

Cisjordania

Jerusalén

Mar Muerto

Franja de Gaza

JORDANIA

EGIPTO

Naqab/Néguev

N

■ Plan de partición de 1947, Estado Árabe

□ Plan de partición de 1947, Estado Judío

⌐⌐⌐ Plan de partición de 1947,
Zona Internacional de Jerusalén

— Línea del armisticio, 1949

■ Áreas A y B según los acuerdos de
Oslo de 1995

# VIII

En el verano de 1985, Huda era una doctora de veinticinco años recién salida de la Facultad de Medicina de la Universidad de Damasco. Su padre le sugirió que se uniera a la Media Luna Roja Palestina, en la que su tío, que era un oficial veterano en la Organización para la Liberación Palestina, podría cuidar de ella. El cuartel general de la OLP se había trasladado a Túnez porque Israel había forzado a la organización a marcharse del Líbano. Aunque el padre apoyaba a Fatah, no se veía a sí mismo como una persona muy política. Le decía a Huda que creía que tanto la derecha como la izquierda eran demasiado intransigentes. Huda atribuía esa moderación a su infancia en Haifa, donde población musulmana, cristiana y judía vivían juntas.

Huda había crecido escuchando historias de Haifa. La familia Dahbur era originalmente de Wadi Nisnas, un barrio entre el puerto y los jardines aterrazados del templo bahaí en las estribaciones del monte Carmelo. En *sabbat*, cuando los judíos tienen prohibido llevar a cabo diversas labores cotidianas, la familia de Huda iba donde sus vecinos judíos para encenderles las luces o las estufas.

La abuela de Huda había nacido en la Haifa otomana durante la Primera Guerra Mundial. De una belleza conocida por todos, se había casado con un primo suyo mediante un matrimonio concertado y había dado a luz a su primer hijo, el padre de Huda, Mustafá, cuando tenía solo diecisiete años. Mustafá tenía casi catorce cuando la ONU votó por la partición de Palestina, en noviembre de 1947. La decisión produjo una guerra civil que desembocó en la *Nakba*, la expulsión masiva y la huida de más del ochenta por ciento de los palestinos del territorio que se convirtió en Israel.

En abril de 1948, cuando la guerra civil llevaba ya varios meses, y solo pocos días antes de la Pascua judía, las fuerzas del Mandato británico, que gobernaban el país, empezaron a retirarse de Haifa. Mientras los británicos se iban, grupos paramilitares judíos lanzaron ataques en las zonas palestinas de la ciudad, ataques que denominaron operación Bi'ur Chametz, una referencia a la purga ritual del pan en los hogares antes del inicio de la Pascua. Desde las pendientes de los barrios judíos dispararon a los barrios palestinos y a los mercados que estaban más abajo. Haifa cayó en un día.

A través de las estaciones de radio árabes y con altavoces desde los coches, los paramilitares gritaron instrucciones para que la gente abandonara sus casas inmediatamente. El batallón de conquista había recibido órdenes de bombardear «todos los objetivos que puedan ser incendiados», y de «matar a cualquier árabe que se encontrara». Lanzaron monte abajo, hacia los barrios palestinos, barriles llenos con trapos untados de queroseno y dotados con mecanismos de encendido. Los judíos «disparaban continuamente hacia cualquier árabe que se moviera entre Wadi Nisnas y la Ciudad Vieja», informó un agente de la inteligencia británica. «Esto incluyó repugnante fuego indiscriminado de ametralladora, fuego de mortero y disparos de francotiradores sobre mujeres y niños que se habían refugiado en las iglesias e intentaban salir.» Hicieron una limpieza étnica de la mayor parte de la ciudad antes del inicio de la Pascua. Las calles humeantes del centro quedaron escondidas bajo las ruinas y los cuerpos, mientras las familias huían como podían de las columnas que avanzaban. Los supervivientes, aterrorizados, corrieron hacia el puerto, aplastándose unos a otros durante la estampida. Rápidamente, entregaron las casas palestinas vacías a inmigrantes judíos, para asegurarse de que los dueños originales no pudieran regresar.

La familia de Huda se fue en un convoy de camiones que se dirigía hacia el norte, hacia el Líbano. Su abuela hablaba del terror, alimentado por historias de violaciones y masacres. Que sus vecinos judíos se ofrecieran a cuidar su casa apenas los consoló. Tres semanas después de la caída de Haifa, Israel declaró la independencia de los británicos. Para ese momento, un cuarto de millón de palestinos se habían convertido en refugiados, entre ellos el noventa por ciento de los residentes árabes de Haifa y Jafa, las ciudades más pobladas. La guerra de Israel contra los países vecinos no había empezado todavía.

Después de días de viaje, los Dahbur se sentían desamparados y hambrientos. En el camino hacia el norte, cuando todavía estaban en Palestina, la abuela de Huda entró en una cueva y dio a luz a una niña. Cortaron el cordón umbilical con el perno de limpieza de una estufa de parafina. El parto improvisado los inspiró para llamar a la recién nacida Maryam, en honor a la Virgen María. Repartiendo sus últimas migajas de pan, alcanzaron la región costera libanesa de Sidón, y de allí fueron a Homs, en Siria. Reunieron a los refugiados en la ciudadela medieval y, de ahí, los llevaron a los establos de los barracones militares construidos durante el Mandato francés. Poco después, la UNRWA estableció lo que se conocería como el campo de refugiados de Homs.

Dado que las familias provenientes de los mismos pueblos y ciudades vivían juntas, a las distintas áreas se les dieron nombres de acuerdo con el origen de sus residentes. Haifa estaba a la entrada, para resaltar su importancia. Casi todos los demás residentes eran de Galilea, aunque algunos también de Acre y Jafa. Las calles recibieron nombres de ciudades palestinas, desde Hebrón y Jerusalén, hasta Nazaret, Safed o Tarshiha. No había ni agua ni electricidad, el aislamiento de las tiendas de campaña era escaso y todo el mundo usaba retretes exteriores comunes. La UNRWA distribuyó sacos de ropa, frecuentemente con zapatos que no coincidían. Un año, al final del Ramadán, el día del *Eid al-Fitr*, la abuela de Huda tuvo la idea de teñir la ropa de sus hijos de color azul, para que pareciera nueva y así tuvieran regalos. Prácticamente todas las mujeres siguieron su ejemplo, convirtiendo el campo en un mar azul. Durante el invierno, la lluvia golpeaba con fuerza los techos de chapa ondulada y era difícil respirar a través del humo de las estufas de parafina.

Sin embargo, y a pesar de la pobreza, de la separación de las familias y de la amargura del exilio, los Dahbur lograron encontrar momentos de felicidad. Cuando Mustafá, el padre de Huda, se casó, la familia colgó mantas en su único cuarto para darles a los novios un poco de privacidad. Después, él se dedicó a mejorar su refugio, construyendo un baño interior y cavando un pozo de agua en el patio. La puerta estaba siempre abierta y Mustafá les permitía a todos usar el agua fresca y clara del pozo.

Sin electricidad en el campo, la familia se pasaba las tardes escuchando historias, sobre todo aquellas contadas por la abuela de Huda, quien había criado también a los hermanos de esta, a sus primos, a sus tías y a sus tíos. Hablaba de un sitio mágico llamado Haifa, donde el monte Carmelo se movía cuando los niños jugaban sobre él, y donde las gotas de lluvia nunca tocaban la cabeza de la gente. Haifa era como el paraíso, y Huda y sus hermanos se iban a dormir soñando con ese sitio mágico. Cuando lloraban porque querían ir a verlo, los adultos llenaban grandes barriles de agua y los dejaban bañarse en ellos, diciéndoles que cerraran los ojos e imaginaran que estaban en el mar de Haifa.

La mayoría de los chicos y los hombres del campo de Homs, incluido el padre de Huda, inicialmente se habían hecho miembros de movimientos nacionalistas panárabes, pero cambiaron su lealtad a Fatah a medida que la fuerza de esta creció en los años sesenta. Su tío menor, Kamel, era el único de su generación nacido fuera de Palestina. Tenía solo cuatro años más que Huda y no se parecía a sus hermanos, pues tenía la piel más morena, los ojos más oscuros y un semblante serio. Fue el primero de la familia en unirse a Fatah. Cuando todavía era adolescente, escuchaba sus canciones, y después se entrenó en sus campamentos. A los quince años dejó Homs para alistarse en las filas del movimiento en el Líbano. Cada pocos meses volvía para visitar a la familia. Se alegraban mucho al verlo, pero él ponía condiciones muy estrictas: tenían que actuar como si nunca se hubiera ido —nada de lágrimas, nada de abrazos—, de lo contrario se iría y no regresaría. Cuando cruzaba la puerta, Huda y su abuela tenían que controlarse para no saltar y abrazarlo. Después de una semana, volvía a desaparecer sin decir adiós.

Cuando eso sucedía, la abuela se sentaba en el suelo y lloraba: temía que su hijo más pequeño muriera con Fatah. En Siria, los refugiados palestinos hombres tenían que hacer el servicio militar obligatorio. Eran reclutados por el Ejército por la Liberación de Palestina, el ELP, que oficialmente era la rama militar de la OLP, pero en realidad estaba controlada por las Fuerzas Armadas de Siria. Durante una de las visitas de Kamel, la abuela de Huda informó de su llegada a las autoridades, que lo obligaron a hacer el servicio militar con el ELP. Él se oponía fervientemente a formar parte de las Fuerzas Armadas de Siria, que pronto usaron sus armas en contra de Fatah en la guerra civil libanesa. Aunque su madre creía que era la única forma de mantenerlo a salvo, Huda y ella lloraron cuando se lo llevaron en contra de su voluntad.

Kamel desertó del ELP cuando Siria respaldó a las milicias cristianas que habían sitiado Tel al-Zaatar, otro campo de refugiados palestino. Se volvió a unir a sus camaradas de Fatah, que estaban defendiéndolo. El sitio duró cincuenta y dos días, y, cuando finalmente el campo cayó, las milicias masacraron a miles de palestinos. La familia de Huda supo que Kamel había estado en Tel al-Zaatar, pero nada más. Buscaron más información hasta que por fin obtuvieron la camisa ensangrentada que había vestido el día que murió. En su duelo, la abuela se aferró a ella. Nunca se recuperó de la muerte de su hijo, y se culpaba por haber informado a las autoridades sirias: si no lo hubiera hecho, él tal vez no habría estado nunca en Tel al-Zaatar.

Quien conservaba todos los recuerdos familiares era Ahmad, un tío de Huda que había dejado Palestina a los dos años. Él también había crecido escuchando las historias de su madre acerca de Haifa, de los vecinos, de la panadería que habían tenido. Alimentado por estas historias, se convirtió en un conocido poeta palestino y publicó su primer libro a los dieciocho años. Sus poemas narran historias de su familia dispersa, de su madre en duelo hablando sobre la ciudad, de su hermano menor muerto en Tel al-Zaatar, de la pobreza en el campo de refugiados. Millones de niños recitan sus palabras en el colegio, y sus textos, convertidos en canciones, se volvieron la música más popular de la revolución palestina. Conocido como «el amante de Haifa», Ahmad acabó siendo nombrado director general del Departamento Cultural de la OLP.

Después de graduarse en la Facultad de Medicina, Huda aceptó ir con su tío Ahmad a Túnez. La OLP estaba en uno de los momentos más débiles de su historia. Había perdido su base territorial en el Líbano y tenía a sus combatientes dispersos en varios países del mundo árabe, muchos de ellos demasiado lejos del territorio que buscaban liberar. La organización estaba dividida internamente y había voces que pedían derrocar a su líder, Yasir Arafat. Jordania e Israel habían unido fuerzas en los territorios ocupados; Siria apoyaba a las facciones disidentes, y el país más poderoso del mundo árabe, Egipto, había firmado la paz con Israel por separado.

En septiembre de 1985, Israel capturó a un importante comandante de Fatah y a tres oficiales veteranos que habían zarpado de Chipre al Líbano, y torturó gravemente al comandante. Como represalia, un comando de Fatah se apoderó de un yate israelí en Chipre, exigiendo la liberación de sus colegas y matando a algunos de los israelíes a bordo. Esto ocurrió en Yom Kipur, el día de la expiación. Israel respondió seis días después, el 1 de octubre.

La sede principal de la OLP estaba en Hamman Chott, un suburbio costero de Túnez. Esa mañana debían reunirse sus líderes más veteranos, entre ellos Yasir Arafat y sus lugartenientes Abu Yihad y Abu Iyad, y docenas de miembros más, incluido a Ahmad Dahbur. Pocos minutos después de la hora programada para el comienzo, ocho aviones israelíes F-15 volaron sobre la sede y dejaron caer bombas de quinientas y dos mil libras: los edificios se convirtieron en ruinas y más de sesenta palestinos y tunecinos murieron.

En ese momento, Huda estaba a cien kilómetros de distancia, trabajando para la Media Luna Roja Palestina en Medjez el-Bab, donde se encargaba de tratar a las familias de los combatientes de la OLP. En la mañana del 1 de octubre recibió la orden perentoria de evacuar a su equipo y a sus pacientes: después del ataque en Hammam Chott, se temía otro en Medjez el-Bab.

Al recibir las noticias, Huda fue lo más rápido que pudo a Hammam Chott, temiendo que su tío hubiera sido asesinado. Cuando llegó, una hora y media después del asalto, tuvo que enfrentarse a un espectáculo infernal de ruinas, cenizas y cuerpos. Le pareció que así debía de ser el fin del mundo. Había un cráter gigante lleno de agua turbia donde antes se elevaban unos edificios. Ya había buldóceres en el sitio, quitando trozos de hormigón, varillas dobladas y astillas de metal. Los médicos y las enfermeras, cubiertos con una gruesa capa de ceniza, escarbaban entre las ruinas en busca de heridos y cadáveres. Equipos de rescate llevaban a los mutilados en camillas. Las sirenas de las ambulancias se superponían a los gritos de dolor. Amigos y familiares buscaban entre los escombros, gritando los nombres de los desaparecidos. El olor pútrido de la muerte estaba en todos lados.

Aunque solo tenía veinticinco años, Huda ya había sido testigo de varias escenas terribles. Había pasado por las guerras de 1967 y 1973, cuando las bombas israelíes habían volado las refinerías de petróleo de Homs. Cuando era estudiante de Medicina, en 1982, había atendido a los palestinos heridos evacuados del Líbano. Aun así, Hammam Chott era mucho peor. Huda esperaba poder tratar a los heridos, pero su jefe le ordenó retirar partes humanas. Alrededor oyó lamentos y llantos, sonidos que la acompañarían durante varios días. Vomitó mientras hacía su trabajo.

Después la enviaron a ocuparse de una tarea no menos horrible: visitar a las familias de los muertos. Era una joven médica sin experiencia, la única mujer. Entró a las casas de madres, padres y niños, que aullaban de dolor. Les prescribió Valium para que intentaran calmarse. La cara de una joven mujer desolada, una recién casada que había perdido a su marido, la persiguió por las noches.

Israel había estado muy cerca de eliminar la mayor parte del movimiento nacionalista palestino de un solo golpe. Pero la reunión se había pospuesto poco antes de empezar y muchos de los líderes veteranos, o no estaban allí, o iban a llegar tarde. Arafat y sus lugartenientes sobrevivieron, también su tío. Los rangos menores, que habían llegado a tiempo, murieron.

El bombardeo asustó mucho a la familia de Huda, que trató de encontrarla durante toda la tarde después de oír que una mujer de la misma edad había muerto como resultado del ataque. No eran los únicos en estado de shock. Huda notó un cambio en los supervivientes, incluidos Arafat y las demás figuras importantes de la OLP. Sospechó que esa experiencia de estar tan cerca de la muerte y el darse cuenta de que Israel podría haber eliminado toda la organización aceleraron su camino hacia el acomodo. Tres años después, en 1988, la OLP le ofreció a Israel un compromiso histórico, al aceptar un Estado palestino en los territorios ocupados, lo que representaba solo un veintidós por ciento de la patria. El Estado propuesto no incluía ni Haifa, ni Jafa, ni las otras ciudades de las que habían exiliado a unos líderes que se habían pasado décadas luchando por intentar volver a su tierra.

## IX

Huda conoció a su marido, Ismail, poco después del ataque a Hammam Chott. Había acudido a la clínica con una tonsilitis mientras estaba de visita; por aquel entonces, vivía en Moscú, donde hacía un doctorado en Relaciones Internacionales. Allí era el cabeza del sindicato estudiantil, un camino rápido hacia el liderazgo político, y estaba en Túnez para asistir a una reunión con activistas de sindicatos estudiantiles de todo el mundo. Cinco años mayor que Huda, Ismail parecía un poco el héroe de una película de acción, con una melena desgreñada de pelo castaño y un bigote poblado. Ella exigía tres condiciones en un hombre: que fuera educado, que fuera miembro de Fatah –que significaba ser una persona moderada, como su padre– y, a diferencia de casi todos los que conocía, que fuera alguien que no se sintiera intimidado por una mujer inteligente y exitosa como ella. En términos prácticos, esto significaba apoyar su plan de continuar con sus estudios para convertirse en una médica especialista. Ismail cumplía las tres.

Se comprometieron cinco días después de conocerse y él regresó a Moscú. Huda se le unió al año siguiente y vivieron juntos en la residencia estudiantil de la universidad. A ella, la ciudad y la cultura rusa le gustaron mucho, y quedó impresionada de cómo era de educada y culta la gente. Tras aprender ruso, entró en la especialización de pediatría, pero pronto se quedó embarazada; eso la cambió de una forma imprevista. Ya no podía tolerar oír o ver a niños que sufrían. Estaba a punto de cambiar de especialización cuando Ismail supo que Arafat lo había nombrado para un cargo diplomático en Bucarest. Huda habló con uno de sus profesores acerca de quedarse sola en Moscú para seguir con sus estudios, pero este la convenció de no hacerlo. Marido y mujer son como el hilo y la aguja, le dijo: donde va la aguja, el hilo siempre la sigue.

En Bucarest, Huda tuvo que empezar de nuevo, aprendiendo rumano y solicitando plaza en una facultad de Medicina. Se tomó el cambio de residencia como una oportunidad para cambiar asimismo de especialidad, y se matriculó en endocrinología. Disfrutaba de la lógica y el pensamiento crítico que la profesión implicaba y, en términos más prácticos, pensó que, al practicarla, no habría urgencias, por lo que, cuando fuera madre, no la reclamarían por la noche.

Nació una niña y la llamaron Hiba, «regalo», pero el nacimiento trajo tensión al matrimonio. No era una bebé fácil, lloraba toda la noche, y Huda recibió muy poca empatía y casi nada de apoyo de Ismail. Estaba cuidando a Hiba, estudiando endocrinología, sirviendo comida para los estudiantes palestinos pobres en Rumanía y organizando cenas para diplomáticos, compatriotas de visita y oficiales rumanos. Unos meses después del parto, se quedó embarazada de nuevo. Para el final del tercer trimestre de embarazo se sentía exhausta, después de un año de calmar sin pausa el llanto de Hiba, así que escogió un nombre con aspiraciones para el segundo bebé: Hadi, «calma». Viajó para dar a luz a Hadi en Homs, donde contaba con el apoyo de su familia. De vuelta a casa, Ismail culpó a Huda por el estrés al que estaba sometida. Era ella quien había escogido seguir estudiando Medicina mientras criaba a dos niñas nacidas con solo un año de diferencia. Si quería seguir en la universidad, él no tenía ninguna objeción. Pero no iba a ayudar cocinando, cuidando a los bebés ni organizando eventos sociales; ella era libre de estudiar cuando todo eso estuviera listo.

A pesar de las dificultades, Huda encontró la forma de hacerlo: aprendió rumano, acabó su especialidad, crió a sus hijos, fue la anfitriona de cenas e incluso tuvo a un tercer hijo, Ahmad, nacido en 1991. Aunque estaba exhausta y no era feliz en su matrimonio, parecía creerse afortunada y se había conformado con su vida, pues se había convertido en una médica exitosa con un esposo distinguido y tres hijos pequeños.

Una vez firmados los acuerdos de Oslo, miles de miembros de la OLP pudieron regresar a los recién formados reductos de autonomía palestina en Gaza y Cisjordania. A pesar de no ser apta para ir sola, pues no había trabajado para la OLP, Huda sí podía hacerlo acompañada de su marido. Pero él no quería dejar Bucarest. Disfrutaba de la vida de diplomático en una ciudad a la orilla de un gran río que era conocida como la París de Oriente. Ella insistió. Sabía cómo funcionaba Israel: si no volvían inmediatamente, más tarde no se les iba a permitir hacerlo. En su fuero interno, tenía otra razón para regresar. A pesar de la situación de su matrimonio y de que su marido se negara a ayudarla, soñaba con tener un hijo en Palestina. Esta era su oportunidad de replantar una semilla en la tierra de la que su familia había sido desarraigada.

Volvieron en septiembre de 1995, unos meses antes de que Israel les cerrara la entrada a más miembros de la OLP. Huda dio a luz a su cuarto hijo al año siguiente, una niña a la que llamó Lujain, «plata», y cuyo nombre venía de la primera línea de su canción favorita de Fairuz. Era el momento cumbre de lo que se llamó el «proceso de paz». El primer ministro, Isaac Rabin, acababa de concluir los segundos acuerdos de Oslo, conocidos como Oslo II, que delineaban todas las islas de autonomía limitada palestina en los territorios ocupados. Huda pensaba que un pacto así no tenía ningún sentido. Rabin fue rotundo: no habría un Estado palestino y Jerusalén nunca sería la capital. Habría, en cambio, nuevos asentamientos judíos anexionados a la ciudad y más puestos de control militar en Cisjordania. No se regresaría jamás a las fronteras anteriores a la guerra de 1967, a pesar de que estas incluían el setenta y ocho por ciento de la Palestina histórica. En alguna parte dentro del veintidós por ciento restante, es decir, en las zonas que Israel no había colonizado, anexionado o dominado mediante un control militar permanente, a los palestinos se les daría «menos que un Estado», según sus palabras. Pero incluso esas migajas fueron demasiado para los israelíes: cuando había pasado poco más de un mes desde el regreso de Huda, Ismail y sus hijos a Cisjordania, Rabin fue asesinado por un judío ortodoxo nacionalista. Escuchando la noticia en su casa de Gaza, Yasir Arafat lloró.

A los palestinos que pudieron regresar a los territorios ocupados gracias al acuerdo de Oslo los llamaron «repatriados». A Huda el término le parecía ridículo. Ella había sido una refugiada en Siria, una expatriada cuando vivió brevemente con sus padres en el Golfo, una inmigrante en Rumanía, y ahora una repatriada. Estaba en tierra palestina, sí, pero ¿adónde había sido repatriada? No al lugar que ella o su padre o su tío o su abuela habían conocido. A su esposo no se le permitió regresar a la casa de la familia en Yabel Mukaber porque quedaba dentro de la Jerusalén anexionada. La pareja se mudó, en cambio, al vecino Sawahre, justo fuera del límite. Sawahre y Yabel Mukaber habían sido un solo pueblo, pero, después de Oslo, los habitantes del municipio empezaron a necesitar permisos para visitar a sus parientes o para enterrar a sus seres queridos en el cementerio. Después, el muro de separación lo partió en dos. Huda se sentía fuera de lugar. Los campesinos le parecían toscos, como de otra época. Su dialecto era difícil y se sentía avergonzada por no entender el lenguaje básico de sus compañeros palestinos. Sus vecinos le dieron la impresión de ser también demasiado duros. Eran gente de montaña, nada que ver con los cosmopolitas de la costa nacidos en Haifa de los que hablaban las historias de su abuela. Incluso la ciudad de Haifa misma, cuando por fin pudo visitarla, no tenía ningún parecido con las descripciones de esas historias.

En su calidad de repatriada, Huda sintió una creciente distancia con respecto a la sociedad que la rodeaba. Aquellos que habían regresado con Arafat cubrieron todos los puestos importantes en la nueva *sulta* en lugar de los palestinos locales, quienes había peleado en la intifada. Había sido solamente gracias al sacrificio de la población local, «los de dentro», por lo que los de fuera habían podido regresar. Pero la vida de los de dentro empeoró después de Oslo. Además de las restricciones de movimiento más estrictas, el empleo se hundió, porque Israel reemplazó a los trabajadores palestinos por inmigrantes, a los que habían traído sobre todo de Asia. El año en que Huda volvió, uno de cada tres palestinos no tenía trabajo. Casi todos los que habían regresado, en cambio, formaban parte de la creciente red clientelar de Arafat.

Los ciudadanos de a pie empezaron a sentir rencor por los repatriados, puesto que los consideraban responsables de Oslo, de la corrupción y de la imposibilidad de unir a las fuerzas de seguridad palestinas, cosa que fortalecía la ocupación israelí. Las figuras cercanas a Arafat se metieron en el bolsillo decenas de millones de dólares de dinero público, a veces canalizado a través de cuentas bancarias israelíes, y algunos incluso se beneficiaron económicamente con la construcción de asentamientos. Arafat trató de quitarle importancia al asunto. Una vez le dijo a su gabinete que su esposa lo había llamado para contarle que se había producido un robo en su casa; él le había respondido que eso era imposible porque todos los ladrones estaban sentados con él.

Chistes aparte, Arafat sabía que estaba amenazado por el creciente descontento, no solo con Oslo, sino con el sistema autoritario que había creado. Cuando veinte figuras públicas importantes firmaron una petición contra «la corrupción, el engaño y el despotismo» de la *sulta*, más de la mitad de ellos fueron fichados, interrogados o puestos bajo arresto domiciliario. Otros fueron golpeados o recibieron disparos en las rodillas.

Huda estaba sobre todo preocupada por la cooperación de la *sulta* con Israel en temas de seguridad. Ismail trabajaba en el Ministerio del Interior, que, utilizando una vasta red de informantes, coordinaba la vigilancia y los arrestos de los palestinos que continuaban resistiéndose a la ocupación. A Huda le horrorizaba ver cuántos ciudadanos se estaban traicionando mutuamente. Incluso en su equipo de la clínica de la UNRWA había informantes que

115

instigaban visitas e interrogatorios por parte de la inteligencia israelí. Ella se negó a cambiar su comportamiento o a censurarse, y siguió desafiante en su trabajo diario. Para Huda, el trabajo nunca fue solamente humanitario. Fue una actividad nacional: dar tratamiento a los refugiados era también hacer algo por sus compatriotas.

# X

Jerusalén todavía estaba relativamente abierta cuando Huda llegó a Sawahre. Pudo mandar a sus hijos a un colegio en un barrio interior, porque antes de los doce años no necesitaban carnet azul para entrar. Pero, poco a poco, las restricciones fueron en aumento, y de un momento a otro cerraron la ciudad. Una tarde, los autobuses escolares no pudieron llevar a los niños de vuelta a sus casas. Huda y la mitad de los padres del pueblo se pasaron toda la tarde buscando a sus hijos, que finalmente aparecieron al atardecer, después de haber caminado durante varias horas desde el puesto de control. Huda los sacó de los colegios de Jerusalén de inmediato.

Fue una decisión fatídica. Hasta ese momento, Hadi había sido fiel a su nombre: era un muchacho tímido que raramente se metía en problemas. Eso cambió cuando lo enviaron a un colegio en Abu Dis, que albergaba la Universidad de al-Quds, y donde permanentemente había choques con los soldados israelíes. Durante la segunda intifada, en los últimos meses de 2003, Israel levantó un muro de separación a través de Abu Dis, haciendo que los comerciantes, que dependían en gran medida de sus clien-

117

tes de Jerusalén, perdieran sus negocios. Las tiendas cerraron, el valor de la tierra se hundió a la mitad, y los precios de los alquileres, a menos de un tercio. Aquellos que podían permitírselo se fueron. Las tropas israelíes estaban apostadas frente al colegio de Hadi casi a diario. Huda creía que su presencia estaba diseñada para provocar a los estudiantes y arrestar así al mayor número posible. Los soldados los detenían camino de clase, los ponían en fila contra la pared, los cacheaban y algunas veces también los golpeaban.

En los campos de refugiados de la UNRWA que había por toda Cisjordania, Huda veía cosas que le hacían temer por sus hijos. Un día, un soldado le disparó a un niño que le había tirado una piedra a un tanque. Los otros militares no dejaron que ella fuera ayudarlo cuando cayó al suelo. Tenía problemas para dormir, en su casa, en Sawahre, cuando oía las noticias de la noche sobre los asesinatos y los cierres en Cisjordania. Sabía que Hadi también estaba en la calle tirando piedras.

Empezó a somatizar el estrés. Los síntomas comenzaron con dolores de cabeza, que se volvieron graves. Un día, en el trabajo, tuvo la sensación de tener un líquido frío dentro de la cabeza, tuvo visión doble y después dificultades para caminar. Más tarde, de regreso a casa en Sawahre, se tendió para echar una siesta y se despertó veinticuatro horas después. Entendió que había estado en coma, síntoma de que podía tener una hemorragia cerebral. Los hospitales palestinos en Cisjordania y Jerusalén Este no estaban equipados para llevar a cabo la operación requerida, y ella no podía costearse el tratamiento en Israel. Finalmente, logró que Arafat firmara una carta en que le prometía que cubriría el noventa por ciento de los cincuenta mil séqueles que costaba, y la llevó a la clínica Hadassah en Jerusalén.

118

La cirugía fue un éxito, pero el estrés que probablemente había llevado a la hemorragia se intensificó. Un domingo de mayo de 2004, la Policía de Fronteras israelí –una gendarmería que operaba siguiendo órdenes del ejército cuando estaba en Abu Dis, y de la policía cuando estaba en el Jerusalén Este anexionado– disparó a Hadi, que tenía quince años y medio, y a sus amigos. Testigos oculares contaron al grupo israelí de derechos humanos B'Tselem y a la agencia de noticias AFP que los niños no habían participado en ninguna protesta. Hadi le explicó a su madre que estaban sentados frente a una tienda, tomando Coca-Cola, cuando los soldados empezaron a dispararles como si fuera un juego. Una de las balas alcanzó a uno de sus amigos, que estaba sentado justo a su lado, y el chico murió al instante.

Después de eso, Hadi empezó a enfrentarse a los soldados con más determinación. Huda lo veía con sus amigos en la calle y lo reconocía a pesar de la kufiya blanca y negra que le cubría la cara. Ella se mantenía a distancia, pues no quería que los soldados se dieran cuenta de que era su madre y se presentaran en su casa de noche para arrestarlo. A pesar de todas las precauciones, no pudo protegerlo. Menos de un año después de que el otro joven fuera asesinado, unos jeeps y vehículos blindados israelíes rodearon la casa. Se acercaron por los cuatro lados y golpearon fuertemente la puerta. Huda supo para qué estaban ahí.

Hadi tenía dieciséis años. Huda quiso retrasar lo inevitable, tener unos segundos más con su niño, así que ignoró los golpes y abrió la puerta solo cuando los soldados empezaron a patearla. La apuntaban con armas cuando ella preguntó en voz muy baja qué querían, con lágrimas cayéndole por las mejillas.

–Queremos a Hadi –dijo uno de los soldados. Huda quiso saber de qué le acusaban–. Su hijo lo sabe.

–Yo soy su madre. Quiero saber.

La ignoraron. Ahmad, de trece años, la acompañó mientras ella los guiaba a la puerta de Hadi y le dijo que no llorara, que eso solo lo iba a hacer todo más difícil para su hermano. Huda trató de contener su miedo, sabiendo que cualquier intento de detener a los soldados pondría la vida del chico en peligro. Se los imaginó asesinándolo ahí, frente a ella, y diciendo que había sido en defensa propia. Quería abrazarlo, pero sabía que, si lo tocaba, se derrumbaría. Les pidió que le dejaran ponerse una chaqueta de invierno, pues todavía hacía frío. Preguntó dónde podría verlo. Le respondieron que fuera a la mañana siguiente al asentamiento judío de Ma'ale Adumim. Después vio cómo le ponían unas bridas en las muñecas y lo empujaban a través del jardín hasta uno de los jeeps. Sintió como si su corazón se fuera con él.

Durante dos semanas, Huda estuvo buscando a Hadi, yendo de un centro de detención a otro, desde Ma'ale Adumim a la prisión de Ofer, a Moscobiya en Jerusalén, a Gush Etzion, usando siempre su permiso de trabajo de la UWNRA para pasar los controles militares y entrar en asentamientos que estaban prohibidos para aquellos que tenían el carnet verde. Todo fue en vano. No podía comer, no podía dormir, no podía reírse. No podía preparar ninguno de los platos que le gustaban a Hadi. No quería dejar la casa ni ir a ningún lugar en el que tuviera que entablar una conversación normal como si no estuviera hundida en el más profundo dolor, como si su hijo no se hubiera ido.

Contrató a un abogado palestino con carnet azul que le cobró tres mil dólares, pero Ismail se negó a pagar. Culpaba del arresto a Hadi y a Huda. ¿Por qué su hijo tiraba piedras en vez de estar en el colegio? ¿Por qué ella no lo había frenado? Esa actitud fue más de lo que Huda pudo tolerar. Si Ismail no quería actuar como un padre, ya no lo quería en su vida. Citando un pasaje del Corán en el que Jader, un siervo de Dios, se separa de Moisés, le pidió el divorcio. «Si te niegas a dármelo, le diré a todo el mundo que no eres nacionalista y que te niegas a ayudar a tu propio hijo.» Huda vio que lo había asustado. Ismail aceptó.

Dos semanas después, el abogado llamó para decir que Hadi estaba en un centro de detención en el asentamiento judío de Gush Etzion, al sur de Belén, y que pronto tendría una audiencia en la corte militar de la prisión de Ofer, entre Jerusalén y Ramala. Le dijo también que era afortunada: otros padres tenían que esperar tres, cuatro o cinco meses antes de que sus hijos fueran juzgados y pudieran verlos.

Se le ordenó a Huda que acudiera muy temprano para un control de seguridad exhaustivo. Después de esperar varias horas, entró a la estrecha sala del tribunal. Solo estaban presentes el juez militar, el fiscal, Hadi, su abogado, un intérprete y algunos soldados y miembros de las fuerzas de seguridad. No había ninguna posibilidad de que Hadi fuera liberado: la tasa de condenas del tribunal militar era del 99,7 por ciento. Para niños acusados de tirar piedras, el porcentaje era todavía más alto: de los ochocientos treinta y cinco niños acusados durante los seis años que siguieron al arresto de Hadi, ochocientos treinta y cuatro fueron condenados y casi todos pasaron tiempo en la cárcel. Cientos de ellos tenían entre doce y quince años de edad.

Justo antes de que empezara la vista, Huda supo que Hadi había confesado tirar piedras y escribir grafitis antiocupación. Supo también que estaba prohibido hablarle o intentar tocarlo; el juez la expulsaría si lo hacía. Cuando lo llevaron hasta la sala, tenía un pie encadenado al de otro prisionero. Huda logró estar en silencio, pero jadeó sin hacer ruido cuando vio una gran quemadura en una de sus mejillas. Ya llorando, se puso de pie y, con la ayuda del intérprete, exigió que se detuviera el proceso. Ella era médica, dijo, y podía ver que su hijo había sido torturado. El juez del ejército israelí le ladró que se sentara y se callara. Huda se negó, insistiendo en que Hadi se levantara la camiseta y se bajara los pantalones, para que la corte pudiera ver que su confesión había sido obtenida mediante tortura. El juez lo permitió. El cuerpo de Hadi estaba cubierto de moretones, como si hubiera sido golpeado con porras. Huda gritó que los soldados que lo habían golpeado debían ser procesados. Mientras el juez daba por concluida la sesión, ella corrió adonde su hijo, ignorando los gritos de los guardias, y le dio a Hadi el abrazo que no había podido darle la noche del arresto. Se imaginó que lo calentaba con ese abrazo, antes de que volvieran a llevarlo a una celda helada. El juez gritó que esa sería la última vez que tocaba a su hijo antes de que lo pusieran en libertad.

El abogado de Hadi, que alentó a la familia para que aceptara cualquier trato que les ofrecieran, llegó con una propuesta que incluía diecinueve meses en la cárcel, con una reducción a dieciséis meses después del pago de tres mil séqueles, unos mil dólares. La sentencia fue menor a la que recibieron algunos de los veinte amigos y compañeros de clase que habían sido arrestados a la vez. Algunos de ellos tenían el carnet azul y sus penas fueron aproximadamente el doble de largas que las de los demás. Con el trato venía una condición: que Huda no hiciera ninguna reclamación legal contra los soldados que habían torturado a

122

su hijo. En todo caso, le dijo el abogado, no había ninguna posibilidad de que fueran condenados. Nadie testificaría en su contra. Hadi aceptó el trato.

Cuando lo hizo, fue trasladado a la prisión de Naqab, donde ella lo visitó con tanta frecuencia como pudo. Todo lo que le llevaba a Hadi era también para los demás prisioneros. Eran adolescentes, muchos de ellos pobres. Con su salario en la UNWRA, ella podía comprarles regalos que sus propios padres no podían permitirse. Les llevó libros, confiando en que eso ayudaría a mantenerlos con buen ánimo. Le decían los nombres de las niñas de las que estaban enamorados, y ella regresaba con las iniciales talladas en granos de arroz. Un día llegó con una tela de cielo azul y estrellas para poner en la tienda de campaña. Pasaba aproximadamente veinticuatro horas viajando para hacer visitas de solo cuarenta y cinco minutos. Los familiares se sentaban a un lado de una pared de vidrio; los prisioneros, al otro. A algunos no se les permitía tener encuentros con sus esposas o con sus padres o con niños de más de quince años. Otros no podían recibir visitas. Los prisioneros y sus parientes hablaban a través de un pequeño agujero en el vidrio, las voces eran casi inaudibles al otro lado. Solamente los niños pequeños podían tener contacto físico. Huda veía a las madres presionar a sus hijos para que abrazaran a sus padres, que ya se habían convertido en extraños. Todos lloraban.

El año y medio que Hadi pasó en la cárcel fue el periodo más difícil en la vida de Huda, peor incluso que cuando fue testigo de la masacre y el dolor en Túnez, en 1985. Esos meses le abrieron los ojos a un universo de sufrimiento que tocaba a casi todos los hogares palestinos. Tras poco más de un año de la liberación de su hijo, un informe de la ONU encontró que unos setecientos mil

123

palestinos habían sido arrestados desde el comienzo de la ocupación, el equivalente al cuarenta por ciento de todos los hombres y niños en los territorios ocupados. La situación no afectaba solamente a las familias involucradas, que tenían que llorar los años perdidos, las infancias perdidas; afectaba a la sociedad entera, a cada madre, padre y abuelo, pues todos sabían que no podían hacer nada para proteger a sus niños.

# XI

Huda y su equipo llevaban casi veinte minutos al lado del autobús incendiado. Las llamas y el humo todavía salían por las ventanas reventadas, y Abu Faraj, el conductor de Huda, dirigía el tráfico, dejando un camino abierto para aquellos que pudieran ser evacuados y advirtiendo a los que llegaban de que se dieran la vuelta. La multitud había crecido tanto que Huda ya no podía ver a la profesora y al conductor que habían sacado de la parte delantera. Estaba dedicada a los niños, cargándolos con mucho cuidado, ayudada por una de las enfermeras de la ONU, hasta los coches que se habían detenido en el sitio del accidente. Muchos de los conductores se habían ofrecido a llevar a los quemados y esperaban, listos para trasladarlos al centro de salud más cercano —que, para muchos, era el hospital de Ramala—. Los hospitales de Jerusalén eran mucho mejores, pero solo quienes tenían carnet de identidad azul podían acceder. Esta minoría se fue en dirección del Hadassah Monte Scopus, mientras que la mayoría, los que tenían solo carnet verde, tomaron el sentido contrario por una carretera llena de coches hacia Ramala.

Habían sacado a casi todos los niños del autobús cuando Salem, que para ese momento había entrado y salido de las llamas varias veces, vio que Ula, la profesora y su compañera en el rescate, se había quedado atrapada detrás de uno de los asientos delanteros y que tenía la pierna en llamas. Para cuando pudo llegar hasta ella fue demasiado tarde. La cargó y la puso en el suelo. Su sobrino Saadi vio bajo la lluvia cómo un hombre la cubría con su abrigo. Durante todo el rescate, Salem no había sentido nada, ni siquiera cuando alguien en la multitud lo agarró del brazo y lo apretó. Una de las enfermeras de Huda le gritó que su chaqueta estaba en llamas. Él respondió que no. La enfermera tuvo que apagarla mientras él se dirigía de nuevo al autobús. Los pocos que quedaban dentro ya no estaban vivos. El último que sacó estaba boca abajo, agazapado detrás del armazón de un asiento. Todavía llevaba puesta la mochila del colegio.

Al salir por última vez, Salem se quebró en llanto, gritando que podría haber salvado a más. De alguna manera no se había quemado ni un pelo de la cabeza. Abu Faraj se había quedado quieto, en shock, como hipnotizado por las llamas. Huda se giró hacia la enfermera a su lado, vio que tenía la cara negra y marcada por la lluvia, y pensó que seguramente ella se veía igual. Estaban empapadas y agotadas, y no podían hacer nada más. Cuando por fin apareció una ambulancia palestina, la mayoría de los niños quemados ya habían sido evacuados. Huda ni siquiera lo notó. El autobús aún crepitaba con las llamas, había muchos gritos y conmoción. No había llegado ni un bombero, ni un agente de policía, ni un soldado.

Huda quería seguir a los niños. Encontró a los miembros de su equipo y regresaron en la camioneta de la UNRWA. Nidaa, la farmacéutica embarazada, seguía dentro, desconsolada. Abu Faraj fue dejando a cada uno en su casa, mientras Huda hizo llamadas y confirmó que la mayoría de los quemados estaban en Ramala. Entonces llamó a su supervisor en la UNRWA. Él no entendió la magnitud del accidente y le exigió que el equipo diera la vuelta y regresara inmediatamente a Jan al-Ahmar, o sus salarios serían reducidos. Huda se negó y dijo que redujera solamente el suyo. Después de parar para una ducha rápida, salió hacia el hospital con la trabajadora social del equipo. Cuando llegaron se corrió la voz de que ella había estado en el choque. Muchos padres y otros parientes se le acercaron para preguntarle si había visto a sus niños: uno con una mochila de Spider-Man u otra con lazos amarillos en el cabello. Huda les dijo a todos lo mismo: los accidentados estaban cubiertos de hollín y no había podido ver qué llevaban puesto. Entonces, yendo de habitación en habitación, revisó a los recién llegados, intentando aliviar su dolor. Desde que había dejado el autobús sentía que algo la inquietaba. Estaba segura de que los pequeños habían estado callados, al menos al principio. Ahora, junto a la cama de una niña, le preguntó por qué. «Estábamos tan asustados», le respondió la niña, «que cuando vimos las llamas, creímos que habíamos muerto. Que estábamos en el infierno.»

127

Tercera parte
# Incidente con múltiples víctimas

# XII

En la víspera del accidente, Radwan Tawam estaba sentado en el salón de su casa, en Yaba, cuando sonó el teléfono. Era su tío Sami, dueño de una pequeña compañía de autobuses en la que él trabajaba como conductor. ¿Podía llevar a los preescolares de Nur al-Huda a su excursión de clase a la mañana siguiente? Radwan y Sami estaban muy unidos, Radwan era más un hermano que un sobrino, y siempre estaba dispuesto a ayudar, pero esta vez dudó. Desde su casa, cerca de la cumbre en la colina de Yaba, podía oír el viento feroz y ver las enormes nubes negras sobre su cabeza. Se acercaba una tormenta terrible, y las carreteras locales no estaban hechas para ese tiempo.

A la mañana siguiente, muy temprano, el tío insistió, pero el sobrino ignoró las llamadas. No quería que lo intimidara para conducir en esas condiciones. Muy poco tiempo después de la última llamada, Sami llegó a casa de Radwan conduciendo un autobús de veintisiete plazas, viejo y maltrecho. Se bajó, caminó a través de las higueras y los olivos del jardín delantero, siempre cubiertos por el polvo de las explosiones en una cantera cercana, y tocó a la puerta. De mala gana, Radwan aceptó.

131

Se alejaron de la casa, maniobrando lentamente con el autobús por las estrechas calles de Yaba, desde las que se podía ver la tierra de la familia Tawam, confiscada para construir el asentamiento de Adam. Durante la segunda intifada, Israel había cerrado la entrada principal de Yaba, bloqueándola con costales de tierra que desde entonces se habían convertido en una barrera permanente. Para llegar a Anata, Radwan y Sami tenían que conducir en la dirección contraria para entrar en a-Ram, y después dar la vuelta hacia el puesto de control militar.

En Nur al-Huda, Sami se bajó y le dijo a Radwan que él tenía que encargarse de otros negocios. Radwan vio una fila de niños esperando para subirse a otro autobús, también de Sami, que ya estaba demasiado lleno. El segundo chófer les dijo a algunos de los niños del preescolar que salieran de ese autobús y se subieran al de Radwan. Bajo la lluvia, las profesoras subían y bajaban a los niños mojados y nerviosos, y a nadie se le ocurrió revisar la lista de pasajeros.

Los alumnos se amontonaban y empujaban al pasar al lado de Radwan, con sus mochilas demasiado grandes para sus cuerpecitos. Cuando el autobús se alejó del colegio, el muro de separación se hizo visible a través de las ventanillas. Radwan encendió el televisor que colgaba encima del pasillo y puso dibujos animados. Cuando llegó al puesto de control de Yaba, empezó a llover de manera pesada y ruidosa. El autobús era lento y rechinaba, así que se quedó en el carril de la derecha, dejando que otros coches lo adelantaran mientras subía hacia la cima de la colina. A las 8.45 de la mañana, menos de un minuto después de cruzar el puesto de control, algo de una fuerza inmensa los golpeó de repente. Radwan perdió el conocimiento.

Un vídeo de uno de los testigos muestra los últimos minutos del rescate, justo antes de la llegada de las ambulancias y de los bomberos. En él, algunas personas corren al autobús volcado, que ya está convertido en un chasis al rojo vivo, mientras llamas muy altas y rojas se alzan hacia el cielo, negro por las grandes columnas de humo. Se oye a una mujer chillando. Alguien grita: «¡Hay niños dentro!», y después: «¡Extintores! ¡Extintores!». Algunos hombres sacan extintores de sus coches y otros corren con botellas de agua, regándolas en el fuego sin efecto alguno.

Las llamas crecen. Un hombre camina en círculos, agarrándose la cara con las manos. Otro se pega en la cabeza. Cuando se le acaba el extintor, otro se aleja corriendo del autobús, gritando: «¿Dónde diablos estáis? ¡Dios bendito!». Después levanta el extintor sobre su cabeza y lo tira contra el suelo. Un pequeño cuerpo yace en la carretera. «¡Cúbranlo! ¡Cúbranlo!», clama una voz, y después: «¿Dónde están las ambulancias? ¿Dónde están los judíos?».

Dos hombres corren sujetando a un niño. «¡El crío está vivo! ¡Rápido! ¡Necesita reanimación!» Alguien más señala una figura adulta en el suelo. «¡Traigan un coche! ¡Este hombre está vivo!» Una figura borrosa se aleja rápidamente del autobús. Carga una niña, su cabello recogido con lazos de colores. Parece ilesa y está en una especie de trance. No responde cuando el hombre la apoya en el suelo y le dice: «¿Necesitas algo, cariño?». Otros niños entran en la pantalla, y los llevan uno a uno a los coches que están más cerca. A través del humo se oye el sonido del llanto.


Nader Morrar fue el primer paramédico que llegó a la escena del accidente. Había recibido una llamada de la central a las 8.54 de la mañana, en que le avisaban de que un autobús había volcado en la carretera a Yaba. Quien llamó no dijo si estaba vacío o no. Nader conocía el lugar del accidente: había oído a la gente llamarlo «la carretera de la muerte». Asumió que las ambulancias israelíes llegarían primero, dado que la carretera estaba en el Área C, esto es, la casi mitad de Cisjordania que después de Oslo había quedado bajo control de Israel: gobernada por su ejército, patrullada por su policía y bajo la jurisdicción de sus servicios de emergencia.

Para llegar al sitio desde donde él estaba, la sede central de la Media Luna Roja Palestina en al-Bireh, Nader tendría que conducir a través del barrio de Kafr Aqab, rodeado por el muro, y en el cual, cuando llovía, las inundaciones eran tan fuertes que los coches podían quedar bajo el agua. Desde ahí debía seguir hasta el puesto de control de Kalandia, para entrar en el atasco del único carril que llevaba al accidente. Unos siete kilómetros en total. Con ese mal tiempo, el trayecto llevaría una media hora.

Para su sorpresa tardó diez minutos. Más sorprendente aún, no había servicios de emergencia israelí, nada de ejército ni de policía. Para cuando llegó, a la mayoría de los niños heridos y quemados los habían evacuado en coches, pero él no lo sabía. Podía ver a gente en la cima de las colinas mirando la carretera, agitando los brazos y gritando. A su izquierda estaba el autobús volcado, todavía en llamas. Varios cuerpos estaban tendidos en el suelo. «Incidente con múltiples víctimas», dijo por radio cuando llamó para pedir más ayuda.

Se movió incómodo. Había estudiado en la Universidad de Birzeit durante la segunda intifada, cuando Israel había cerrado la carretera principal que llevaba hasta allí. En una protesta contra el cierre, un soldado le había disparado en una pierna y le había fracturado el fémur. La recuperación le supuso dos cirugías y un año de rehabilitación, así que tuvo que dejar la universidad. Inspirado por el equipo médico que lo trató, se inscribió para hacerse paramédico. Una década después, trabajando ya para la Media Luna Creciente, recibió de nuevo un disparo en la pierna por parte de las fuerzas israelíes.

Apenas se había bajado de la ambulancia cuando la gente corrió hacia él para que se llevara a los muertos. El fuego era ahora tan intenso que era imposible acercarse al autobús. Dos adultos estaban tendidos en el asfalto, los dos con lo que parecían quemaduras de tercer grado y los dos con dificultades para respirar. Una era una profesora; el otro, Radwan, que tenía múltiples fracturas y estaba gravemente quemado. Nader y su conductor los metieron en la ambulancia para llevar a cabo una evacuación inmediata. La única opción era llevarlos a Ramala; si intentaban ir a Jerusalén, podrían desperdiciar tiempo valioso y hasta perder al paciente esperando en los puestos militares el permiso para llevar a la víctima en una camilla hasta una ambulancia israelí del otro lado.

Para Nader, en una crisis todos los estatus legales de los palestinos eran irrelevantes. Lo único que importaba era si los pacientes eran judíos o palestinos. No podía, nunca, bajo ninguna circunstancia, llevar a un paciente judío a un hospital palestino. Pero sí había llevado a palestinos con ciudadanía israelí a hospitales en Cisjordania, y ahora tendría que llevar a dos más. Mientras la ambulancia se dirigía a toda velocidad al centro médico en Ramala, pasando el puesto militar de Kalandia con las sirenas encendidas, Nader trató a Radwan y a la profesora, suministrándoles oxígeno y tratando de contener sus hemorragias, intentando no perder la concentración a pesar de sus gritos.

# Área de la carretera de Yaba

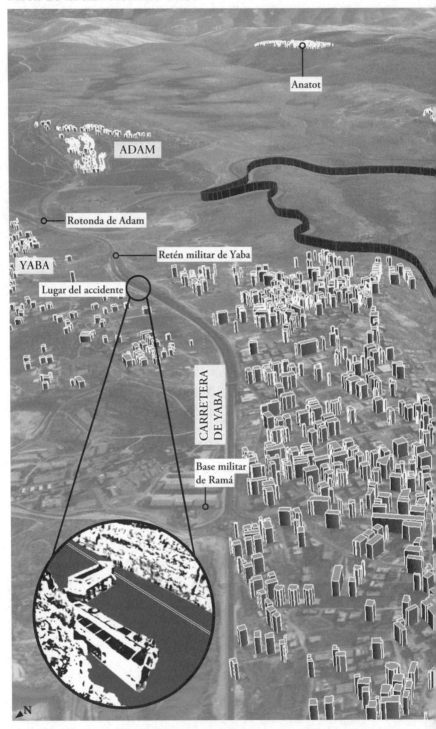

Anatot

ADAM

Rotonda de Adam

Retén militar de Yaba

YABA

Lugar del accidente

CARRETERA DE YABA

Base militar de Ramá

N

Base militar de Anatot

ANATA

Colegio Nur al-Huda

HIZMA

PISGAT
ZE'EV

Puesto de
control
de Hizma

NEVE YAAKOV

A-RAM

Área municipal de Jerusalén
Cisjordania
El muro

Eldad Benshtein se había despertado temprano en su casa en Tekoa, un asentamiento judío en las colinas amarillas y secas al sudeste de Belén. Tenía que estar en el barrio jerosolimitano de Romema a las siete de la mañana para iniciar su turno en la Magen David Adom (o, simplemente, Mada): la Estrella de David Roja, el servicio nacional de emergencias médicas israelí. Protegida por la colina de Herodión, la montaña en la que el rey Herodes el Grande construyó un palacio-fortaleza en su propio nombre, Tekoa contaba con trescientos sesenta grados de vistas espectaculares de Cisjordania. Los palestinos conocían la colina como Yabal Fureidis, la montaña del pequeño paraíso.

Eldad no había nacido en Tekoa. Ni siquiera había nacido en Israel. Había llegado a los once años de Moscú con sus padres, los dos médicos. En Rusia habían trabajado como personal de ambulancias. Eldad pensó que sería más emocionante ser paramédico que médico, y a los dieciséis empezó a trabajar como voluntario en Mada, años antes de que formara parte del personal. Ahora tenía treinta y tres, y el aspecto de un motero, con un pendiente, la cabeza rapada y una perilla.

Su ambulancia estaba de camino a una llamada en Pisgat Ze'ev, el asentamiento próximo a Anata, cuando la central avisó de que debían cambiar el rumbo y dirigirse a un accidente en la carretera de Yaba. Eldad solo sabía que uno de los dos vehículos que habían chocado era un camión. No se dijo nada de niños ni de un autobús escolar. Llovía con fuerza. Con las sirenas encendidas, la ambulancia se fue a toda velocidad hacia el puesto militar de Yaba, donde los soldados la dejaron pasar sin detenerse. Primero llegaron al camión de carga, gigantesco, atravesado en la carretera, y vieron el fuego y el humo que se elevaban detrás. Mientras el conductor pasaba con cuidado al lado del tráiler, una multitud de palestinos situados en ambas pendientes de la carretera le gritaba y le hacía gestos para que avanzara. Se encontró entonces con el autobús, volcado, en llamas. Había varios niños muertos en el suelo. Saltando del vehículo, Eldad gritó en hebreo: «¿Hay alguien en el autobús? ¿Alguien en el autobús?». La mitad de la gente parecía no entender hebreo y los demás estaban demasiado preocupados para reparar en él.

Eran las 9.09 de la mañana. Habían pasado veinticuatro minutos desde el choque. Eldad fue el primer israelí en llegar a la escena. Justo cuando aparcó, apareció por el lado contrario una ambulancia militar que venía de la base militar de Ramá, a un kilómetro y medio de distancia. Todavía no había ningún camión de bomberos. Eldad se volvió a su ambulancia para avisar por radio de un incidente con múltiples víctimas, pero no estuvo seguro de que la transmisión hubiera funcionado. Lo intentó con su teléfono, pero no tenía cobertura, así que le pidió a un médico del ejército que llamara a Mada desde su sistema de comunicaciones. El fuego del autobús estaba enfurecido y no había manera de entrar. Eldad empezó a hablar con el médico de la necesidad de clasificar la gravedad de los pacientes y establecer prioridades, aunque con cada segundo que pasaba estaba más seguro de que, si había pasajeros dentro del autobús, estarían muertos antes de que pudieran apagar las llamas.

Varios minutos después vio camiones de bomberos palestinos que venían desde la base de Ramá, y entonces oyó las sirenas. Cuando otras ambulancias israelíes llegaron, treinta y cuatro minutos después del accidente, preguntó si alguien había recibido sus mensajes por radio. Sí los habían recibido, lo que significaba que más ambulancias estaban en camino. Uno de los conductores de Mada, un hombre viejo y experimentado, dijo que debían posicionar las ambulancias en fila india de cara a Adam, dejando espacio a otros vehículos de emergencia, y estar listos para salir a toda velocidad hacia Jerusalén tan pronto como los heridos estuvieran a bordo. Eldad se quedó de pie bajo la lluvia, mirando, muy asustado, mientras los bomberos palestinos apagaban ese infierno. Todo el proceso llevó más de quince minutos, pero le parecieron muchos más. Cuando extinguieron la última de las llamas, los bomberos subieron al esqueleto del autobús. El grito se oyó claramente: ningún cuerpo. Eldad empezó a respirar de nuevo.

Después de sacar al último niño del autobús, Salem sintió que se mareaba y casi se desmayó. No sabía qué era lo que le estaba pasando, pero era como si no pudiera mover el cuerpo. La llegada de los bomberos palestinos pareció revivirlo y empezó a gritar: «¡Llegáis una hora tarde! ¡Los habéis matado! ¡Habéis matado a nuestros hijos!». Lo repitió una y otra vez, a cada paramédico, bombero y agente de policía, palestino o israelí.

Después lo llevaron a una ambulancia israelí para que recibiera ayuda médica y le pusieron una inyección para calmarlo. Al principio no entendió dónde estaba. En cuanto lo supo, echó a correr. Después se negó a sentarse en una ambulancia palestina: «¡Habéis matado a estos niños!», gritó otra vez con todas sus fuerzas. A todo el mundo y a nadie, una y otra vez, gritó que los servicios de rescate palestinos e israelíes eran asesinos de niños.

Los soldados israelíes habían llegado por fin, y uno de ellos se acercó a Salem. En una mezcla de árabe y hebreo le exigieron que explicara su acusación. Los palestinos al menos tenían la excusa del tráfico denso de Ramala, dijo Salem. Y además no tenían permiso para tener policía o camiones de bomberos en las ciudades cercanas al lugar del accidente. Ni siquiera tenían permiso para estar en la carretera de Yaba. Y, aun así, habían llegado primero. Los israelíes no tenían ninguna excusa.

Todos los clientes del local de reparación de neumáticos de Salem eran israelíes. Había estado dentro del asentamiento judío por trabajo y conocía sus ambulancias y sus camiones de bomberos. La comisaría de policía de la zona industrial de Sha'ar Binyamin quedaba a solo dos kilómetros de distancia. Había un camión de bomberos y una ambulancia en Tel Zion, el asentamiento judío ultraortodoxo arriba de Yaba. La estación de bomberos de Pisgat Ze'ev quedaba a tres kilómetros en línea recta. Había visto ambulancias aparcadas en el asentamiento de Adam, a menos de ochocientos metros, tan cerca que se podía ver la entrada desde el autobús en llamas. El puesto de control militar de Yaba quedaba todavía más cerca, justo bajando la carretera, tan cerca como para poder oler el humo. Había un tanque de agua allí, y los soldados israelíes seguramente disponían de extintores. ¿Cómo era posible que los beduinos de Yaba hubieran logrado subir sus barriles de agua por la montaña, pero que no apareciera ningún soldado? ¿Y qué pasaba con Ramá, la base militar? ¿Dónde estaban los soldados y los médicos y los jeeps y los tanques de agua y los extintores? Si se hubiera tratado de dos niños palestinos lanzando piedras a la calle, el ejército habría llegado en un minuto. Cuando los judíos estaban en peligro, Israel mandaba helicópteros. Pero, al tratarse de un autobús en llamas lleno de niños palestinos, ¿solo aparecían cuando ya los han evacuado a todos? Y después concluyó: «Querían que murieran».

El soldado le dio un empujón y Salem se lo devolvió. En cuestión de segundos, media docena de soldados lo estaban golpeando en la nuca hasta que cayó al suelo, y allí recibió puñetazos y patadas. Cuando los soldados acabaron con él, alguien llamó a su esposa para que fuera a recogerlo. Después de arriesgar su vida para salvar a los niños, Salem estuvo diez días en el hospital de Ramala, con daños en ambos riñones y un disco dislocado en la columna. Durante muchos meses se despertó gritando por la noche, rogándole a su esposa que le oliera los brazos, que oliera la peste de la muerte en su carne. Al lavarse las manos, insistía en que podía identificar el olor de los cuerpos quemándose. Sin ningún aviso rompía en llanto. Su esposa lo llevó a una clínica psiquiátrica en Belén. Sufrió de pérdidas de memoria después, y le echaba la culpa a la paliza que le habían dado los soldados. En realidad estaba agradecido por los ataques de amnesia. Eran lo único que evitaba que se volviera loco.

Tan pronto como supo que ya no se le necesitaba, Eldad Benshtein se alejó del lugar lo más rápido que pudo. Detuvo la ambulancia cerca de Adam para calmarse un poco, antes de ir hacia Jerusalén. La escena que había dejado atrás –el olor a quemado, los cuerpos carbonizados, la multitud llorando, el esqueleto del autobús– lo habían devuelto a sus primeros días como voluntario, durante los años noventa, y a la sucesión de bombas de suicidas en los autobuses, a las que él llamaba en privado «la época de los autobuses voladores».

Volvió a la sede central de la Mada y le mandaron trasladar a uno de los niños desde el complejo del hospital Hadassah Monte Scopus, hasta el Hadassah Ein Kerem. La sala de urgencias parecía una zona de guerra. Las familias llenaban los pasillos, alzando a niños heridos a los que habían llevado en coche y que estaban esperando para que los viera un médico. A Eldad lo habían enviado para recoger a Tala Bahri, una niña del campo de refugiados de Shuafat. Él no lo podía saber, pero la consideraban una de las niñas más guapas del colegio, con grandes ojos color ámbar, cabello largo y ondulado, y una sonrisa irresistible. Ahora estaba irreconocible: gravemente quemada, inconsciente, anestesiada e intubada para ventilación mecánica-pulmonar.

En el camino hacia Ein Kerem, Eldad escuchó en la radio que las ambulancias de Mada estaban yendo hacia Kalandia a recoger pacientes para su traslado desde las ambulancias palestinas, que no estaban permitidas tras los puestos de control militar. La mayoría eran niños heridos que venían del hospital de Ramala porque necesitaban un mejor cuidado en Jerusalén. Fue entonces cuando Eldad empezó a entender la magnitud de la tragedia. Llevó a Tala a la unidad de shock postraumático, dejó la sala de urgencias y bajó a un pequeño jardín del hospital. Allí se quedó solo y lloró. Por Tala, por los niños muertos y por las bombas de los suicidas, tantos años atrás.

Cuando regresó a la ambulancia, un equipo de televisión se le acercó para que les concediera una entrevista. Su esposa estaba en casa en Tekoa viendo las noticias cuando salió, confuso y con dificultad para encontrar las palabras. Le pareció que nunca había estado tan perdido.


Eldad había dejado el lugar del accidente justo antes de que apareciera una oleada de soldados, policías, bomberos y reporteros de televisión. Uno de los últimos miem-

bros de los equipos de rescate en llegar fue Dubi Weissenstern. Estaba acostumbrado a ser de los más rezagados.
Manejaba la logística para ZAKA, la organización volun-
taria ultraortodoxa y jaredí que recoge a los fallecidos para
el entierro. Sus voluntarios, en monos blancos, llegan a las
zonas de las catástrofes y peinan el área buscando víctimas
o trozos de cuerpos esparcidos. Prácticamente todos los
voluntarios de ZAKA en Jerusalén son jaredíes, impulsa-
dos por la necesidad de cumplir con los mandamientos
halájicos referentes a honrar a los muertos y enterrar a las
personas intactas, como estaban cuando nacieron. Dubi era
uno de los doce miembros del equipo que recibían paga por
su trabajo.

Había crecido en Jerusalén y había estudiado en la *yeshivá* –el centro de estudios de la Torá y del Talmud– en
Mea Shearim, uno de los barrios judíos más antiguos por
fuera de la Ciudad Vieja. Hogar de una de las sectas más
aisladas, radicalmente antisionistas y predominantemente
jasídicas, sus habitantes consideraban secular al Estado de
Israel y rechazaban su creación como una profanación
de la ley judía. La familia de Dubi era un poco menos radical, y él parecía bastante moderno. Usaba la vestimenta
estándar de pantalones negros, camisa blanca y kipá negra,
pero tenía la barba muy corta, se peinaba el pelo rubio
como un hombre de negocios y se había cortado los pe-
yets hacía muchos años.

Cuando era un adolescente había contemplado la posibilidad de llevar un estilo de vida muy diferente. Era lo
que se llamaba un *shabaabnik*, un tipo un poco salvaje que
apenas seguía la *Halajá*. Dejó la *yeshivá* y solamente obser-
vaba a medias el *sabbat*, el sábado sagrado de los judíos.
Incluso quería ser piloto de la Fuerza Aérea Israelí, lo que
lo habría convertido en un paria entre los jaredíes y lo habría

marginado de su familia. Sus padres dijeron que era el momento de decidir: no podía tener un pie en el mundo jaredí y otro fuera. Dubi se quedó con los suyos, no por una decisión determinada por la fe, sino por el miedo a perder la familia.

Su padre y su hermano eran voluntarios en ZAKA, y Dubi se les unió. Trabajaban de cerca con la policía israelí y con frecuencia eran los únicos que los acompañaban a la escena de un homicidio: veían las pruebas y oían de pasada lo que decían los detectives mientras hacían su trabajo. Dubi tenía una acreditación de máxima seguridad y estatus de guardia civil bajo las órdenes de la policía. Inicialmente trabajó solamente en la logística porque tenía miedo de ver a los muertos. Su mejor amigo se había ahorcado, y él había sido quien encontró el cuerpo. Se desmayó al verlo y no pudo dormir durante tres días. Después, como coordinador, no iba a casi ninguna escena de desastres, solo a los eventos con múltiples víctimas, en los que dirigía a los voluntarios y se encargaba de los equipos.

El principio fundamental de su trabajo era el *k'vod hamet*, el respeto por los muertos. A cada víctima se le asignaban cinco voluntarios, los suficientes para cargar una camilla o una bolsa para cuerpos sin tener que arrastrarla por el suelo. Algunas veces recogían partes humanas. Dubi había estado en las escenas posteriores a atentados suicidas, en donde ZAKA solía pasar muchas horas intentando recoger hasta los últimos restos. En días así, se llamaba a sí mismo «el limpiador».

Las bombas en Mahane Yehuda, el mercado de Jerusalén, habían sido especialmente difíciles. Los voluntarios no pudieron distinguir entre los perpetradores suicidas y las víctimas. Después de uno de esos atentados, Dubi y sus voluntarios estaban en la morgue entregando los restos de quince personas, cuando los forenses les dijeron que habían traído dieciséis corazones. Algunas veces tenía pesadillas en las que su esposa y sus hijos explotaban.

Llovía cuando recibió por radio una llamada sobre el accidente cerca de Adam. Estaba preparado para la nieve, vestía botas altas de montaña, un suéter y una chaqueta de invierno color marrón. Aunque no sabía si las víctimas eran judíos o árabes, entendió que se trataba de un choque muy fuerte en el que había niños. No tuvo prisa en llegar a la escena, al menos hasta que supo cuál era el número de víctimas y pudo decidir así cuántos equipos necesitarían sus colegas y él. Condujo desde la sede principal de ZAKA, a la entrada de Jerusalén, y se detuvo en el almacén, debajo del asentamiento judío de Ramat Shlomo, donde recogió camillas, bolsas, útiles de limpieza y monos blancos. Si los monos se manchaban de sangre y la víctima era judía, había que enterrarlos junto con los muertos.

Cuando llegaron, en los carriles de ida y vuelta de la carretera se habían alineado vehículos para emergencias, jeeps del ejército y patrullas de policía, dejando un camino abierto en la mitad. Dubi vio la escena con el tráiler de carga atravesado, el autobús incendiado y las mochilas de los niños. A pesar de haber estado en tantas matanzas, este choque le pareció una de las peores. Supo inmediatamente que, cuando viera a sus niños saliendo al colegio, pensaría en las pequeñas mochilas chamuscadas.

Bentzi Oiring, el director de ZAKA en Jerusalén, había llegado antes que Dubi. Bentzi parecía un oso gigantesco, con una gran barriga y una barba poblada y gris como la de Santa Claus. Con sus gafas, su kipá de fieltro, su camisa blanca con botones y su chaleco negro sobre los *tzitzit*, parecía vestido para ir a la *yeshivá*. Había trabajado en ZAKA desde su fundación en 1989 y, según sus cálculos, había estado en el noventa y nueve por ciento de los atentados con bomba de Jerusalén. Dubi era antisionista, mucho más que Dubi; no le habría importado vivir bajo la autoridad de un primer ministro palestino, siempre y cuando no fuera perseguido ni obligado a cambiar su estilo de vida, como intentaban hacer los líderes sionistas seculares.

Para Bentzi, muy pocas cosas eran tan difíciles como el manejo de los muertos. ZAKA se quedaba con los cuerpos durante horas, a veces durante días, mientras hablaban con los policías, los patólogos y los miembros de la *Jevra Kadisha*, quienes purificaban ritualmente los cuerpos judíos antes de enterrarlos. Sin embargo, el trabajo más duro era el de informar a los parientes. Peor que ver a una persona muerta, pensaba Bentzi, era ver a una familia desmoronarse frente a tus ojos. Esa gente nunca olvidaría su cara: la cara del ángel de la muerte. Un día, en un barrio jaredí de Jerusalén, un padre lo vio venir y atravesó corriendo seis carriles de coches huyendo de él.

Después de que Dubi sacó de los vehículos grandes cajas azules con equipos, él, Bentzi y otra media docena de voluntarios se pusieron guantes de látex y chalecos amarillos con bandas grises fluorescentes de ZAKA. Dubi se paró entonces sobre un jeep del ejército, al lado de un soldado, de tal manera que pudiera ver sobre la multitud y desde ahí dar instrucciones. Bentzi y el resto de los trabajadores de ZAKA peinaron el autobús, el camión tráiler y el pavimento, en busca de partes de cuerpos. No encontraron nada. Dubi los siguió y buscó también, para estar seguros. Algunos sugirieron que podía haber cuerpos debajo del autobús, así que esperaron una hora a que llegara una grúa para poder levantarlo.

147

A diferencia de Bentzi, Dubi se negó a hablar con las familias de los muertos. Dijo que no era un actor y que no podría haberles mentido acerca del aspecto de sus seres queridos. Era normal, pensó, que la muerte de judíos tuviera en él un impacto mayor que la muerte de palestinos; cualquier judío que negara tal hecho, mentía: simplemente, no era lo mismo. Pero incluso una tragedia para él remota tuvo un efecto. Los niños del autobús eran parte de lo que Dubi llamaba el círculo lejano de conexión. Sin embargo, esas mochilas de colegio los habían vuelto más cercanos. Él podía imaginarse en el lugar de los padres de Anata y de Shuafat. Todas las muertes son devastadoras, también cuando son esperadas, también cuando alguien está enfermo y tiene un cincuenta por ciento de probabilidades de salvarse. Pero ir de cero a cien era otra cosa. Cualquier padre quedaba partido en dos.

El coronel Saar Tzur estaba cerca de la escena del accidente, al lado del puesto de control de Kalandia, cuando oyó por primera vez hablar del accidente. Estrella creciente dentro de las Fuerzas de Defensa de Israel (FDI), era el comandante de la brigada Binyamin, que cubría Cisjordania central, incluidas Jerusalén y toda su área metropolitana. Después de pasar muchos años en la región, la conocía muy bien, y ahora tenía su cuartel general en la base de Beit El, en el límite de Ramala. Si alguien le preguntaba cuánto tiempo llevaba en su trabajo de comandante, decía que cuatro años, no dos, porque vivía en la base y prácticamente no dormía. En un día típico se iba a la cama a las cinco o las seis de la mañana, y se levantaba a las nueve. Apenas veía a su esposa y a sus hijos.

El puesto de control de Kalandia era un lugar que nunca podría olvidar. En 2004 había llegado con su jeep al mismo tiempo que un hombre de Yenín a quien una facción de Fatah llamada los Mártires de al'Aqsa había enviado con una bomba. Cuando el hombre vio a un grupo de soldados y policías de frontera, la detonó desde lejos. Saar acababa de bajarse de su jeep cuando explotó; la onda lo arrojó hacia atrás junto con tres agentes de la Policía de Fronteras. Voló nueve metros, hasta golpearse la cabeza contra un coche. Los agentes quedaron gravemente heridos. Los únicos muertos por la onda expansiva fueron dos transeúntes palestinos.

En tiempos recientes, desde que habían levantado el muro de separación, la mayoría de las víctimas mortales en la región de Jerusalén-Ramala eran por accidente de coche. Todas las semanas, había heridos y muertos en el sector que controlaba Saar. Sin embargo, en cuanto llegó supo que el choque de Yaba era muy grave, dada la devastación, la angustia de la multitud y el horror de ver esas mochilitas en la carretera.

Cuando Saar se acercó, encontró a soldados y palestinos peleándose a gritos. No sabía de qué iba la pelea, pero los palestinos, que eran oficiales de seguridad vestidos de civil, no debían estar allí. Era el Área C, la parte de Cisjordania completamente controlada por Israel.

La pelea había empezado por la paliza que le habían dado los soldados a Salem y después se había convertido en una disputa de jurisdicción. Los palestinos querían que los soldados israelíes se marcharan, una exigencia nunca antes oída. Mientras las dos partes gritaban, llegó también el funcionario de más alto rango, Ibrahim Salama, cabeza del Ministerio del Interior palestino. Saar había oído hablar de él, aunque nunca se habían conocido. Ibrahim era

149

primo de Abed, pero no tenía ni idea de que el hijo de este iba en el autobús. Ni siquiera sabía que el autobús venía de Anata.

Se había enterado del accidente gracias a Abu Mohammad Bahri, el abuelo de una de las niñas, un anciano enorme con *kufiya*, el pañuelo tradicional palestino. Abu Mohammad había conducido desde el campo de Shuafat para renovar su carnet de identidad en el ministerio, y en el camino había sido testigo del choque sin saber que su nieta Tala Bahri estaba en el autobús, ni que estaba gravemente herida. Abu Mohammad estaba consternado y balbuceaba, pero Ibrahim pudo entender que había visto algo terrible cerca del puesto de control de Yaba.

Cuando algunos miembros del equipo de Ibrahim empezaron a hablar de lo mismo, decidió ir él mismo a ver qué había pasado, llevándose a sus asistentes y sus guardaespaldas. Era uno de los pocos oficiales de la AP a los que los israelíes permitían viajar por Cisjordania con escolta armada. La necesitaba. Como era una de las figuras más prominentes de la cooperación en temas de seguridad con Israel, se había granjeado muchos enemigos palestinos. Hasta Abed creía que el trabajo de su primo con las fuerzas de ocupación cruzaba una línea roja. Ibrahim supervisaba el reclutamiento de los informantes y el arresto de los militantes, y siempre estaba en reuniones con israelíes poderosos, desde generales del ejército hasta el ministro de Defensa, con quien hablaba fluidamente en hebreo. Le habían disparado varias veces.

Ibrahim tenía la barriga de un hombre de mediana edad y la sonrisa pícara de un niño pequeño. Astuto y orgulloso de serlo, decía que era un zorro: podía hacer que alguien entrara en el mar y saliera sin darse cuenta de que estaba mojado. Hacía poco se había casado con una segunda esposa. La primera vivía con su madre en Dahiyat a-Salaam; la nueva, con él en Ramala, donde dormían juntos cinco días a la semana. Le gustaba decirles a sus amigos militares israelíes que, cuando se trataba de sus esposas, él creía en la política de Ariel Sharón de retirarse de Gaza, conocida como «desvinculación». Cuando los generales empezaban a reírse, agregaba que había intentado incluir a sus esposas en una comisión de verdad y reconciliación, pero había fracasado en el intento.

Moviéndose en dos coches, Ibrahim y sus hombres se toparon con el embotellamiento de la rotonda de a-Ram, por lo que tomaron un camino sin pavimentar que corría paralelo a la carretera de Yaba. Mientras avanzaban se enteraron de que en el accidente había un autobús escolar palestino y de que los padres estaban tratando de localizar a sus hijos desesperadamente. Cuando llegó al puesto de control, le dijo a su conductor que detuviera el vehículo, y siguió a pie. Estaba bajando por la colina rocosa cuando vio que un viejo amigo, Yossi Stern, lo saludaba agitando la mano desde lejos. Yossi era el jefe de la Administración Civil Israelí, la institución que había heredado los poderes del Gobierno militar en el distrito de Ramala, y como tal era quien se encargaba de emitir permisos a palestinos para trabajar o viajar, así como de tramitar las licencias para la construcción de nuevos asentamientos judíos y de la demolición de casas palestinas. También tenía la misión de coordinar la seguridad con la AP, por eso conocía a Ibrahim.

Yossi estaba de pie al lado de Saar, los dos con uniformes verdes. Saar tenía puestas dos mochilas y una antena se levantaba sobre su espalda. Mientras se acercaba para unírseles, Ibrahim pudo ver la pelea entre los soldados israelíes y los agentes palestinos. Lo primero que había que hacer era rebajar la tensión, así que ordenó a los agentes que se marcharan. Después se dirigió a Yossi. Sabía que las dos peticiones que estaba a punto de hacer eran audaces, pero la situación así lo requería. Primero solicitó que las fuerzas de seguridad palestinas pudieran tomar el control del lugar, a pesar de que ni siquiera les estaba permitido estar allí. Luego, que se eliminara el requisito de permisos para los padres con carnets verdes: debían dejarles pasar los controles militares que conducían a Jerusalén.

La decisión estaba en manos de Saar, quien aprobó las peticiones sin consultarlo con su comandante siquiera. Fue la primera y única vez que vio al ejército israelí ceder temporalmente control dentro del Área C. Si las víctimas hubieran sido judías, algo así ni siquiera se habría contemplado, e Ibrahim nunca lo habría pedido. Saar agregó que el ejército ayudaría con lo que fuera necesario, y procedió a retirar sus tropas al perímetro exterior, entregando la autoridad a los bomberos y a los oficiales palestinos vestidos de civil. Más tarde se les unirían policías de la AP, a los que habían detenido en el puesto de control militar de Beit El mientras esperaban el permiso de Israel para dejar Ramala.


A Ashraf Qayqas, el conductor del camión, lo llevaron al hospital Hadassah Monte Scopus. Había sufrido solo heridas leves, así que los investigadores de la policía lo interrogaron ese mismo día. Ashraf vivía en Anata, justo enfrente de Abed, y antes de hacerse conductor de camiones había trabajado con un amigo beduino de Abed, reparando y revendiendo coches israelíes viejos.

Esa mañana había dejado su casa a las seis y se había dirigido a su lugar de trabajo, una fábrica de hormigón de Atarot, una zona industrial en Jerusalén Este. Para las seis y media ya estaba en el tráiler de carga vacío, camino de una cantera de piedra caliza cerca del asentamiento de Kokhav HaShahar, a cuarenta y seis kilómetros de distancia. Recogió una carga de conglomerado, la entregó en la fábrica y se dirigió de nuevo a la cantera para recoger otra carga.

Kokhav HaShahar se había establecido como un puesto de avanzada militar en 1975, bajo un Gobierno laborista en Israel, en tierras pertenecientes a los pueblos de Deir Yarir y Kafr Malik, y había sido convertido en un asentamiento civil cinco años después. Su cantera era una de las diez que tenía el Estado en asentamientos de Cisjordania. Para hacerse una idea de la importancia de estas, en el año 2010, las canteras de los asentamientos enviaron el noventa y cuatro por ciento de su producción de piedra a Israel, lo que equivalía a un cuarto de todos los productos mineros consumidos dentro del Estado. El restante seis por ciento fue a los asentamientos judíos de Cisjordania, a construcciones palestinas y a la administración civil.

Solo seis semanas antes del accidente, la Corte Suprema de Justicia israelí se había pronunciado sobre la legalidad de las canteras en los asentamientos. La ley internacional prohíbe que un poder de ocupación explote los recursos del territorio ocupado. El saqueo es un crimen de guerra. Sin embargo, la corte determinó por unanimidad que el Estado tenía permitido usar los recursos naturales de Cisjordania. La razón esgrimida por su presidenta, Dorit Beinisch, a la que en Israel consideraban una magistrada liberal, fue que la ocupación llevaba tanto tiempo que era necesario «ajustar la ley a la realidad en el terreno».

En su habitación de hospital, Ashraf les dijo a los investigadores que no sabía cómo había sucedido el choque. No podía decir por qué había conducido hacia el tráfico

153

que venía en sentido contrario, ni qué era lo que había causado que en medio de una tormenta fuera casi al doble de la velocidad permitida, noventa kilómetros por hora en una carretera con límite de cincuenta. La lluvia caía con tanta fuerza, dijo, que apenas podía ver a diez metros de distancia. Sus limpiabrisas estaban a la máxima velocidad y no conseguían mejorar la visibilidad. Había intentado bajar la velocidad a medida que se acercaba al puesto de control militar de Yaba, pero no había visto el autobús, agregó, porque estaba concentrado en la calzada para evitar los baches, que habrían dañado el camión.

En realidad, Ashraf había sido muy negligente. Durante una tormenta terrible había conducido una máquina mortal de treinta toneladas y dieciocho ruedas a gran velocidad y sobre una pendiente mojada. Contaba, además, con veinticinco infracciones de tráfico anteriores, con una experiencia muy limitada en el manejo de vehículos pesados —le habían dado la licencia de conducción hacía apenas un año— y llevaba solo un mes trabajando para la empresa de hormigón. La empresa también había sido negligente: no lo había formado en el uso del muy complejo sistema de frenos de un tráiler que constaba de una cabina de diez ruedas último modelo, marca Mercedes, conectada a un avanzado remolque de ocho ruedas.

Ashraf negó entonces —si bien en un interrogatorio posterior lo admitió— que cuando entró en la rotonda de a-Ram aplicó un retardador, un dispositivo de frenado, y que después, negligentemente, se olvidó de apagarlo. El retardador, explicó, debía activarse en cuanto él levantara el pie del acelerador para bajar la velocidad. Se olvidó de mencionar que el manual de uso del camión tenía una enorme advertencia en rojo que indicaba que ese dispositivo no podía utilizarse en carreteras mojadas, puesto que podía causar que las ruedas de tracción se bloquearan y derraparan.

Más tarde, otro investigador de la policía le hizo una pregunta final:

–Usted es conductor profesional. ¿Se puede usar un retardador cuando está lloviendo?

–Sí –contestó Ashraf–. No es un problema usarlo con lluvia, solo hay que hacerlo con cautela.

En su informe, la policía concluyó que el accidente había sido causado por el exceso de velocidad, la falta de entrenamiento del conductor y su inexperiencia desacelerando el tráiler con el dispositivo. Un conductor con experiencia, estableció, habría sabido que no se puede usar un retardador en una carretera mojada.

Cuando perdió el control, Ashraf iba conduciendo por una recta larga. Cuando el camión se desvió hacia los dos carriles de tráfico en sentido contrario, el remolque comenzó a derrapar por todo el ancho de la carretera, golpeando contra la cabina. Esta siguió moviéndose directamente contra el autobús escolar, mientras el remolque se zarandeaba. Aunque el autobús redujo la velocidad y casi se detuvo en el arcén inclinado, no pudo salirse de la trayectoria del camión, que primero lo golpeó de frente empujándolo hacia atrás, y después patinó en círculo, con el remolque abriéndose en abanico tras él. Un momento después, el remolque chocó contra el autobús y lo volcó. El impacto provocó un cortocircuito en la caja de fusibles, lo que causó el incendio, avivado por los fuertes vientos.


En un hospital en el centro de Israel, Radwan Tawam estaba tumbado en la cama, atontado por los analgésicos. Había bloqueado todos los recuerdos del choque: el fuego en las piernas, Salem y Huda sacándolo a través de la luna delantera, los veinte minutos que había estado en el suelo hasta la llegada de Nader Morrar, el agónico viaje en ambulancia al hospital de Ramala. Tampoco recordaba haber visto a su esposa llorando al lado de los ascensores o a su hermano diciéndole al doctor que no dejaría que le amputaran las piernas en ese lugar de mierda. No recordaba nada de la escena en la que su hermano había usado sus contactos para hacer que lo trasladaran al hospital Tel Hashomer, cerca de Tel Aviv, o de otro momento en el que su primo, que era dentista, lo había acompañado en el trayecto de la ambulancia mientras él repetía, una y otra vez: «No es culpa mía, no es culpa mía, no es culpa mía».

Lo que sí recordaba era haberse levantado, después de dos meses en coma, y descubrir que no tenía piernas. El impacto le causó un paro cardiaco y los doctores le indujeron un segundo coma, de un mes. Cuando volvió a despertarse, tres meses después del accidente, había perdido la facultad de hablar: al saber que seis niños y una profesora habían muerto, se había derrumbado. Después de muchos meses de rehabilitación, por fin fue capaz de susurrar por un costado de la boca, sin poder pronunciar bien las palabras. La peor parte no era la silla de ruedas en sí misma, sino la infantilización, la humillante dependencia. Al principio se negó a usar pañales y trataba de ir al baño solo, pero fue un fracaso. Cuando los doctores le quitaron la escayola del brazo, se dieron cuenta de que en el hospital de Ramala se la habían puesto de forma incorrecta, lo que le dejó una gran protuberancia en la muñeca. Solamente había logrado sobrevivir gracias a su esposa, de eso estaba convencido.

Tuvo que permanecer en el hospital durante más de un año. Contactaron con él estafadores de todo tipo que le prometían millones en compensaciones por el accidente. Su mujer y él se sintieron indefensos lidiando con abogados y documentos israelíes en una lengua que no comprendían. Uno de sus hijos trabajaba en la fábrica de SodaStream en la zona de asentamiento industrial de Mishor Adumim, al lado de Jan al-Ahmar. Su superior tenía un carnet azul de Jerusalén, hablaba bien el hebreo y se ofreció a ayudar. Pero, cuando le dieron dinero para que contratara a un abogado, el tipo huyó y se lo llevó todo. Radwan oyó que se había mudado a Beit Safafa, al otro lado del muro. Sin ninguna posibilidad de ir a Jerusalén para confrontarlo, perdió toda esperanza de recuperar lo perdido.

Su vida laboral se acabó, así como su amistad con Sami, quien desapareció después del accidente. Radwan pasó el resto de sus días confinado en su casa de Yaba, con su esposa llevándolo en la silla de ruedas de un cuarto al otro, mientras oía el ruido de las explosiones de la cantera de piedra caliza y veía el polvo posarse en las higueras y los olivos de su jardín.

Cuarta parte
# El muro

# XIII

Para el coronel Saar Tsur, lo más relevante del choque fue el hecho de haber podido conocer a Ibrahim Salama. Siguieron siendo amigos, disfrutando de una relación beneficiosa para ambos. Si Ibrahim le pedía a Saar que abriera una carretera palestina que el ejército israelí había bloqueado con bloques de hormigón o montículos de tierra, Saar lo hacía. Estas «medidas de flexibilización», como las llamaba el ejército, significaban un cambio enorme en la vida de los palestinos, puesto que les permitía acortar drásticamente sus conexiones en el transporte, acceder a sus tierras agrícolas y, en general, sentirse menos confinados. Cuando Ibrahim le daba a Saar nombres de oficiales y hombres de negocios, Saar los agregaba a la lista de personajes importantes, permitiéndoles salir por el exclusivo y rápido puesto de control de Beit El. Ibrahim, por su parte, ayudaba a Saar a reducir lo que el ejército llamaba «fricción», es decir, el desafío palestino a la autoridad militar israelí.

Las fricciones eran permanentes. Durante meses, los jeeps de Saar habían sido atacados con piedras y cócteles molotov al pasar por la carretera de Yaba, cerca de la base de Ramá y de a-Ram. Saar no sabía cómo lidiar con la situación. A-Ram era una zona sin ley, abandonada por Israel y fuera de los límites de la Autoridad Palestina. Estaba rodeada de instalaciones militares, y el muro de separación la confinaba por tres de sus lados. Sin nadie que los detuviera, los residentes usaban escaleras y cuerdas para pasar al otro lado del muro y entrar así a Jerusalén.

Todas las medidas tomadas por los soldados de Saar solo habían producido una resistencia más fuerte. Les había dado a sus tropas la orden de disparar en las rodillas a los *shabaab* que protestaran con violencia, pero estaba seguro de que, en cualquier momento, uno de los soldados apuntaría más arriba y mataría a uno de los manifestantes, cosa que agravaría los problemas. Ocho días después del accidente en la carretera de Yaba, eso fue exactamente lo que sucedió. Un viernes por la tarde, durante una protesta en el límite de a-Ram, un joven de veintitrés años lanzó fuegos artificiales a las tropas israelíes, que le dispararon y lo mataron. Como respuesta, empezaron a llover más piedras sobre los jeeps militares de Saar.

En cuanto le pidió a Ibrahim si podía hacer algo para controlar la situación, el problema desapareció y no volvió a pasar nada durante su mandato. Su amigo palestino no había tenido que presionar mucho: aunque los *shabaab* despreciaban a la *sulta*, también la temían, y con razón. La experiencia cambió la forma de pensar de Saar sobre la mejor manera de hacer su trabajo. Llegó a la conclusión de que hasta ese momento había dependido demasiado de herramientas militares, cuando podía conseguir mucho más intercambiando favores con gente como Ibrahim.

Saar pensaba que su trabajo se había vuelto más fácil, no tanto por el muro, sino por la cooperación con la AP. Había trabajado como militar en muchas de las áreas bajo autoridad israelí, y consideraba el gran Jerusalén y Ramala –una sola área conurbada– la más compleja de todas. Era difícil saber dónde empezaba una y dónde acababa la otra. Había palestinos de todos los estatus, desde ciudadanos de Israel hasta aquellos con carnets verdes y azules. Había también lugares como los campos de refugiados de Shuafat y Dahiyat a-Salaam. Eran una especie de tierra sin dueño, anexionada por Israel y, por lo tanto, fuera de la jurisdicción de la AP, pero totalmente abandonada por los proveedores de servicios israelíes, que raramente entraban –incluso los bomberos iban solamente si los escoltaba el ejército–. También se daba la situación inversa: asentamientos judíos que no habían sido formalmente anexionados a Israel, pero que, de hecho, estaban conectados con él y recibían todos los servicios de los que no disponían los palestinos que vivían justo al lado.

Por la complejidad del área, con una población palestina muy grande, era la ruta preferida cuando se intentaba llevar a cabo un ataque contra Israel. En 2003, una mujer que había perdido a tres familiares por fuego del ejército planeó inmolarse con una bomba en un restaurante de Haifa. Viajó dos horas hacia el sur desde su casa en el campo de refugiados de Yenín, entró en Jerusalén y volvió hacia el norte y viajó otras dos horas y media para poder llegar a Haifa.

La policía y el ejército israelí argumentaban que ese tipo de ataques eran la prueba de que la barrera de separación era necesaria. Saar apoyaba su construcción, sobre todo en Jerusalén y en su periferia. Siempre decía que no había punto de comparación entre la época de mediados de los años 2000, cuando muchos fragmentos del muro todavía estaban construyéndose, y la posterior, cuando ya estaba terminado. Entre 2004 y 2006 murieron tres soldados y cinco civiles israelíes en ataques en la región de Jerusalén-Ramala. Entre 2010 y 2012, ninguno.

La barrera de separación de Cisjordania era, en ese momento, el mayor proyecto de infraestructura de la historia de Israel. Cuando sucedió el accidente del autobús escolar llevaba diez años en construcción y el coste había alcanzado los tres mil millones de dólares, más del doble que el sistema nacional de transporte de agua. Su arquitecto era Dany Tirza, un coronel de la reserva que había liderado el plan estratégico para el ejército israelí durante trece años. Había participado en casi toda la negociación territorial durante Oslo preparando los mapas, que iban desde la delineación de áreas autónomas palestinas, según los acuerdos, hasta las propuestas posteriores para un compromiso final. Yasir Arafat lo llamaba Abu Jarita, el «padre del mapa»; Dany estaba seguro de que Arafat quería decir Abu Jarta, el «padre de los embustes».

El día del choque de Yaba, Dany tenía cincuenta y tres años, y lideraba el Gobierno de su asentamiento, Kfar Adumim. Construido en tierra confiscada de Anata, se había establecido en 1979, diez años antes de que Dany se mudara allí. Lo recordaba como una tierra yerma, con menos de cien familias y sin ningún árbol. Ahora era un oasis verde, lleno de flores, palmeras, villas con techo rojo y piscinas, y hogar de más de tres mil cuatrocientos judíos israelíes, algunos de los cuales eran segunda y tercera generación de colonos. También se había expandido para crear dos asentamientos adyacentes, Allon y Nofei Prat, que, con un guiño, llamaban «barrios» de Kfar Adumim, treta de Israel para negar que estaba construyendo nuevos asentamientos.

164

Dany se había mudado a Cisjordania porque quería ser un pionero, colonizando partes de la tierra de Israel, tal como lo había hecho su abuelo. Nacido en Galicia a comienzos del siglo XX, este había sido miembro de Hashomer Hatzair, el movimiento juvenil marxista-sionista. Su familia, jaredí, rechazaba el sionismo, y la mayoría de sus miembros habían muerto en el Holocausto. Durante toda su vida, él les había dicho a sus descendientes que la familia había muerto porque se había negado a escucharlo. No es que hubiera predicado que debían irse a Palestina por ser un sitio seguro, había lugares mejores adonde huir del odio antijudío. Los primeros líderes sionistas rechazaban la idea de que habían escogido ese territorio por desesperación y no por el idealismo de crear una nación nueva, un judío nuevo, en su patria histórica. «No emigramos por razones negativas, por escapar», escribió David Ben-Gurión, nacido en el reino de Polonia en 1886. «Para muchos de nosotros, el antisemitismo tuvo muy poco que ver con nuestra dedicación a la causa.»

El abuelo de Dany llegó a Palestina en 1919, cuando la población judía era inferior al diez por ciento. Al salir del barco prometió que nunca más se iría y se mantuvo fiel a su palabra. Aunque no conocía bien el hebreo, juró que nunca más hablaría otra lengua. Como muchos de los sionistas pioneros, era radicalmente antirreligioso, y su hijo, el padre de Dany, no pasó por el ritual del bar mitzvá. Su antipatía hacia las prácticas religiosas, sin embargo, no implicaban un desprecio por la Biblia, que conocía bien; de hecho, incluso algunos de los líderes sionistas más profanos la usaban para justificar el establecimiento de un Estado judío en esa tierra habitada por árabes. «Nuestro derecho en Palestina no es producto del Mandato británico ni de la Declaración de Balfour. Es anterior a eso», afirmó Ben-Gurión en una comisión real británica. «Digo, en nombre de los judíos, que la Biblia es nuestro Mandato.»

Dany se volvió devoto a los dieciocho años, después de pasar por Lavi, un kibutz fundado en 1948 por sionistas británicos religiosos en tierra que había pertenecido a Lubya, un pueblo cerca del Tiberíades del que fueron expulsados todos sus habitantes. Se unió al ejército poco tiempo después y permaneció en él más de treinta años, adquiriendo experiencia en el terreno mediante su residencia y su servicio en combate en distintas zonas de Cisjordania –antes de en Kfar Adumim, había vivido al este de Hebrón, en el asentamiento de Ma'ale Hever–. A finales de 1993 fue llamado a las oficinas del Estado Mayor de las FDI para hablar con su comandante, Ehud Barak, quien le dijo que se necesitaba a alguien con conocimientos topográficos para encargarse de los asuntos de seguridad en la delegación que estaba negociando los acuerdos de Oslo.

Por si fuera poco, Dany, además, fue nombrado jefe de lo que el ejército llamó la Administración Arcoíris, la unidad de planificación estratégica y espacial de las FDI en Judea y Samaria –nombre bíblico para Cisjordania–, en la que supervisó la reconfiguración de esa región durante los acuerdos. La posibilidad de que existiera una fuerza de policía liderada por la OLP que operara en Cisjordania significaba para Israel un cambio radical. Para adaptarla, Dany planificó una nueva red de transporte diseñada para separar a los colonos judíos de los palestinos, creando vías de circunvalación y autopistas que permitirían a los judíos rodear las ciudades y los puestos de control palestinos, no pasar a través de ellos, y estableciendo lo que el ejército llamó «carreteras estériles», a las que los árabes no tenían ningún acceso.

Paralelamente diseñó un sistema de pasos subterráneos y carreteras tortuosas para uso de los habitantes de los pueblos locales, a quienes les estaba prohibido acceder a las autopistas de los colonos que atravesaban sus tierras. A esta red secundaria para palestinos se le dio un nombre que sonaba benevolente, carreteras del «tejido de la vida». En privado, los oficiales israelíes las llamaban de forma más honesta; hablando con el embajador de Estados Unidos en Tel Aviv, quien resumió la conversación en un cable diplomático, el subsecretario de defensa israelí las llamó abiertamente «carreteras del *apartheid*».

Si el tema de Oslo era la segregación, sus símbolos fueron las barreras que Dany construyó: puestos de control militar, barricadas, rutas de circunvalación y, sobre todo, vallas y muros. En 1994, el año en el que se estableció la Autoridad Palestina, Israel construyó una valla alrededor de Gaza y sentó las bases para lo que más tarde sería la barrera de separación de Cisjordania, construyendo los primeros segmentos del muro.

Dany creyó que iba a supervisar una transición tranquila hacia la autonomía palestina: estaba convencido de que, después de los seis agotadores años de la primera intifada, los palestinos estaban recibiendo lo que querían: autogobierno, al menos en los centros de las ciudades de Gaza y Cisjordania. Pero la violencia de aquellos que se oponían fervientemente a los acuerdos de Oslo, tanto judíos como palestinos, acabaron con esas esperanzas. Unos meses después de la firma ceremonial en los jardines de la Casa Blanca, una masacre horrenda creó lo que Dany llamó «un gran *balagan*», un gran desastre, que hizo que su trabajo se volviera mucho más urgente y complejo.

En febrero de 1994, un colono religioso nacido en Brooklyn, Baruch Goldstein, asesinó a veintinueve feligreses palestinos en Hebrón. Significativamente, decidió hacerlo en Purim, la celebración que rememora la historia bíblica de cómo los judíos de Persia frustraron un plan para destruirlos y «mataron a todos sus enemigos con el golpe de una espada, y con matanza, y destrucción». Ese año, el Purim coincidió con el tercer viernes de ramadán. Goldstein, un residente de Kiryat Arba, cerca de Hebrón, y capitán de la reserva del ejército israelí, se puso su uniforme, cogió un rifle de asalto y entró en la mezquita Ibrahimi durante el rezo del atardecer. Usando auriculares reductores de sonido, disparó ciento once rondas sobre las filas de palestinos postrados para el rezo. La masacre duró dos minutos, antes de que el atacante fuera reducido y golpeado hasta la muerte por la multitud. Su tumba, en el parque municipal de Kiryat Arba, se convirtió en un santuario y en un lugar de peregrinación. En su inscripción se lee: DIO SU ALMA POR EL PUEBLO DE ISRAEL, POR SU TORÁ Y POR SU TIERRA; MANOS LIMPAS Y CORAZÓN PURO.

En respuesta, el ejército israelí aceleró su impulso por la separación, primero, y sobre todo, en el lugar en el que ocurrió. Hebrón era una ciudad con unos ciento veinte mil palestinos y con cuatrocientos cincuenta colonos judíos en el centro, protegidos a todas horas por tres batallones del ejército y por la policía israelí. Los colonos sumaban menos de la mitad del uno por ciento de la población de la ciudad, pero su presencia restringió la libertad de cada uno de los palestinos que vivían allí. Después de la masacre de Goldstein, los judíos de Hebrón campaban a sus anchas, mientras sus víctimas, los palestinos, fueron sometidos a toques de queda diurnos y nocturnos, redadas en viviendas, nuevos puestos de control, el cierre de un mercado principal y de varias mezquitas, y la prohibición de viajar por las carreteras estériles segregadas.

168

La matanza de Purim tuvo consecuencias graves muy lejos de Hebrón. Produjo, para empezar, el primer atentado suicida con bomba, reivindicado por Hamás como represalia. Ese año y los siguientes hubo muchos atentados del mismo tipo, y la arquitectura de la segregación creció. Una ironía de los acuerdos de Oslo fue que aquellos que se opusieron con más vehemencia a ellos, los agresores judíos y palestinos, fueron quienes más hicieron por expandir el proceso de segmentación que estaba en su esencia.

Dany vio su trabajo como el intento de hallar un equilibrio entre dos objetivos que competían entre sí: darles seguridad a los ciudadanos israelíes y asegurarse de que la nueva infraestructura –y la expansión de asentamientos que facilitó– no cerrara la posibilidad de llegar a un acuerdo negociado. A pesar de la creciente violencia y de la contradicción inherente en su misión, Dany todavía creía que la paz podía verse en el horizonte. En esa época estaba construyendo una casa nueva en Kfar Adumim. No veía ninguna inconsistencia entre su papel como negociador y el hecho de construir su vivienda en el territorio que los palestinos creían que debía ser parte de su Estado en el futuro. De hecho, como la mayoría de los israelíes, asumía que, en cualquier tipo de acuerdo final, Israel conservaría Kfar Adumim, que era parte del bloque más grande de asentamientos alrededor de Ma'ale Adumim, a pesar de que su borde oriental, el «barrio» de Allon, alcanzara casi la mitad del ancho de Cisjordania. Se decía a sí mismo que los palestinos lo podían aceptar: «Para tener una vida mejor no importa cuánta tierra recibes, sino lo que haces con ella».

Los mapas más importantes del proceso de Oslo, incluido el que partía Cisjordania en tres áreas (A, B y C), eran obra de Dany. Trazados en 1995, definían distintos niveles de autogobierno palestino: en el Área A, las zonas urbanas, la AP tenía el mayor grado de autonomía, con jurisdicción sobre la seguridad interna; el Área B se componía de pueblos y ciudades de tamaño mediano, en los que Israel quería conservar el control de la seguridad, pero consideraba conveniente dejar que los locales se encargaran de sus propios asuntos municipales. El Área C, bajo administración directa de Israel, incluía todo lo demás: toda la tierra dentro, alrededor y entre los pueblos palestinos, las zonas agrícolas, los parques nacionales, las bases militares y sus campos de tiro, los asentamientos judíos, las carreteras para colonos y las zonas de asentamientos industriales. Esta área no solo era la más grande de Cisjordania, ocupando el setenta y tres por ciento de los mapas de Dany, sino que además era la única completamente fluida: un mar de control israelí tipo C, rodeando ciento sesenta y cinco islas de áreas A o B. Lo que había sido territorio palestino con pequeños puntos de asentamientos israelíes se había convertido, en el proyecto de Dany, en su fotografía en negativo: una Cisjordania israelí envolviendo docenas de pequeños enclaves con autodeterminación palestina limitada. «Han convertido nuestra autonomía en una prisión para nosotros», dijo Abu Ala, el líder de los negociadores palestinos.

Sabedora de que la delegación palestina se opondría a los mapas, en los que el Área A ocupaba solo el tres por ciento del territorio, Israel esperó para mostrarlos hasta los últimos momentos de las conversaciones en Oslo II. Arafat explotó: «¡Esto son cantones! ¡Quieren que acepte cantones! ¡Quieren destruirme!», y salió iracundo del salón. Los israelíes entonces intentaron calmarlo ofreciendo una pequeña expansión del Área B. Tres días después, cuando el mayor general Ilan Biran, cabeza del comando central del ejército, explicó que la policía palestina necesitaría permiso de Israel para salir del Área A, Arafat tuvo un nuevo ataque de ira. «¿Qué se creen? ¿Que mis policías van a ser sus subordinados? ¿Que van a humillar a mis agentes de seguridad? ¿Que vamos a pedirles permiso para ir hasta un pueblo palestino en la Zona B y lidiar con un robo o una disputa familiar? Eso no es un acuerdo. ¡No me voy a dejar avergonzar por ustedes! ¡No soy su esclavo!»

Al final, Israel obtuvo lo que quería: Arafat aceptó lo que dijo que iba a rechazar. El espacio palestino se encogió, los asentamientos judíos se expandieron, y el sistema de Oslo, pensado para ser temporal, se enraizó. Pero Israel no obtuvo la paz que Dany habría querido. Pocos años después tuvo que hacer frente a otra revuelta violenta.

# Cisjordania y el muro

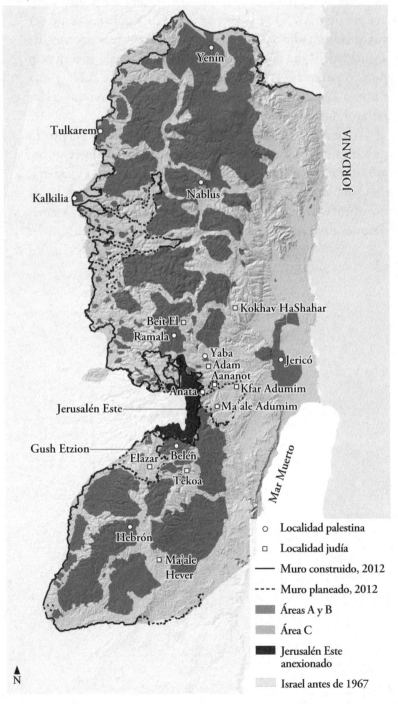

Yenín

Tulkarem

Kalkilia

Nablus

□ Kokhav HaShahar

Beit El □
Ramala •

Yaba •
□ Adam
Aananot
Anata • □ □ Kfar Adumim

Jericó

Jerusalén Este

□ Ma'ale Adumim

Gush Etzion

Elazar □ Belén
□ Tekoa

Hebrón •

□ Ma'ale
Hever

JORDANIA

Mar Muerto

○ Localidad palestina

□ Localidad judía

—— Muro construido, 2012

- - - Muro planeado, 2012

Áreas A y B

Área C

Jerusalén Este
anexionado

Israel antes de 1967

N

# XIV

Dany recibió el encargo de construir el muro de separación completo justo después de marzo de 2002, el mes más sangriento de la segunda intifada. Se negó a elevar la revuelta dándole ese nombre, y se refería a ella, en cambio, como «ataque terrorista palestino». En los treinta y un días del mes de marzo, más de ciento veinte israelíes y el doble de palestinos murieron violentamente. Al final del mes, un suicida de Hamás de Tulkarem atacó el Séder de la Pascua judía en el Park Hotel de Netanya, y mató a treinta personas. Fue el ataque más mortífero en toda la historia de Israel. «Mientras haya ocupación, habrá resistencia», declaró un líder político de Hamás, «así que lo decimos claramente: la ocupación debe detenerse y entonces habrá otra cosa.»

Durante el año y medio siguiente, el comando central del ejército le encargó a Dany la misión de encontrar una manera de detener los ataques y, más específicamente, de evitar que los palestinos entraran a las ciudades israelíes. Inicialmente encontró soluciones temporales, creyendo que la intifada pasaría después de pocos meses y que los dos lados iniciarían de nuevo negociaciones. Tuvo razón

173

respecto a las nuevas negociaciones, pero no respecto al levantamiento popular. Ni las conversaciones ni las respuestas del ejército consiguieron acabar con la intifada. El primer proyecto de Dany consistió en limitar los accesos a Jerusalén; para ello condujo todo el tráfico de Cisjordania a las carreteras principales mediante el cierre de las entradas, las salidas y las arterias de conexión, usando cercas, puertas, barreras, bloques de cemento y montículos de tierra. El ejército cuadruplicó el número de puestos de control militar en Cisjordania, y se detuvo así a todos los coches palestinos que entraran en Israel, en sus asentamientos y en la Jerusalén Este anexionada.

Pero los controles militares eran como puertas en el desierto, observó Dany. Resultaba muy fácil eludirlos a pie. Entonces el ejército decidió detener y asesinar a los líderes de la intifada. En su calidad de experto en mapas, Dany aportó las fotografías aéreas de las casas de los militantes palestinos cuando llegó el momento de que el gabinete aprobara los planes de ataque. Pocos meses después, más de cien de los más importantes militantes palestinos habían sido arrestados, pero nuevos líderes los remplazaron rápidamente. Después de eso, el ejército cerró trescientas fábricas de explosivos. Los explosivos, no obstante, no tenían que producirse en masa; podían fabricarse en una bañera o en el fregadero de la cocina.

Al mismo tiempo, la violencia se intensificó. Dany tenía miedo de mandar a su hija al colegio en Jerusalén. Las bombas estallaban en todos lados: en autobuses, en cafés, en mercados, en clubes nocturnos y en calles peatonales. Ningún sitio era seguro. Con el país en llamas, había una presión enorme para que el Gobierno hiciera algo. Ambos lados del espectro político israelí pidieron la separación de los palestinos. Dany concluyó que la única solución era construir una extensa barrera hecha de vallas y muros. Sus colegas y él planearon cómo levantar esa barrera expandiendo el sistema de muros construidos en Cisjordania durante los acuerdos de Oslo. Después de la bomba de Netanya, el primer ministro Sharón decidió aceptar la recomendación de Dany. Dos semanas más tarde, el Gobierno aprobó el plan. El principal debate no era si construir o no una barrera, sino dónde construirla. Había miedo en la derecha y esperanza en la izquierda de que lo que se construyera quedara como un límite permanente. Israel no tenía fronteras reconocidas internacionalmente, ni con Cisjordania ni con Gaza. Incluso la línea del armisticio de 1949, conocida como la Línea Verde por el color con la que se dibujó en los mapas de ese año, nunca se había declarado una frontera permanente. Después de la guerra de 1967, Israel prohibió dibujarla en los mapas oficiales.

La cuestión de cuánto de Cisjordania debía cercenar la barrera era una de las más polémicas en la sociedad israelí. El comité que reunía a todos los asentamientos, conocido como el Consejo de Yesha, hizo campaña para que se erigiera alrededor de las islas de autonomía palestina designadas como Área A. La izquierda sionista y Estados Unidos querían algo que se pareciera menos a una serie de jaulas alrededor de las ciudades palestinas y más a una valla que rodeara los bloques más grandes de asentamientos y en los demás lugares siguiera de forma aproximada el trazo de la Línea Verde.

Desde el principio, Sharón evitó trazar una frontera definitiva. Estados Unidos y la comunidad internacional se quejarían si la barrera parecía una excusa para apropiarse de nuevas tierras. En los primeros planes, el noventa por ciento de su trazado se separaba de la Línea Verde, apoderándose así Israel de un dieciséis por ciento de nuevas tierras cisjordanas. Esto no incluía el valle del río Jordán, que constituía más del veinte por ciento del territorio total y que, de acuerdo con algunos de los trazos iniciales, sería apropiado y rodeado por otra barrera. Sharón temía al mismo tiempo que los colonos creyeran que el trazado se estaba acercando mucho al de la Línea Verde, cediendo así ante la extorsión terrorista. Como artimaña, le dio instrucciones a Dany de que erigiera una serie de pilares dentro de Cisjordania, más de un kilómetro y medio más allá de la Línea Verde, para sugerir así que la barrera podría construirse ahí y que la actual localización era solamente una de las muchas fronteras posibles.

Dentro del Gobierno de Sharón, las opiniones acerca de la localización de la barrera eran casi más numerosas que los ministros. Aquellos que anhelaban una anexión total argumentaban que la única ruta debía ser a lo largo de la frontera con Jordania, es decir, incluida toda Cisjordania. Otros creían que el objetivo principal debía ser el de incluir tantos asentamientos como fuera posible, dejando fuera a la mayoría de los palestinos. El jefe del Estado Mayor de las FDI, Shaul Mofaz, se hizo eco de la idea del Consejo de Yesha de que debían construirse muros alrededor de las principales ciudades palestinas. Dany estaba en contra. No creía que Israel pudiera salirse con la suya poniendo a tanta gente en guetos sellados, ni creía que el plan fuera a funcionar: los atacantes podían fácilmente salir de los pueblos que estaban fuera de esos muros. Otros ministros hicieron lobby para que la barrera entrara dentro de territorio israelí, para poner así a una gran cantidad de ciudadanos del Estado del lado de Cisjordania. Este plan de separar con una valla a ciudadanos israelíes no judíos lo justificaban con el argumento de que muchos de ellos habían protestado a favor de la intifada y que, por lo tanto, eran leales a la nación palestina, no al Estado de Israel.

Dani trabajó en el proyecto día y noche. Armó un equipo de más de veinte expertos: ingenieros, arqueólogos, defensores de los recursos naturales, científicos medioambientales y miembros de la administración civil con conocimientos en dotación de agua, electricidad, educación y en registro de tierras. Fueron al terreno y examinaron cada centímetro de la ruta de setecientos veinticinco kilómetros propuesta. La AP se negó a cooperar con su construcción, así que Dany habló directamente con los agricultores y los dueños de tierras palestinos, cuyas ciudades y medios de subsistencia quedarían destrozados por el proyecto.

Como la barrera serpentearía alrededor de asentamientos israelíes y comunidades palestinas, doblándose sobre sí misma en algunas zonas y creando enclaves completamente cerrados en otras, su trazado era más del doble de largo que la Línea Verde e incorporaba al ochenta por ciento de los colonos. Formaba una inmensa cicatriz a través de la tierra. En la mayoría de las zonas de Cisjordania estaba hecha de vallas, trincheras, alambre de púas, cámaras, censores, rutas de acceso para vehículos militares y torres de vigilancia. Pero, a lo largo de más de sesenta y cinco kilómetros, especialmente en distritos urbanos como Jerusalén, Belén, Tulkarem y Kalkilia, era un gran muro de hormigón de veinte metros de altura.

## XV

Como Dany, Ibrahim Salama creía que un acuerdo entre Israel y Palestina estaba cerca. Cuando se anunció el acuerdo de Oslo en 1993, él fue uno de sus partidarios más fervientes. Pensó que cooperar con las fuerzas ocupantes llevaría a la creación de un Estado Palestino, que él no solo veía posible, sino casi inevitable, y por una simple razón: le convenía al Estado de Israel, como había oído decir más de cien veces a sus amigos del ejército.

Ibrahim había llegado a esa conclusión después de mucho dolor. Se había unido a Fatah en 1983, a los dieciocho años, cuando estaba a punto de acabar el bachillerato en el colegio Rashidiya, al otro lado de la avenida que rodeaba la Ciudad Vieja. Había cogido un autobús al puente de Allenby y después otro a la oficina de reclutamiento de Fatah en Jordania, con la esperanza de unirse a lo que quedaba de los luchadores por la libertad de la OLP en el Líbano. La mala suerte había hecho que el director de esa oficina fuera un amigo de la familia. Al ver al joven Ibrahim, llamó a su hermano, quien le dijo que no lo aceptara, que su madre se moriría si se iba a Beirut. Tuvo que volver a casa. Antes de hacerlo, sin embargo, el reclutador le dio una carta para que se la entregara a un líder clandestino en Cisjordania.

Para Ibrahim, la carta fue la única manera de tener un futuro en Fatah. La dobló una y otra vez hasta obtener un cuadrado pequeñísimo y la envolvió en plástico, que selló con un encendedor. Se tragó el diminuto paquete y se dirigió a su casa, pero en el puente de Allenby lo detuvieron y lo llevaron a Moscobiya. Los israelíes no tenían ninguna información que lo incriminara, así que lo dejaron ir después de una semana de interrogatorios. Durante su estancia en el centro de detención, la carta salió de su cuerpo dos veces. Ambas la sacó del váter, la lavó y se la tragó de nuevo.

Para el momento en que empezó la primera intifada, Ibrahim había ascendido dentro de Fatah y lideraba el consejo estudiantil de la Universidad de Hebrón hacia su primera victoria contra la lista islamista. Se había unido al comité regional de Fatah en Jerusalén y era miembro del Mando Nacional Unificado, que comandaba el levantamiento. Inevitablemente, Israel lo arrestó muy temprano en la intifada, acusándolo de lanzar un cóctel molotov a un autobús israelí en Shuafat, de reclutar para Fatah, de formar células militares y de participar en el MNU. Fue sentenciado a diez años de prisión y pasó más de uno en aislamiento, en la cárcel de Be'er Sheva.

Su celda era pequeñísima, un poco más grande que una cama, con una sola ventanita en la puerta para recibir la comida. Mientras estuvo allí, siete mil presos palestinos a lo largo y ancho de Israel y los territorios ocupados organizaron una huelga de hambre colectiva para protestar por las malas condiciones de encarcelamiento y por el uso del aislamiento como forma de castigo. Ibrahim lideró la huelga en Be'er Sheva. Fue una victoria histórica: el servicio de prisiones israelí aceptó cerrar una de sus alas de aislamiento y acabar con los registros al desnudo; además, permitieron cocinar dentro de las celdas y visitas familiares más largas.

El aislamiento había sometido a Ibrahim a un grave estrés psicológico. Aunque nunca antes había rezado, empezó a buscar a Dios. En su celda diminuta suplicó a los cielos de pie, sentado, echado de un lado y después del otro. Nada funcionó. Fue entonces cuando empezó a cuestionar sus antiguas creencias, y concluyó que no podía haber una solución militar al conflicto. Durante los primeros meses de Oslo lo liberaron antes de cumplir su sentencia completa, tras haber pasado encerrado seis años y dos días. En la cárcel se había ocupado de investigar a los que colaboraban con Israel; ahora investigaría a los que se resistían a hacerlo. En cuanto salió, se unió a una de las recién formadas ramas de inteligencia dentro de la *sulta*, la Organización de Seguridad Preventiva.

Después de unos años en Seguridad Preventiva, lo trasladaron al Departamento de Asuntos de Refugiados, dentro de la OLP. Allí entró en contacto con Ron Pundak, un analista de políticas israelí que había coorganizado las primeras conversaciones secretas que más tarde llevarían a Oslo. Ron trabajaba en un *think tank*, la Fundación de Cooperación Económica, cuya creencia principal –según ellos mismos– era que «el cumplimiento de la solución de dos Estados es crítica para que Israel siga siendo un Estado democrático y judío». A pesar de que construir asentamientos en Cisjordania había sido durante décadas el principal proyecto nacional de Israel, apoyado por todos sus Gobiernos, tanto de centro-derecha como de derecha, los amigos de Ibrahim en el ejército sostenían que esa política era realmente una aberración que lideraban un pequeño grupo de religiosos fanáticos que no representaban al Estado. Él los creía.

# XVI

De muchas formas, el asentamiento judío de Adam era típico: estaba en la cima de una colina, se le atribuía una conexión histórica con un lugar bíblico, ocupaba tierras palestinas confiscadas, había sido construido en una brecha entre los pueblos, se había establecido con el apoyo del Gobierno israelí y la Organización Sionista Mundial –financiada con dinero público– y ofrecía casas más baratas que las que se podían encontrar al otro lado de la Línea Verde: villas espaciosas unifamiliares con jardines y vistas bucólicas. Pero había un aspecto en que Adam era único entre los demás asentamientos: lo habían creado judíos mizrajíes, inmigrantes de Oriente Próximo y del norte de África.

Su fundador, Beber Vanunu, de cincuenta y nueve años, había sido criado en un barrio marginal de Jerusalén lleno de inmigrantes recientes provenientes, como él, de países árabes, sobre todo marroquíes, quienes formaban la comunidad más grande entre los mizrajíes. Había nacido en Casablanca en 1952, dos años antes de que su familia se mudara a Israel. Marruecos no quería que los judíos se fueran –de hecho, intentó restringir su salida–, pero los padres de Beber emigraron de todas formas, movidos por sus convicciones sionistas.

Muy pronto quedaron inmensamente desilusionados. Junto con todos sus compatriotas, Israel los ubicó en *ma'abarot*, campamentos de tránsito densamente poblados, en los que tuvieron que dormir en tiendas de campaña. Los campos estaban rodeados por vallas y vigilados por la policía, para evitar que los inmigrantes se marcharan. No tenían agua corriente, ni instalaciones sanitarias adecuadas, ni profesores formados para los niños. La élite israelí askenazí despreciaba a los mizrajíes. Once de los doce ministros en el primer Gobierno israelí eran askenazíes. En una reunión del gabinete, el primer ministro, David Ben-Gurión, propuso construir letrinas externas para los inmigrantes magrebíes, en vez de baños. «Esta gente no sabe cómo usar de forma higiénica un baño en sus casas», dijo. Las tasas de desempleo y de mortalidad infantil entre esta población eran muy altas, así como la incidencia de la tuberculosis y la polio. Murieron miles de niños.

Los padres de más de mil niños acusaron al Gobierno de falsear los informes de las muertes de sus hijos, para entregárselos secretamente a padres asquenazíes que buscaban adoptar. Nunca les dejaron ver los cuerpos de los niños, ni los lugares donde estaban enterrados, ni los certificados de defunción. A Beber le dijeron que habían robado a su hermana pequeña cuando tenía cinco meses de edad. Décadas después, el Ministerio de Salud confirmó algunas de las acusaciones en un informe interno: funcionarios del Gobierno justificaban el engaño con el argumento de que los mizrajíes eran «atrasados» y que, por lo tanto, los secuestros se habían llevado a cabo «teniendo en cuenta lo que más les convenía a los niños».

Aunque Ben-Gurión despreciaba a esos «judíos primitivos» venidos de los países árabes, a los mizrajíes también se les consideraba necesarios para el éxito del proyecto sionista. «Si no hubiéramos traído entonces a setecientos mil judíos sin pensarlo dos veces, setecientos mil árabes inevitablemente habrían regresado.» Después de dejar los campos, algunos de los parientes de Beber se mudaron a casas que les pertenecían a palestinos, a quienes se les había prohibido volver.

Beber se resentiría siempre de la pobreza de su juventud. Había vivido con otros diez miembros de su familia en un solo cuarto. Cuando llegaba a su casa por la noche, tenía que pasar por encima sus hermanos para meterse en la cama. Su padre, que sabía varios idiomas, no consiguió un trabajo que sí le dieron a un inmigrante polaco que ni siquiera sabía hebreo. Su madre, que leía y escribía en francés, trabajaba como mujer de la limpieza en una clínica de Jerusalén.

En los tugurios en los que Beber creció había mucho crimen y mucha droga. Cuando se involucró en proyectos para mejorar su barrio, se dio cuenta de que los grandes contratistas obtenían muy buenas ganancias con las reformas. En vez de darles trabajo a los locales, preferían llevar a trabajadores muy mal pagados de Cisjordania. Beber hizo saber a los contratistas que no eran bienvenidos. Algunos se quejaron, pero todos se dieron cuenta de lo que podía pasarles a sus equipos si no escuchaban. Después de que los grandes contratistas se fueran, los jóvenes locales fueron reclutados para hacer el trabajo. Los índices de criminalidad y el consumo de drogas bajaron. Por primera vez, Beber vio felicidad en la cara de algunos de sus vecinos.

En los años setenta, se hizo miembro de los Panteras Negras, un grupo de empoderamiento mizrají inspirado en el grupo afroamericano del mismo nombre. Todos los fundadores venían de familias marroquíes. Mientras crecía, Beber había visto que el Estado les daba tierra gratis a los askenazíes para construir kibutz, enriqueciéndolos de paso. Sabía que nunca tendría esa oportunidad. Su padre solía decir que nunca lo harían primer ministro, ni aunque fuera la última persona del país. Para recibir algo, un judío mizrají tenía que cogerlo él mismo. A finales de 1982, Beber decidió que construiría un pueblo para su gente, tal como lo hacían los asquenazíes. Fue a ver Anatot, un asentamiento nuevo muy cerca de Jerusalén, fingiendo que estaba interesado en vivir allí. Lo que realmente quería saber era cómo organizar una comunidad propia.

Estudió y aprendió. Al verano siguiente, él y otras familias de su tugurio instalaron tiendas de campaña en la carretera a Jericó, cerca de la Posada del Buen Samaritano, en el sitio donde alguna vez había estado un kan otomano. El ejército israelí también quería esa tierra, así es que les ofrecieron a Beber y sus amigos un lugar al otro lado de la carretera, en tierras de Anata. Soldados de la base de Beit El les llevaron casas rodantes, tanques de agua, un generador y estufas de gas. Pero el proyecto no duró mucho. La colina donde se habían asentado estaba dentro de los límites de Kfar Adumim, cuyos colonos asquenazíes la querían para la nueva generación.

Entonces Beber se fijó en un terreno que pertenecía al pueblo de Yaba. El ministro Yuval Ne'eman, un exfísico teórico a cargo del Comité para Asentamientos del Gobierno, le dijo que escogiera una localización distinta, en algún lugar cercano a Nablus o Ramala. Israel no necesitaba otro asentamiento cerca de Jerusalén Este, donde ya había una presencia judía importante. La prioridad era adentrarse mucho en Cisjordania, usando la estrategia de establecer un puesto de avanzada en lo más alejado del territorio enemigo, para después poder controlar toda el área que llevara a él. Siguiendo este principio, los nuevos asentamientos se ubicaron muy lejos de los bloques ya existentes, con la intención de construir en el terreno que quedaba en medio.

Sin embargo, a Beber no le gustaba esa estrategia. Quería vivir cerca de Jerusalén y pensaba que Ne'eman estaba equivocado: una naranja se come poco a poco, no de un mordisco. Con un mapa en el escritorio, frente a él, le dijo que no al ganador de premios en física. «Yo no vengo de la universidad ni estudié en la secundaria», dijo; «yo soy de los tugurios.» Después, poniendo un dedo sobre Yaba en el mapa, remató: «Yo quiero vivir aquí».

Beber logró su cometido. El Gobierno anunció un nuevo asentamiento en tierra de Yaba, al que llamaron Geva Binyamin, por la ciudad bíblica de Geva. Beber quería otro nombre: Adam, en honor de Yekutiel Adam, un jefe adjunto del Estado Mayor de las FDI a quien habían matado en el Líbano y cuya familia era de Daguestán, en el Cáucaso. El Gobierno no estuvo de acuerdo. Les daban nombres a las calles en homenaje a los más insignificantes asquenazíes, y no podían ponerle a un asentamiento el nombre del oficial israelí de más alto rango que había causado baja en el campo de batalla, porque era mizrají. Beber vio cómo una calle tras otra eran llamadas Berkóvich, Meiróvich, Moskóvich, Bernstein, Feinstein, Weinstein, Ginzburg, Goldberg, Grinberg, y no podían siquiera permitir un Adam. Pero fue él quien rió el último: todo el país llamó el asentamiento por su nombre no oficial.

Beber era el jefe del consejo del asentamiento. Se veía a sí mismo como alguien que tenía buenas relaciones con los palestinos, aunque Adam se había construido en tierras de Yaba. Contrataba a vecinos del pueblo como trabajadores domésticos y como obreros para construir la expansión en dirección este. Le gustaba alardear diciendo que en Yaba lo llamaban *mujtar*. Por eso, cuando vio desde el asentamiento el humo subiendo del autobús accidentado, fue a la entrada y corrió con el guardia de seguridad lo más rápido que pudo. Para ese momento, las ambulancias y los camiones de bomberos habían hecho su trabajo.

Como una de las figuras más prominentes de Adam, Beber quiso dejar claro que la comunidad no disfrutaba del sufrimiento de sus vecinos palestinos y que no había tenido nada que ver con el choque. Cuando regresó al asentamiento, hizo que la gente participara en la confección de una gran pancarta para ofrecer condolencias de la comunidad de Adam a las familias de los niños, que se colgó cerca del puesto de control militar de Yaba, sobre una de las carreteras de circunvalación.

186

# XVII

Ibrahim no conocía a ningún colono en persona, pero, después de que se desatara la segunda intifada, conoció a uno a través de la FCE, la organización de Ron Pundak. La FCE quería ayudar al ejército a contener el levantamiento, y uno de sus empleados, un jefe de batallón de la reserva, se puso a negociar un acuerdo piloto de no agresión entre un pueblo palestino y un asentamiento judío cercano. Dada la cercanía entre Ibrahim y el establecimiento israelí, le fue confiada la misión de representar a Anata en las discusiones con el asentamiento de Anatot.

El representante de Anatot era Adi Shpeter, de unos cuarenta y cinco años, nacido en Rumanía, no religioso, y oficial de la reserva. No simpatizaba demasiado con los miembros de la FCE, con su actitud condescendiente y de superioridad moral hacia los colonos. Se había trasladado de Jerusalén a Ananot poco tiempo después de su fundación, a comienzos de los años ochenta. En esa época, lo que después sería un asentamiento próspero era solamente una cima estéril casi sin infraestructura. Su esposa pensó que se había vuelto loco. El terreno era impresionante, no obstante, con atardeceres sobrecogedores de tonos violeta y vistas panorámicas a las colinas desérticas que se extendían hacia Jordania. Seguidor de toda la vida del partido derechista Likud, no por eso le daba un significado político o ideológico al hecho de vivir en Anatot. Al menos no inicialmente. Pero, al empezar la primera intifada, se dio cuenta de que estaba en las primeras líneas del conflicto. Los *shabaab* de Anata tiraban piedras y cócteles molotov a los coches que pasaban por la carretera que unía las dos poblaciones. Todos los días temía el regreso a casa desde el trabajo. La violencia menguó con los acuerdos de Oslo y una década después explotó de nuevo con la segunda intifada, por lo que Adi llevaba encima una pistola día y noche.

En tiempos normales, algunos colonos de Anatot compraban en Anata, entre ellos un policía de alto rango que hablaba árabe. Los colonos eran también bienvenidos en otros pueblos palestinos cercanos. Los padres de la primera esposa de Ibrahim tenían un pequeño supermercado en Hizma, y frecuentemente les vendían productos a pobladores de Adam, Anatot y Pisgat Ze'ev. Algunos de los judíos eran clientes tan habituales que compraban a crédito. La tienda tenía cuentas especiales para clientes de nombre Moshe, Yair o Abraham.

Pero la segunda intifada no era una época normal. Incluso en un pueblo tranquilo como Anata, los colonos corrían peligro. Ibrahim podía recibir una llamada de la Administración Civil Israelí que le indicaba que uno de sus ciudadanos acababa de entrar en Anata, y él tenía que ir muy rápido al lugar para evitar que los *shabaab* apedrearan su coche. Una vez, durante un viernes de protesta en la carretera entre Anata y Ananot, Ibrahim se coló entre la multitud y dijo que le partiría la mano a quien tirara alguna piedra. Otra vez incluso les pagó a algunos activistas

188

para que volvieran a sus casas. Sabía que ellos asumían que recibía ordenes de la Autoridad Palestina.

A través de la FCE, Ibrahim y Adi acordaron intentar disminuir las hostilidades entre sus comunidades. Ibrahim se sentía orgulloso de esta colaboración, pues creía que podía salvar vidas de ambos lados –personalmente, él había rescatado a por lo menos ocho israelíes que habían entrado a Anata por accidente–. Pero decía que su verdadera motivación era proteger a su pueblo. Si un colono o un soldado resultaba herido, el ejército invadiría Anata esa misma tarde, y probablemente alguno de los habitantes moriría. Ibrahim se decía a sí mismo que solo actuaba movido por un sentido de responsabilidad por su gente, y por la convicción de que, en una confrontación militar, los palestinos tenían todas las de perder, porque Israel era mucho más fuerte en el terreno.

Por su parte, Adi contenía a los miembros de su comunidad. Anatot estaba lleno de judíos profanos de derechas, algunos de los cuales trabajaban en las fuerzas de seguridad de la Administración Civil. Muchos querían salir a la carretera con sus armas y enfrentarse a los *shabaab* que tiraban piedras y cócteles molotov. Ya una vez habían ido a Anata y habían disparado a los tanques de agua en los techos. Adi les pedía que esperaran, una hora o dos, hasta que la multitud se dispersara, y les explicaba que los manifestantes eran solo jovencitos que necesitaban desahogarse. También ayudaba a coordinar algunos pequeños gestos humanitarios por parte de la gente de Anatot, como la donación de alimentos en latas o de leche en polvo, que enviaba a través de Ibrahim.

Adi e Ibrahim se hicieron buenos amigos. Ibrahim llevó a su familia a visitar a Adi y a su esposa, Naama, que era portavoz de la Universidad Hebrea. Sus niños jugaban

189

felices y sus esposas disfrutaban juntas. Ibrahim llamaba hermano a Adi. Por alguna razón, a pesar de los años que había pasado encarcelado en Israel, a pesar de que su familia había perdido tierras, a pesar de que sus libertades básicas le habían sido negadas, Ibrahim no sentía rencor por los israelíes, y no le importaba que gente como Abed no aprobara su estrecha relación con ellos. En un momento álgido de la segunda intifada, a Adi lo llamaron a la reserva y lo enviaron a formar parte del cerco a Arafat en su cuartel general de Ramala. Ibrahim conducía por casualidad hacia la ciudad cuando un vehículo militar lo detuvo cerca de Yaba. Al salir del coche vio que el oficial en uniforme verde era Adi. Para desconcierto de todos los que los rodeaban —soldados, habitantes del pueblo, colonos y conductores palestinos—, los dos se fundieron en un gran abrazo.

# XVIII

En opinión de Dany, la zona de la barrera más complicada y sensible políticamente era la de Jerusalén y su zona metropolitana. Allí, como había una gran población palestina, el dilema israelí quedaba destilado en su esencia: cómo incluir la menor cantidad posible de palestinos en el lado israelí sin ceder ni un metro de territorio.

Había tres rutas posibles para trazar el muro en Jerusalén. La primera opción era una puramente demográfica, que, de hacerse, separaría los asentamientos israelíes de la mayoría de los barrios árabes. Esto era imposible desde el punto de vista político porque parecería una cesión excesiva de territorio de Jerusalén Este a un futuro Estado palestino. Los palestinos también lo rechazarían, al no querer quedar aislados de sus familias, sus trabajos, sus colegios, sus hospitales, sus iglesias y sus mezquitas.

La segunda opción era seguir el límite municipal que Israel había declarado unilateralmente, construyendo el muro alrededor de todos los barrios de Jerusalén Este y de todos los pueblos que habían sido anexionados en 1967. El problema de esta posibilidad era que había grandes áreas conurbadas a ambos lados de ese límite. Construir en el límite entre lugares como Anata y Dahiyat a-Salaam implicaría echar abajo edificios de viviendas y dividir barrios en dos. Además había unos treinta mil palestinos de Cisjordania con carnets verdes viviendo en los campos de Shuafat, Dahiyat a-Salaam y sus barrios aledaños, todos dentro de la línea municipal de Jerusalén. Si el muro abarcara a esos residentes, Israel tendría dos opciones: darles carnets azules o desalojarlos. Eso implicaría un desastre de relaciones públicas y probablemente llevaría a un derramamiento de sangre.

La última opción fue la que escogió Dany: seguir el límite municipal tan estrictamente como fuera posible y al mismo tiempo desechar varias áreas anexionadas densamente pobladas, incluidos Kafr Aqab y todo el enclave del campo de Shuafat y sus barrios aledaños: Ras Jamis, Ras Shehadeh y Dahiyat a-Salaam. La remoción *de facto* de esos barrios de la Jerusalén municipal servía además el propósito demográfico israelí de mantener fuera de la ciudad a tantos palestinos como fuera posible.

Fue así como decenas de miles de habitantes de la ciudad se encontraron de repente viviendo en el lado equivocado del muro. Aunque el Ayuntamiento siguió siendo responsable de esos nuevos guetos, en la práctica los ignoró. Israel no permitía que los servicios de emergencias entraran a ellos sin escolta militar. En 2006, enviaron una ambulancia del centro de Jerusalén al puesto de control militar de Shuafat para recoger a un hombre que había sufrido un infarto al otro lado del muro. La Policía de Fronteras israelí se negó a dejar que pasara hasta que no llegara un vehículo militar de respaldo. Los paramédicos decidieron entonces sacar sus equipos y correr a través del control hasta la casa del hombre. Solo dos horas después pudieron llevarlo al hospital Hadassah Monte Scopus, justo al lado del campo; al llegar, ya había muerto.

Cuando se construyó el muro, Dany quiso encontrar una solución para esos barrios desatendidos. Consideró la posibilidad de recomendar que el muro se convirtiera en el nuevo límite municipal, lo que habría significado que Jerusalén ya no sería formalmente responsable de las zonas que habían quedado por fuera. Pero, entonces, ¿qué pasaría con los ciudadanos que tenían carnets azules en esos barrios, es decir, más de una cuarta parte de la población palestina de Jerusalén? Dany temía que cualquier plan que condujera a quitarles su derecho de residencia haría que una gran cantidad de personas pasara rápidamente al otro lado del muro antes de que la política se implementara. Lo último que quería el Gobierno era llevar más palestinos al corazón de la ciudad.

En todo caso, Dany le contó su idea de delimitación al alcalde de Jerusalén, Nir Barkat, quien apoyó la iniciativa de trazar de nuevo los límites municipales. La reacción fue inmediata. Los políticos de derecha atacaron la propuesta, que consideraron una renuncia de la soberanía judía en la tierra de Israel. Como consecuencia, los enclaves del campo de Shuafat y de Kafr Aqab permanecieron abandonados.

## XIX

Para cuando Ibrahim se hizo cargo de la sede del Ministerio del Interior en a-Ram, el muro había cambiado la vida de los palestinos de ambos lados, incluida la de su propia familia. Las más de cien mil personas de Kafr Aqab y del campo de Shuafat, que anteriormente recibían los servicios de Jerusalén, se quedaron sin ambulancias, camiones de bomberos o policía. No había un solo cajero automático en el campo de Shuafat o los barrios adyacentes. Solo el ejército israelí y la Policía de Fronteras entraban en ellos, normalmente en vehículos blindados, con rifles de asalto y pertrechados con cascos y chalecos antibalas. Estos enclaves se convirtieron en refugio para fugitivos que huían de las autoridades. Palestinos del 48 con familiares delincuentes se mudaron a Dahiyat a-Salaam. Los asesinatos en la zona no se resolvían. Un exdirector de la policía jerosolamita dijo acerca de las comisarías del otro lado del muro: «No las necesitamos, la policía de Israel no va a ir allí». Una vez, una pandilla armada entró a un colegio en Kafr Aqab, amenazando al personal durante varias horas. Los padres le rogaron a la policía israelí que fuera, pero nunca llegaron.

El caos salpicó a comunidades cercanas como a-Ram y Anata, que, como el Jerusalén municipal, quedaban fuera de la jurisdicción de la Autoridad Palestina. Ibrahim no podía llevar policía palestina o camiones de bomberos sin la autorización de Israel. Para arrestar a un delincuente, normalmente tenía que esperar tres días o más hasta que recibía el permiso. Para asuntos urgentes, como detener una pelea, se necesitaban varias horas. Los problemas en estas áreas crecieron con el rápido aumento de la población. Los palestinos con carnet azul sin el dinero suficiente para pagar la renta en el lado de Jerusalén se mudaron a los barrios superpoblados adyacentes al muro, al otro lado. Esa era la única manera en que podían conservar sus carnets azules. Se levantaron por todos lados torres de pisos mal construidas. La infraestructura empezó a colapsar. Los cortes de electricidad eran frecuentes. El área estaba tan desatendida que Israel ni siquiera sabía cuánta gente vivía allí.

Como consecuencia, se desarrolló toda una economía ilegal. En el lado interior del muro, los israelíes empezaron a vender alimentos caducados. Simultáneamente, los productos palestinos baratos, que no cumplían los estándares medioambientales ni de salubridad, se transportaban de vuelta. A través de pequeños huecos perforados en la barrera se pasaban drogas. Se vertían residuos peligrosos en las zonas palestinas. Los árabes les compraban a los israelíes del otro lado del muro miles de coches viejos y sin registro, dado que en sus áreas ni la AP ni Israel revisaban las licencias.

En el campo de Shuafat y sus áreas adyacentes, los padres sacaron a sus hijos de los colegios jerosolimitanos, temerosos de ponerlos en contacto a diario con soldados en los puestos de control. Había un solo colegio público en su lado del muro, acomodado en un antiguo corral para cabras. En Jerusalén Este hacían falta más de dos mil aulas. La escasez era tan grave que los alumnos se veían obligados a estudiar por turnos. En los colegios estatales, había niños de nueve años que todavía no sabían leer. Más de un tercio de los estudiantes palestinos en Jerusalén no terminaba el bachillerato.

Había colegios de la UNRWA en el campo de Shuafat, pero también eran de pésima calidad. Algunos de los adolescentes consumían drogas. La más popular era una llamada «Nice»: marihuana, tabaco y otras hierbas, cubiertas con diversos químicos –pesticidas, acetona, éter, veneno para ratas–. De esa combinación, los adolescentes pasaban rápidamente a la heroína, que se vendía abiertamente en las calles del campo. Los adictos eran cada día más jóvenes, así como los adolescentes hospitalizados por sobredosis.

Los padres que podían permitírselo matriculaban a los niños en colegios privados, que en gran medida no estaban regulados. En febrero de 2012, uno de esos colegios, el Nur al-Huda, contrató a una empresa de autobuses para llevar a sus niños a jugar en un parque de juegos en Kafr Aqab. La empresa mandó un autobús de 1985 registrado ilegalmente, que debía rodar por carreteras abandonadas, congestionadas y casi sin iluminación, sin presencia de la policía ni guardarraíles entre los carriles de tráfico.

Quinta parte
# Tres funerales

## XX

Cuando Abed llegó al hospital de Ramala atravesó a la fuerza el caos de padres gritando, niños en camillas, médicos, enfermeras, policías, fotógrafos y agentes palestinos. Dio el nombre de Milad en la ventanilla de recepción y le dijeron que no había ninguna información. Se dedicó entonces a buscar en las habitaciones, donde vio a muchos de los compañeros de clase de su hijo y a sus familias. Se alegró por los padres que habían encontrado a sus niños, aunque ellos casi no notaron su presencia en medio de tanta conmoción. Le preguntó a todo el mundo si había visto a Milad, sin ningún resultado.

Regresó a la ventanilla de entrada y comentó que había buscado en todas las habitaciones y que su hijo no estaba en ninguna. «Su hijo iba en el segundo autobús», gritó alguien por encima del estrépito. «Ese no estaba en el accidente. Se fue a a-Ram.» Era la primera vez que Abed oía hablar de un segundo autobús. Llamó a su amigo Ziad Barq, cuyo hijo iba a la misma clase que Milad, y le pidió que le preguntara a su esposa, Mufida, la profesora que había ayudado a Abed para que Milad pudiera ir de excursión. Mufida le devolvió la llamada de inmediato. «Milad iba en el segundo autobús. Está bien.»

Sin poder confiar del todo en estas noticias milagrosas, dejó el vestíbulo del hospital y se quedó parado bajo la lluvia mientras los familiares entraban y salían. Al poco tiempo, un padre le dijo que Milad, en realidad, había sido trasladado de Ramala al hospital Hadassah Ein Kerem. Con su carnet verde, Abed no podía ir, así que llamó a un primo en Dahiyat a-Salaam que tenía el azul. Una hora después, su primo contactó con él: algunos de los niños heridos habían llegado al hospital, pero Milad no. Entonces Abed oyó que el segundo autobús estaba de regreso a Anata. Llamó a uno de sus hermanos y le pidió que fuera a recibirlo. Pasaron unos minutos y su hermano le devolvió la llamada: «Milad no está aquí».

Las noticias y los rumores circulaban frenéticamente entre las familias y, a lo largo del día, a Abed le llegaron algunos: Milad estaba en la base militar junto a a-Ram; estaba en un hospital de Israel; el ejército estaba dejando a los padres del Nur al-Huda entrar con carnets verdes a Jerusalén. Abed sintió que lo sumergían en sucesivos barriles: primero agua hirviendo, después helada. Caliente, fría, caliente, fría, otra vez caliente, otra vez fría. Se quedó en Ramala, en el servicio de urgencias del hospital, negándose a responder a los reporteros, que no paraban de molestarlo. Su hermano menor, Bashir, que era editor de vídeo para Al Jazeera, fue a esperar con él y con un sobrino. El móvil no dejaba de sonar, casi siempre llamadas de periodistas y emisoras de radio. Abed estaba demasiado nervioso para hablar. Le dio el teléfono a Bashir y le dijo que se lo devolviera solo si quien llamaba era Haifa.

Cuando Haifa por fin apareció, tampoco tenía noticias. Había estado esperando en casa con Adam y las cuatro hijas de Abed. La mayor, Lulu, de dieciséis años, había sido la primera en regresar del colegio. Era como una madre para Milad. Lo acostaba todas las noches y muchas veces también lo despertaba y lo ayudaba a vestirse. Pero la excursión era una ocasión especial, así que esa mañana había sido Haifa quien había vestido y había dado el desayuno a los niños. Lulu se había ido sin ver a Milad. Estaba en el colegio femenino de Anata, a la vuelta de la esquina, cuando la profesora, súbitamente, había dicho que todos debían volver a casa, sin dar más explicaciones. Al salir, Lulu oyó por casualidad a otra profesora decir que había habido un accidente. Ya en su casa, supo que en el choque estaban los niños de preescolar del Nur al-Huda, pero Haifa insistió en que Milad estaba bien. Mientras los vecinos y la televisión traían más noticias, Lulu se puso cada vez más nerviosa y le pidió a su madrastra que llamara a Abed. Iban llegando a su casa profesoras, compañeros de clase, otros padres, y se contradecían mutuamente. Alguien dijo que había visto a Milad subiéndose en el segundo autobús. Alguien más, que estaba en el primero. Otro decía que ni siquiera había ido a la excursión.

Adam regresó desde el Nur al-Huda a casa no mucho después que Lulu. Les habían permitido irse durante el recreo de la mañana. Estaba muy feliz por eso, hasta que vio a las profesoras llorando y oyó a un amigo decir que el autobús en el que iba Milad había tenido un accidente. El cuñado de Haifa, que llevaba y recogía a los niños todas las mañanas, lo dejó en casa. Al entrar se dio cuenta de que esa mañana se había olvidado de llevar el almuerzo, y lo vio sobre su cama. Se comió su *ka'ek* con falafel, se tendió y durmió el resto del día, como si su cerebro quisiera protegerlo de la preocupación. Cuando se despertó, horas después, encontró a sus cuatro hermanas llorando y agarrando la ropa de Milad para sentir su olor.

Abed estaba tan tenso por el miedo que apenas se daba cuenta de lo que sucedía a su alrededor. El presidente y el primer ministro palestinos habían ido por separado al hospital, cada uno con su séquito. Abu Yihad, su primo, había pasado justo a su lado en la entrada del servicio de urgencias. El hermano y el cuñado de Abu Yihad también tenían hijos que habían ido a la excursión. Los tres hombres habían ido a la carretera de Yaba, pero, al llegar, ya habían apagado el fuego y evacuado a los preescolares. El tráfico para salir de allí era tan denso que habían decidido dejar el coche y seguir hasta Ramala a pie. En el puesto de control militar de Kalandia, un desconocido había aceptado llevarlos al hospital.

El personal estaba abrumado, acosado por padres y familias que gritaban preguntas. Abu Yijad oyó que algunos de los muertos estaban en la morgue, y alguien lo llevó hasta un muro en el que había pegadas listas escritas a mano de los niños que estaban en el hospital con los números de las habitaciones. Encontró en una de las listas a su sobrino y a su sobrina, Mohammad Bakr y Zeina, y corrió a verlos. Cuando abrió la puerta, vio a Mohammad Bakr cogiendo a Zeina de la mano.

Ella estaba cubierta de hollín de la cabeza a los pies. Tenía el cráneo fracturado y una mano rota. Mohammad dijo que estaba sentado en los primeros asientos del autobús cuando sucedió el accidente, pero que inmediatamente se movió hacia atrás y encontró a Zeina atrapada bajo un pedazo de metal. Abu Yihad corrió al vestíbulo para traer a su hermano, el padre de Zeina, que estaba sentado en el suelo seguro de haber perdido a su hija.

Estaban sentados al lado de la cama de Zeina cuando

Abu Mazen, el presidente palestino, entró en la habitación seguido de cámaras y fotógrafos. A sus setenta y seis años, tenía el porte de un abuelo y una espesa cabellera blanca. Se detuvo para intercambiar algunas palabras con cada niño herido. Cuando se alejaba de las camas, las cámaras filmaban a uno de sus ayudantes entregando un regalo en una gran bolsa de compras. Cuando algunos de los niños se fueron a casa, descubrieron que sus regalos, consolas PlayStation, estaban rotas.

En la habitación de Zeina, Abu Mazen se dirigió a Abu Yihad. «¿Cómo van las cosas por Anata?» Abu Yihad era tal vez el único Salama que tenía aún menos respeto que Abed por la Autoridad Palestina. Líder local de la Yihad Islámica, veía la AP como una fuente de persecución. «Toda Anata es *zift*», le respondió, usando una palabra para *asfalto* que también significaba «mierda». «Excepto por las calles, dado que ninguna está pavimentada.» Abu Mazen rió. Entonces Abu Yihad se quejó de la absoluta falta de servicios en el pueblo: no había siquiera un banco o una clínica. Abu Mazen le dijo que se encargaría de solucionarlo, y se fue a una sesión de fotografías cerca de la entrada del hospital, donde también donó sangre.

Al final de la tarde, la mayoría de los padres habían localizado a sus hijos. Faltaban muy pocos, entre ellos Abed, quien todavía no sabía que había seis cadáveres en el hospital, tumbados en una sala al lado de donde él esperaba. Uno era el de la profesora, Ula Yulani. Los otros cinco eran niños. Tres estaban demasiado quemados para ser identificados. Los otros dos, un niño y una niña, no. Aunque se sentía inútil y quería buscar a su hijo en a-Ram y en Anata, tenía una sensación muy fuerte de que Milad estaba cerca. Algo le decía que no se marchara.

Los padres que se habían reunido con sus hijos empezaron a dejar el hospital, y fue entonces cuando Abed se enteró a través del personal de la existencia de la sala adyacente y de los cadáveres. Quería entrar desesperadamente, pero su sobrino le rogó que no lo hiciera. Un doctor salió de urgencias, buscando a los padres para que identificaran los dos cuerpos reconocibles. Le preguntó por el color del pelo de su hijo. «Rubio», dijo Abed. «Tiene que quedarse aquí», le explicó el doctor, «este niño tiene el cabello negro.» Después le hizo la misma pregunta a un padre que estaba al lado de Abed. Su hijo tenía el pelo negro, así que le fue permitido entrar. Salió gritando y golpeándose la cabeza.

En ese momento, Abed se enfrentó a la posibilidad muy real de que el cuerpo de Milad estuviera en esa sala, tan quemado que fuera imposible reconocerlo. Otro médico llegó para tomarle una muestra de sangre de Abed y hacer la prueba de ADN; le pidió que llamara a su esposa y a su hijo, para que también fueran a hacérsela. Abed llamó a Haifa, quien salió con Adam inmediatamente. Esperándolos bajo las luces fluorescentes del pasillo, lloró y se postró para rezar sobre el suelo de linóleo.

No les había dicho por qué tenían que ir al hospital. Haifa entró con expresión conmocionada. Adam parecía completamente desconcertado. Abed pensó en lo pequeño y desamparado que se veía su hijo, de solo nueve años, demasiado joven para estar contemplando esa escena. Todos fueron con el médico a un cuarto al lado del pasillo en el que él había estado rezando. Adam se echó a llorar y el doctor le preguntó si era por la aguja. El niño negó con la cabeza.

Una vez que les sacaron sangre para la prueba de ADN, solo cabía esperar. Bashir los llevó a su casa, que estaba llena de mujeres de la familia, de vecinas, de amigas. Haifa casi no habló. La esposa de Bashir, Ruba al-Najjar, notó que Haifa no lloraba y le ofreció un cigarro. Le dijo que hiciera lo que quisiera. Si sentía que debía llorar, debía llorar. Si no lo sentía, también estaba bien. Haifa dijo que estaba bien.

Ruba conocía ese tipo de silencio. Cuando tenía dieciséis años, su hermano había sido brutalmente golpeado en un interrogatorio y se había quedado paralítico de forma temporal. En cuanto ella oyó las noticias, salió a la calle para apuñalar a un soldado. En la ciudad vieja hirió a un policía de fronteras, al lado de una de las entradas a la mezquita de al-Aqsa. La arrestaron y la condenaron a tres años de cárcel; mientras estaba presa, su padre murió en un accidente. Le fue permitida una visita a su casa, acompañada por guardias. Aunque nadie le explicó el porqué de esa salida, supo que solo podía tratarse de una muerte en la familia.

Después, en el camino de regreso a la cárcel, se aferró a una fotografía de su padre y los soldados empezaron a cantar en hebreo «Amo a mi paaa-dre». Cantaron la misma línea, una y otra vez, ruidosa, gozosamente. Ruba decidió hacer lo que fuera para que no la vieran llorar. «Soy una piedra», se dijo a sí misma. Cuando regresó a la cárcel, había perdido la capacidad de hablar. Las otras presas trataron de ayudarla, pinchándola y arañándola. Después de unos días de silencio y de un fuerte tirón en la oreja, gritó de dolor y comenzó a sollozar. Podía hablar de nuevo.

Fumando un cigarro al lado de Haifa, se dio cuenta de que habían pasado casi veinte años desde que se había quedado muda. Todavía lloraba cuando recordaba la crueldad de los soldados y la fuerza de voluntad que había encontrado para esconder su dolor. No quería que Haifa perdiera también la capacidad de hablar.

Abed se sentó hasta la medianoche con algunos hombres en el club juvenil de Anata. Cuando volvió a casa, el salón seguía lleno de mujeres. Hablaban en voz baja y oían recitaciones del Corán en la radio. Aunque sabía que la posibilidad de que Milad regresara a casa era cada vez menor, todavía se aferraba a la esperanza de que pudiera estar vivo. Después de todo, era mayor el número de padres buscando a sus hijos que el número de cadáveres en aquella sala. Algunas madres y algunos padres habían acabado encontrando a sus niños quince horas después del accidente. Tal vez Milad estaba en la base militar. O tal vez en otro hospital. Tal vez alguien de a-Ram o de Jerusalén se lo había llevado junto con sus propios hijos y ahora mismo le estaba dando de cenar e intentaba localizar a sus padres.

Abed fue a la habitación principal, donde Haifa estaba sentada en la cama hablando con su hermana. Normalmente, Milad habría estado ahí, durmiendo con sus padres. Al ver la cama vacía, Abed se quebró. Entró en el baño, cerró la puerta y lloró sin control. Era la primera vez que estaba completamente solo desde que había puesto las noticias esa mañana. Haifa lo oyó y entró en el baño. Sostuvo su cuerpo pesado y lo consoló. Sollozando en sus brazos, Abed pensó que debía ser al revés: era él quien tenía que estar consolando a Haifa. Pero ella seguía sin derramar ni una sola lágrima.

# XXI

Nansy Qawasme era una de las madres más jóvenes del colegio Nur al-Huda. Tenía solo veintitrés años, pues se había casado a los diecisiete, en su último curso de bachillerato. Había pasado sus primeros años en Hebrón, de donde era su padre, y después, a los ocho, se había mudado a casa de su madre en el barrio jerosolimitano de a-Tur, en el monte de los Olivos. Su padre tenía un carnet de identidad de Cisjordania, y su madre, uno azul de Jerusalén. Dado que Nansy todavía era muy joven cuando se habían mudado a a-Tur, también pudo obtener el azul.

El esposo de Nansy, Azzam Dweik, tenía veintinueve años cuando se casaron. Reparaba sistemas de aire acondicionado en los autobuses de la zona industrial de Talpiot, en Jerusalén Oeste. Era un matrimonio concertado. Azzam oyó hablar de Nansy y les pidió a sus padres que se reunieran con los de ella, que casi no pudo opinar. Todos a su alrededor actuaban como si fuera una tragedia llegar soltera a los dieciocho. Muy poco antes del compromiso, Nansy dijo que no quería casarse. Él no era la pareja que siempre había soñado. Su familia le dijo que ya era demasiado tarde: no solo estaban comprometidos, sino que habían firmado el registro y, por lo tanto, estaban formalmente casados bajo la ley islámica. Si se divorciaba, sus posibilidades de encontrar pareja estable se reducirían drásticamente.

Antes de la propuesta de matrimonio, Azzam había comprado un piso en la primera planta de uno de esos edificios altos y sin regulación de Ras Shehadeh, contiguo a Dahiyat a-Salaam y al campo de Shuafat. Estaba dentro de los límites municipales de Jerusalén, pero era muy barato porque el muro acababa de separar el barrio del resto de la ciudad.

Nansy estaba acostumbrada a caminar libremente por a-Tur, sin miedo. Pero Ras Shehadeh era un gueto infestado de crimen y drogas, y abundaban las historias de secuestros, asesinatos y violaciones. Al no haber presencia de policía de tráfico, los chicos preadolescentes conducían sin permiso. A lo largo de las calles, llenas de baches, se alineaban montículos de basura que los residentes quemaban por la noche en medio del caos. Nansy quedó aislada de su familia y no se sentía a salvo caminando sola o yendo al colegio al otro lado del muro. Ahora era una bachiller de último año, embarazada y exhausta. Entre semana, tenía que coger un taxi compartido todas las mañanas hasta el puesto de control militar de Shuafat, donde podían hacerla esperar media hora antes de subirse a un autobús que la llevaba hasta la Puerta de Damasco y, desde allí, caminaba al colegio. A menudo, llegaba tarde y tenía que explicar a sus profesores que vivía en Ras Shehadeh.

Su primer hijo, Salaah, nació seis meses después de la fiesta de graduación. Su hija, Sadine, llegó veinticuatro meses más tarde. A Salaah se le consideraba excepcionalmente inteligente. A los dos años había memorizado muchas más palabras en inglés y en árabe que los niños de su edad. Cuando llegó el momento de entrar en la guardería, a Nansy le pareció que tenía la mente de un niño de diez o doce años, así que decidió mandarlo a la del colegio Nur al-Huda, porque era el mejor de la zona y no había una alternativa aceptable. No quería que tuviera que pasar por el control militar todas las mañanas, lo cual eliminaba la opción de los colegios públicos, con excepción del que ocupaba el antiguo corral de cabras. Muchos de los padres de las familias que vivían fuera del muro tenían el mismo problema, y acababan gastando mil dólares al año, o incluso más, en colegios privados como el Nur al-Huda. Era la única manera de evitar el control militar.

Nansy siempre estaba preocupada por la seguridad de Salaah. Tenía miedo de que, cuando no estaba con ella, pudiera perderse o caerse o sufrir algún tipo de accidente. Tal vez era por su juventud, o porque Salaah era su primer hijo, pero nunca sintió miedo por Sadine. Cuarenta días antes del accidente, Salaah le había afirmado a Nansy que se iba a morir. «Voy a ir al cielo y Sadine va a ser hija única», dijo. Nansy le respondió que era muy joven y que tenía toda una vida por delante. Pero él lo repetía casi a diario, cosa que la torturaba. Ella sintió tanto miedo que se llevó a sus dos hijos a dormir con ella, diciéndoles que era para mitigar el frío del invierno.

Salaah cumplió cinco años en diciembre. Tuvo una fiesta en su casa y otra en la de su abuela, pero quiso celebrar también en el colegio. La tercera celebración se pospuso varias veces, pues cada semana otro compañero cumplía años. Finalmente se decidió que el día de la celebración sería el 16 de febrero, pero la excursión de la clase se reprogramó para ese día. Nansy le dijo que harían la fiesta unos días después. «¡No me va a dar tiempo! ¡No me va a dar tiempo!», le gritó. «O celebramos la fiesta antes o no va a haber fiesta.» Su madre tuvo que hacerle caso. La celebración se hizo durante la semana anterior a la excursión. Salaah le pidió a su abuela que fuera desde a-Tur y ella lo llevó a comprar otro regalo de cumpleaños. Después de mirar todos los juguetes de la tienda, compró una mochila roja y azul de Spiderman, su superhéroe favorito.

Los padres tenían que firmar un permiso para la excursión de la clase a Kids Land. Azzam se negó a firmarlo porque el viernes anterior el tiempo había sido terrible. Salaah estaba devastado. Lloró y rogó, diciendo que tenía que estar allí con sus amigos. No dejó de insistir hasta que finalmente Nansy claudicó cuando solo quedaban dos días. Esa tarde, en casa de su abuela, Salaah comió *manaiche*, pan ácimo con *zatar*, que había pedido específicamente para antes de la excursión. «¿Por qué antes? Te lo hago después», le había dicho la abuela. «No», había insistido él, «tiene que ser antes.» Esa noche, Nansy lo bañó, le puso su pijama de Spiderman y le peinó el pelo negro y abundante. Cuando estaba a punto de dormir, él la abrazó y le dijo de nuevo que se iba a ir al cielo, dejándola a ella «sola con una hija». Nansy sintió que la estaba volviendo loca. «¿Por qué me dices esas cosas?», le preguntó.

La noche siguiente, en la víspera de la excursión, el padre de Salaah llegó tarde. El niño lo había estado llamando desde el teléfono de Nansy, pidiéndole que volviera a casa. Quería ir a comprar golosinas para la excursión. A las nueve de la noche, Azzam lo llevó a la tienda de la esquina y le compró un batido de chocolate, patatas fritas de bolsa y varios dulces. Salaah puso todo en su mochila nueva de Spiderman. Después insistió en tenerla en la cama y se quedó dormido abrazándola.

Por la mañana hacía frío y llovía a cántaros. Azzam ya se había ido a trabajar. Nansy estaba junto a la ventana, preguntándose cómo sería capaz de despertar a Salaah y de mandarlo con ese tiempo. Le solía costar sacarlo de la cama. Se quedaba entre las mantas hasta el último segundo. Pero esa mañana no podía esperar: ni siquiera dejó que Nansy le pusiera unas mallas debajo de los pantalones grises, estaba demasiado emocionado para aguantar el más mínimo retraso. Nansy le puso una chaqueta y una bufanda, y esperaron juntos al autobús en la calle. Mientras esperaba con Salaah, Nansy dudó. Hacía tan mal tiempo que parecía que Dios se hubiera enfurecido, pero, al mismo tiempo, el niño parecía tan feliz... Decidió darle cinco séqueles para que se los gastara en Kids Land. «Mamá», le dijo él, «te quiero muchísimo»; y entró al autobús.

Nansy subió a limpiar el piso. Cada cinco minutos se preguntaba por qué había dejado ir a Salaah. En días mucho menos lluviosos había dejado a los niños en casa. Sadine se despertó cuando ya había acabado de limpiar, casi a las diez de la mañana. De repente oyó a un vecino gritar. Alguien tocó a la puerta. Cuando abrió, dos mujeres del edificio –una madre y una abuela de dos niñas que iban a preescolar en Nur al-Huda– estaban fuera llorando y gritando. «Hubo un accidente», dijo una de ellas, «y el autobús está en llamas.» Nansy se quedó paralizada en la puerta.

Sadine tiró de la mano de su madre y ella la subió en brazos. Siguieron a una de las vecinas a su piso. Todas se pusieron a llamar frenéticamente. Nansy se comunicó con Azzam, que todavía no había oído las noticias. Estaba al otro lado del muro y dijo que iría directamente al hospital Hadassah Monte Scopus. La televisión estaba encendida, pero ella no quería verla. Estaba segura de que, si iba al colegio, encontraría a Salaah con una lesión menor. Como mucho, una mano rota. Como Azzam no contactó con ella de nuevo, decidió salir y bajó las escaleras con Sadine.

La llamó su madre, y Nansy le comentó lo del accidente. «No te asustes, Nansy», le dijo, «lo vas a encontrar allí.» En su casa en a-Tur, la abuela cambió al canal de noticias en el televisor y vio las imágenes del autobús. Empezó a abofetearse la cara. Un vecino entró y le preguntó qué estaba pasando. «Mi nieto», gimió. «Mi nieto está en ese autobús.» Nansy subió a Sadine en su Toyota azul y empezó a conducir a través de la lluvia hacia el colegio. Las calles estaban inundadas y llenas de lodo. Una rueda se quedó atorada en un bache, así que salió del coche, llorando, y corrió de nuevo hacia su edificio, con la niña en brazos. Justo entonces, uno de sus hermanos, Fadi, llamó y prometió ir inmediatamente. Su vecina ya sabía que sus hijas estaban bien. Azzam llamó desde el Hadassah Monte Scopus, y su hermano Osama, que trabajaba para la ONU, llamó desde el de Ramala. ¿Qué llevaba puesto Salaah? Los del hospital necesitaban saberlo. Nansy no entendió lo trascendental de la pregunta.

Fadi llegó y llevó a Nansy y a Sadine a Nur al-Huda. El colegio estaba vacío. Todas las clases se habían cancelado y la directora se había ido. Los padres que habían encontrado a sus hijos ya estaban en casa. Cada vez más nerviosos, Nansy, Sadine y Fadi fueron en coche colina arriba hasta el ayuntamiento de Anata, donde se encontraron con una multitud de parientes angustiados que pedían noticias. Tratando de calmarlos, un empleado del Ayuntamiento les habló a través de un megáfono. «Sus hijos van a estar bien.» Unos minutos después agregó: «Los niños están en camino». Y después: «Van de vuelta al colegio». Una profesora leyó la lista de los alumnos que iban en el autobús, pero estaba equivocada. Incluía niños que ni siquiera habían ido ese día. Nansy lloraba, repitiendo una y otra vez: «¿Dónde está Salaah?».

212

Después de pasar por el hospital Makassed sin resultado, fueron al piso de sus padres en a-Tur. Azzam y Osama llamaron de nuevo: no habían encontrado a Salaah, pero hicieron más preguntas acerca de la ropa que llevaba puesta. Osama fue a la morgue del hospital de Ramala para ver los cadáveres chamuscados, una imagen que deseaba poder olvidar. No estaba seguro, pero creía que Salaah estaba entre ellos. Entonces llamó a todos los conductores de ambulancia que pudo, repitiendo la información que le había dado Nansy acerca de la ropa y la mochila de Spiderman. Nansy recordó que Salaah vestía también bóxeres azules y púrpura con un patrón de ositos. Uno de los chóferes de ambulancia de Mada dijo que un niño con esa ropa interior había sido trasladado junto con otros dos al hospital Hadassah Ein Kerem. Cuando Osama se enteró, ya era de noche.

Al saberlo, Nansy y su familia fueron de a-Tur a la clínica. Llegaron después de las nueve, y Osama, que venía de Ramala, se los unió. Al entrar al hospital, Nansy vio prácticamente a toda la gente que conocía. No pudo explicarse qué estaban haciendo ahí, a menos que todos supieran que su hijo estaba muerto. Le pareció que había cientos de personas. Vio a Azzam inmediatamente, pero él la ignoró. Lo mismo hicieron los padres de él y el resto de la familia. Mientras todos esperaban las noticias, Azzam se mantuvo distante. Su familia hizo lo mismo. La miraban con un odio enconado.

Al final, la madre de Nansy habló con Azzam. «Ve adonde tu esposa», le dijo, «consuélala.»

«No, no quiero ni acercarme», dijo, «fue ella quien mandó a Salaah a la excursión.»

# Área metropolitana de Jerusalén

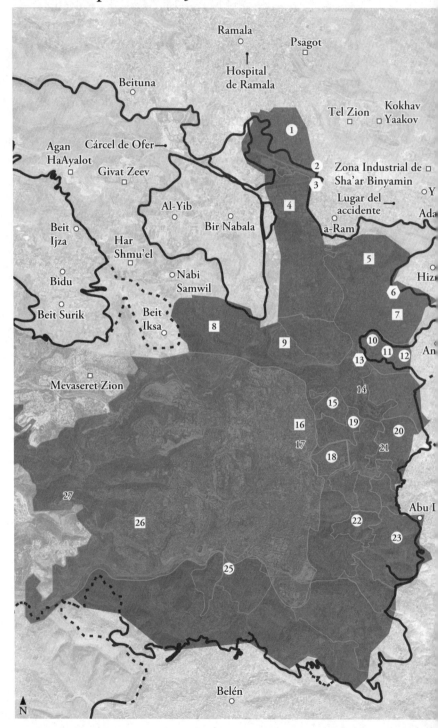

Ramala
Psagot
Hospital de Ramala
Beituna
Tel Zion
Kokhav Yaakov
Agan HaAyalot
Cárcel de Ofer —
Givat Zeev
Zona Industrial de Sha'ar Binyamin
1
2
3
Lugar del accidente —
4
Y
Al-Yib
Bir Nabala
Ada
Beit Ijza
Har Shmu'el
a-Ram
5
Bidu
Nabi Samwil
Hiz
6
Beit Surik
Beit Iksa
8
7
9
10
11 12 An
13
Mevaseret Zion
14
15
19
16
20
17
18
21
27
Abu I
26
22
23
25
Belén

N

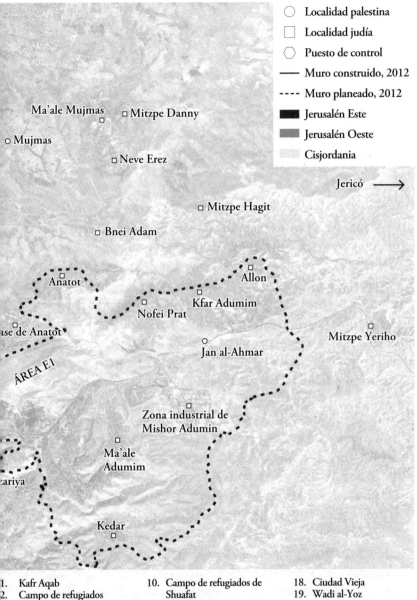

Jericó ⟶

Ma'ale Mujmas

☐ Mitzpe Danny

○ Mujmas

☐ Neve Erez

☐ Mitzpe Hagit

☐ Bnei Adam

☐ Anatot

☐ Allon

☐ Nofei Prat

☐ Kfar Adumim

se de Anatot

○ Jan al-Ahmar

☐ Mitzpe Yeriho

ÁREA E1

☐ Zona industrial de Mishor Adumin

☐ Ma'ale Adumim

ariya

Kedar ☐

1. Kafr Aqab
2. Campo de refugiados de Kalandia
3. Puesto de control de Kalandia
4. Zona industrial de Atarot
5. Neve Yaakov
6. Puesto de control de Hizma
7. Pisgat Ze'ev
8. Ramot
9. Ramat Schlomo
10. Campo de refugiados de Shuafat
11. Ras Shehadeh
12. Dahiyat a-Salaam
13. Puesto de control de Shuafat
14. Hospital Hadassah Monte Scopus
15. Sheij Yarrah
16. Mea Shearim
17. Centro de detención de Moscobiya
18. Ciudad Vieja
19. Wadi al-Yoz
20. A-Tur
21. Hospital de Makassed
22. Yabal Mukaber
23. Este de Sawahre
24. Oeste de Sawahre
25. Beit Safafa
26. Kiryat Menachem
27. Hospital Hadassah Ein Kerem

## XXII

Hadassah Ein Kerem era el hospital más grande de Jerusalén, con una unidad especializada en quemados. Normalmente, Livnat Wieder lideraba un equipo de trabajadores sociales en el departamento de oncología para adultos, pero esa mañana la llamaron para ayudar con la llegada masiva de familias palestinas, casi todas de Jerusalén Este. No se sentía preparada: muchos de ellos no hablaban hebreo, y ella no hablaba árabe. Además, no estaba acostumbrada al trabajo con niños ni con trauma. Su rutina con los pacientes de cáncer y con sus familiares era completamente distinta, consistía en un cuidado paliativo a largo plazo, mediante el cual ella establecía relaciones estrechas con las familias.

Antes de que los accidentados llegaran a urgencias, el hospital activó su protocolo para eventos con múltiples víctimas, que habían desarrollado durante la segunda intifada. Se establecieron tres centros: uno para información, que canalizaba las llamadas de los parientes y de los medios; otro para clasificar a los pacientes; y un tercero para apoyo a las familias, coordinado por trabajadores sociales. El centro recibió cientos de llamadas, muchas de ellas de padres con carnet verde que solicitaban permisos para entrar en Jerusalén antes de que el ejército les abriera los puestos de control militar. El personal del Hadassah Ein Kerem contactó con Dalia Basa, de Administración Civil, que se encargaba de lidiar con los pacientes palestinos, y le pidieron que ayudara con el transporte y los permisos. A Livnat la llevaron hasta el centro para familias, donde el personal organizó sillas y mesas, y sirvió agua, café y té con galletas. A todos los parientes se les dijo que fueran allí. Normalmente, a cada familia se le asignaba un trabajador social, pero, con los cientos de personas que seguían llegando, Livnat y el resto del personal estaban sobrepasados.

El centro para familias tenía solamente tres miembros del personal que hablaban árabe, y Huda Ibrahim era una de ellas. Era una palestina del 48, nacida en Abu Ghosh, al oeste de Jerusalén, que no se había casado y solía trabajar con niños en hematología-oncología. Livnat la adoraba. Pensaba que era la mejor trabajadora social en todo Israel; desplegaba una profunda empatía que, simplemente, no se podía aprender. Livnat había formado a decenas de trabajadores sociales, y había concluido que las habilidades más importantes eran innatas: los alumnos las tenían de forma natural o no las tenían. Sin embargo, ni siquiera los mejores eran como Huda. Ella sabía cómo estar genuinamente presente con los pacientes y, al mismo tiempo, anticipar todas sus necesidades.

Livnat vivía en el asentamiento de Elazar, fundado por judíos estadounidenses, y se vestía a la manera moderna-ortodoxa, cubriéndose la cabeza con una boina. Admiraba la forma en la que Huda usaba su velo, que le recordaba a su propia comunidad. Los otros trabajadores sociales le daban a Huda el nombre de Yehuvit Avraham. Era una versión hebraizada de su nombre real, y ellos lo veían como un elogio y como una forma de darle la bienvenida al grupo.

Livnat trabajaba con otro palestino del 48, Jalil Jury, un enfermero veterano de Haifa. Jalil creía que el hospital era uno de los pocos lugares de Israel en el que los trabajadores como él parecían estar de alguna manera en igualdad de condiciones con sus colegas israelíes. Aunque había una buena dosis de racismo –por ejemplo, el Hadassah separaba a los pacientes del pabellón de maternidad entre judíos y árabes, por solicitud de las madres judías–, él se sentía bien tratado por sus colegas. Alguna vez, una de las madres le dijo que se largara de vuelta a Gaza, y la supervisora judía le dijo a la mujer que se podía ir a otro hospital si quería. Cuando el primer ministro Ariel Sharón tuvo un infarto en 2005, Jalil colaboró en su cuidado y escribió acerca de eso en el *American Journal of Nursing*, aunque hizo la apreciación de que «la presencia de árabes en el grupo a cargo del cuidado [del primer ministro] se consideraba excepcional». Al ser palestino del 48, a veces los dos lados lo maltrataban. Los oficiales de la AP que tenían permitido entrar a Israel lo criticaban por pagarle impuestos al Estado israelí y por trabajar para una institución sionista. «Mis padres se quedaron en la tierra que usted dejó», respondía Jalil. «¡Y ahora viene usted aquí a recibir tratamiento!»

Jalil y Huda ayudaron a Livnat a hacer la lista de los niños desaparecidos, pues la que había suministrado el colegio parecía inexacta. Con Jalil y Huda traduciendo, Livnat recorrió todo el centro para familias recopilando información y metiéndola en una base de datos hospitalaria nacional. Nombres, rasgos físicos, ropa, fotografías. Podía usar lo averiguado para saber si los niños que no aparecían habían sido registrados en otro hospital israelí, pero casi todos estaban en el de Ramala, que no figuraba en la base de datos. El caos del vestíbulo era total, y estaba llegando hasta el centro para familias. En la mayoría de los accidentes con múltiples víctimas, los parientes entraban en las habitaciones de los niños, pero ahora casi no había víctimas y, en cambio, sí había cientos de familiares, todos apretujados en dos espacios. Livnat vio que había muchos más hombres que mujeres esperando. Sabía que, entre las familias de Cisjordania, era más probable que los hombres recibieran permisos para entrar a Jerusalén que las mujeres. Pensando en sus seis hijos –el menor tenía la edad de los que habían sufrido el accidente–, sintió pena por esas madres que no podían siquiera buscar a sus pequeños.

Más tarde, Livnat recibió el encargo de identificar a tres niños que habían sido trasladados desde el hospital Hadassah Monte Scopus. El primero, llamado Fadl, tenía quemada una oreja y media cara. Muy pronto pudo estar de nuevo con sus padres. Fadl estaba mucho mejor que los otros dos: la niña Tala Bahri, a quien Eldad Benshtein había llevado en su ambulancia, y un segundo varón, todavía vivo, pero con quemaduras demasiado graves para poder identificarlo.

Livnat no podía relacionar al niño con un nombre ni con una familia. Pasaron varias horas y nadie fue a reclamarlo. Entonces, casi al final de su turno, dos madres llegaron al hospital buscando a sus hijos. Cada una había oído que quedaba un niño que podía ser el suyo. A esa hora quedaban ya muy pocos sin reclamar. Las dos mujeres sabían que, si ese crío no era el suyo, entonces lo más probable era que el que buscaban estuviera muerto. A

Livnat, esa situación le recordó la historia bíblica del juicio de Salomón, cuando dos mujeres acudieron al rey afirmando que el mismo niño era suyo, y que un niño que había aparecido muerto pertenecía a la otra. Haya al-Hindi fue la primera en llegar al hospital. Su hijo Abdullah era uno de los mejores amigos de Tala Bahri. Se sentaban juntos en clase y siempre se escogían como compañeros para las actividades escolares. Los Hindi vivían cerca de los Bahri en la calle principal del campo de Shuafat, así es que Tala y Abdullah solían ir en el mismo autobús. Haya había pasado toda su vida en el campo de Shuafat. Su familia había sido desplazada de Yimzu, un pueblo cerca de Ramla, en 1948. Haya y su esposo, Hafez, vivían en el sexto piso de un edificio de la UNRWA en el centro del campo. Los dos tenían carnets de identidad azules. Él cruzaba el control militar todas las mañanas para ir a trabajar en la farmacia del hospital Shaare Zedek, en Jerusalén Este.

Esa mañana, Haya había apuntado a la excursión a sus dos hijos, Abdullah y Ahmad. Cuando llegó el momento de salir, Abdullah se quedó en el sofá, mirándola fijamente, con una actitud que la desconcertó. Ya abajo, los niños se encontraron con un primo mayor, que se ofreció a caminar con ellos hasta el autobús, bajo la lluvia. Salieron a las siete y media de la mañana. Algo más de una hora después, mientras desayunaba, Haya tuvo que dejar de comer: un presentimiento la atenazaba. Un poco después, le empezó a sonar el teléfono. Era Hafez, que quería saber si los niños habían ido a la excursión. Haya llamó a la profesora de Abdullah, Ula Yulani, pero esta no respondió. La llamó varias veces más. Entonces oyó noticias acerca del accidente. Se puso un *abaya* y salió corriendo hacia el puesto de control militar de Shuafat.

El trayecto en coche hasta el hospital de Ramala, a solo diez kilómetros de distancia, le llevó unas dos horas. El tráfico estaba imposible y tenía que pasar por los dos controles militares que había en el camino. En el hospital, un auxiliar con una lista de nombres le dijo que tanto Ahmad como Abdullah estaban allí. Ella buscó habitación por habitación, sin saber todavía lo grave que había sido el accidente, sin saber que el autobús había volcado y se había incendiado. Por fin encontró a Ahmad, sentado, desnudo en una cama. Hacía frío en el hospital y todavía llovía fuera. Buscó una sábana para cubrirlo, pero no encontró ninguna. «¿Por qué está desnudo?», gritó cuando vio a un médico. «Porque todos los niños están quemados», respondió este.

Ahmad tenía moratones en la espada, pero nada más. Explicó que un hombre lo había sacado por una de las ventanas del autobús. Recordó que, antes de salir, Abdullah le había dicho que se sentaran juntos detrás del conductor, pero él no había querido y había caminado hacia el fondo por el pasillo. Justo después de cruzar el control militar hubo un terremoto, dijo. El autobús volcó. Todos los niños y las profesoras quedaron apilados. Entonces hubo un incendio y cayeron pequeñas escamitas grises. Algunos niños creyeron que las escamitas eran copos de nieve. Entonces un hombre entró al autobús para sacarlos. Y desde ese momento él no sabía nada de Abdullah.

Haya lo buscó en las otras habitaciones, pero no lo encontró. Un poco después, uno de los hermanos de Hafez le dijo que había un niño en Hadassah Ein Kerem que podía ser él. Salieron todos juntos de Ramala, pero quedaron atascados en el tráfico del puesto de control de Kalandia y llegaron a Ein Kerem mucho más tarde que Hafez. Cuando ella salió del coche, le pareció que fuera había cientos de miembros del clan Hindi, una de las familias más grandes del campo de Shuafat.

La llevaron a una habitación en la que estaba Huda Ibrahim. Huda le explicó que había llegado un niño en muy mal estado; Haya tendría que dar una muestra de ADN. Una enfermera le tomó una muestra de la boca y, después, un policía le llevó la ropa del niño, con algunas prendas muy quemadas. Haya dijo que esa ropa no era de su hijo. El policía le pidió que mirara de nuevo. Ella exclamó que estaba segura: esa ropa no era de Abdullah. El policía insistió: otras personas habían dicho que sí eran de él. «Usted está en shock», le soltó.

Haya se enfadó aún más. Dijo que la estaban acosando para confundirla, y Huda tuvo que intervenir para calmarla. «Está bien, el niño que está en la sala de al lado no es el tuyo. Entonces tienes que ir a buscarlo.» La familia esperó a que llegaran los resultados de ADN, por si acaso, pero, antes de que los trajeran, a los hermanos de Hafez les dejaron entrar para ver si el chiquillo era o no Abdullah. Salieron llorando. El niño quemado tenía un lunar en el cuello: Abdullah seguía desaparecido.

Llamaron a Nansy Qawasme y a su madre para que se reunieran con Livnat y Huda. Estas les hablaron del niño que todavía no había sido identificado, les tomaron una muestra de ADN y les llevaron la ropa. Casi toda se había convertido en una masa dura y renegrida, pero el borde de la chaqueta todavía era discernible y, por alguna razón, los calzoncillos con patrones de ositos estaban completos. Nansy supo que era la ropa de Salaah y que este estaba quemado, aunque todavía no fuera consciente de hasta qué punto.

Las dos salieron del cuarto para esperar los resultados de ADN y se sentaron junto a otra madre. Era Haya. Al ver que Nansy lloraba, Haya intentó consolarla. «Encontré a uno de mis niños», le dijo, «y usted va a encontrar al suyo.» Sollozando, Nansy susurró que acababa de ver la ropa de su hijo.

Poco después, una enfermera le dijo a la familia que podía ir a la habitación del niño. Azzam y su padre entraron primero. La madre de Nansy les escrutó la cara cuando salieron, pero carecían de expresión. Tal vez todavía había esperanzas, tal vez Salaah no estaba tan mal. Osama fue el siguiente en entrar, y poco después lo sacaron de allí, llorando y gritando. Ya fuera, vomitó y se desmayó. Cuando se despertó, agarró una silla y golpeó con ella la puerta y las ventanas. El personal del hospital pensó que era el padre. Entonces se arrodilló a los pies de su madre, sollozando y besando sus manos. «Inshallah jair, inshallah jair.» Si Dios así lo quiere, va a estar bien. Al entrar Faisal, el tío materno del niño, le dio un puñetazo a la puerta por dentro y se rompió la mano.

Faisal y Osama le rogaron a la madre de Nansy que no dejara entrar a su hija. «La perderás para siempre», le dijo el último. Una de las trabajadoras sociales llevó a la abuela a un lado y le explicó que quedaba muy poco de Salaah. Si no fuera por el lunar, no habrían podido identificarlo. A pesar de todo, Nansy quería verlo.

Era mejor esperar hasta después de que pasara por las cirugías y tuviera una nueva piel, le dijeron sus parientes: les quedaba un largo y difícil camino por delante, lo mejor sería que fuera a casa y descansara. Cuando estaban a punto de irse, Nansy vio a un médico que salía de la habitación. Le preguntó cómo estaba el niño. El médico señaló el cielo: ahora todo estaba en manos de Dios.

Haya dejó el hospital de Ein Kerem después de las diez de la noche. No tenía sentido quedarse más tiempo. Todos los niños habían sido identificados, aunque todavía nadie había ido a buscar a Tala Bahri. El padre de Tala había empezado la búsqueda por la mañana, conduciendo desde el campo de Shuafat hasta el embotellamiento en el puesto de control de Hizma, donde había abandonado su coche para correr al lugar del accidente. Mientras su hermana buscaba en Ramala, él había hecho autostop hasta el hospital Rafida en Nablus, y de ahí otra carrera hasta Ein Kerem. Horas después del atardecer pudo por fin identificar la chaqueta amarilla de Tala en una imagen colgada del muro en el centro para familias del hospital.

Aunque no había noticias, Haya decidió volver a Ramala junto con Hafez y su familia. En el camino empezó a asentarse la idea de que Abdullah podía estar muerto. Habían pasado más de treinta horas desde el accidente. Diversos miembros de la familia habían buscado en todos los hospitales de Jerusalén. Por lo que ella sabía, los únicos niños que aún no habían sido identificados se encontraban la morgue del hospital de Ramala. Cuando llegaron, fue directamente allí y pidió que la dejaran entrar. «¿Qué quiere ver?», le respondió el guardia. «¿Carbón?»

Haya se desmayó. Se despertó en una cama, con una vía en el brazo y sangre goteando del catéter en la vena. Maldijo el hospital, al guardia y al personal. Sintió un dolor muy fuerte en la cabeza, como si su cuerpo estuviera absorbiendo noticias que su mente se negaba a aceptar. Las enfermeras la acomodaron en una silla de ruedas y Hafez la llevó por el corredor hasta la habitación de Ahmad, que tendría que quedarse esa noche. Antes de que llegaran se puso las manos en la cabeza, que le palpitaba de dolor, y gimió. Su madre dijo entonces que Hafez debía llevarla a casa; había mucha gente que podía pasar la noche con Ahmad. Haya y Hafez volvieron al apartamento pasada la medianoche. Estaba lleno de vecinos y familiares. Llamaron al hospital, pero los resultados de ADN todavía no habían llegado. Ella se quedó despierta, mirando por la ventana; había rumores de que a algunos niños los habían recogido familias de beduinos de Yaba. Tal vez una de esas familias aparecería en la calle con su Abdullah.

Antes del amanecer, hizo el primer rezo del día, se cambió de ropa y rezó dos veces más. Uno de los hermanos de Hafez entró a la cocina y la encontró sollozando en el suelo. Para calmarla le dijo que el niño estaba vivo, que lo habían encontrado. Ella lloró con más fuerza. Unos segundos después el altavoz de la mezquita anunció que Abdullah al-Hindi había muerto.

## XXIII

En la mañana posterior al accidente, Abed y Haifa se sentaron en la cocina de la madre de él, esperando noticias. La señora tenía alzhéimer y no era consciente de que había habido un choque, ni de que Milad estaba desaparecido. Los resultados de ADN todavía no habían llegado. Al entrar en el piso, Ibrahim llamó a todos sus contactos en la AP para que lo mantuvieran al día. También le había pedido a una amiga judía que vivía cerca del hospital Hadassah Ein Kerem que buscara allí, y esta le había devuelto la llamada cuando ya estaban los cuatro juntos. ¿Podían los padres describir alguna característica física particular? Ella había oído que había un niño con un lunar el cuello. Milad no tenía un lunar en el cuello, sino en la espalda, dijo Haifa. El color del pelo tampoco era el de Milad: negro en vez de rubio. «No es mi hijo», dijo Abed.

Los Salama recibieron visitas desde muy temprano. A media mañana llegó una delegación en nombre del conductor del tráiler de carga, Ashraf Qayqas. Aunque este había crecido en el edificio que estaba enfrente del de Abed, su familia no era de Anata. Habían llegado después de 1967 desde Arrabe, un pueblo del norte, cerca de Yenín. No era común que una familia atravesara media Cisjordania para mudarse a una comunidad pequeña y muy unida como Anata. Normalmente, la gente solo hacía algo así cuando estaba escapando de algún problema. El padre de Ashraf y sus hijos tenían carnets de identidad azules de Jerusalén, lo que también despertaba sospechas, dado que no venían de la ciudad ni los habían obtenido mediante matrimonio. Era prácticamente imposible que a una familia de Yenín le dieran carnets azules.

La gente de Anata creía que podían ser colaboracionistas, lo que habría implicado la protección de las fuerzas de seguridad israelíes. En la cárcel, el hermano de Abed y su primo Abu Yihad habían conocido prisioneros de Arrabe que decían que el padre de Ashraf había huido del pueblo después de que lo descubrieran informando a los israelíes acerca de una célula de Fatah. Los Salama, sin embargo, nunca se lo habían mencionado a los Qayqas, y las dos familias tenían relaciones pacíficas. Después de los acuerdos de Oslo, la familia de Ashraf se había mudado de nuevo a Dahiyat a-Salaam, donde podían conservar sus carnets azules, y el propio Ashraf se casó y se mudó a Beit Safafa, un barrio del lado de Jerusalén colindante con el muro. Abed se acababa de enterar de que él era el conductor. En las horas desde el choque no había preguntado quién conducía. No le importaba. No sabía nada del accidente mismo, ni de quién había tenido la culpa. Ahora la delegación de los Qayqas había ido a pedirles a los Salama un *atwa*, una tregua temporal en las leyes tribales. Pero Abed no tenía ningún deseo de castigar a nadie, nunca había sido vengativo.

Una vez, Adam se escapó de la casa para huir de unos niños que intentaban quitarle los juguetes. Se lanzó a la calle delante de un taxi y salió despedido por los aires, golpeándose la cabeza contra el suelo al aterrizar. Quedó dolorido, pero no se rompió ningún hueso. Los parientes de Abed querían atacar al taxista, hasta que Abed intervino. El hombre no era de Anata. Pidió disculpas enfáticamente y escribió su número de teléfono en un trozo de papel. Abed le dijo que no lo quería. «Fue mi error: es mi hijo y debí cuidarlo.»

Abed no quería pensar en Ashraf. Todo lo que quería era encontrar a Milad, así que concedió el *atwa*.

No habían encontrado a ningún otro niño, y ya era mediodía. Las esperanzas de que Milad apareciera frente a la puerta de Abed y Haifa se extinguían. Por la tarde, Abed quedó con Bashir en el hospital de Ramala para esperar los resultados de ADN, y dejó a Haifa sola con Adam, las niñas y un gran número de visitantes. Entonces, por fin, Ibrahim llamó. A través de sus contactos había podido hacerse con los resultados. Uno de los niños en la morgue del hospital era Milad.

Aunque apenas era primera hora de la tarde, el cielo ya estaba oscuro y llovía. Los amigos, vecinos y familiares de los Salama empezaron a reunirse en Anata para recibir el cuerpo. Adam estaba fuera de casa, sin conocer las noticias, de las que se enteró a través de un primo. «Eres un mentiroso», le dijo. Poco después, el anuncio llegó a través del altavoz de la mezquita: Milad Salama había muerto.

Abed no quería irse del hospital sin haber visto a su hijo, pero Bashir no le dejó. Abed dijo que llevaría a Milad hasta la mezquita. De nuevo, Bashir lo detuvo, preocupado de que estar solo con Milad en una ambulancia fuera demasiado para lo que un padre podía soportar. Así que los dos se fueron juntos en el coche, siguiendo a la ambulancia. Bashir pensó que era una pequeña misericordia que Abed no viera el cuerpo de Milad antes de enterrarlo.

Si hubiera sido una muerte normal, a Milad lo habrían llevado a su casa para que lo lavaran y purificaran los hombres de la familia. Le habrían apoyado la mano izquierda sobre el estómago, mientras Abed y sus hermanos lo habrían mecido adelante y atrás hasta expulsar cualquier desecho que quedara. Después lo habrían lavado tres, cinco o cualquier número impar de veces. Abed y sus hermanos habrían practicado el *wudu* en las manos y en los pies de Milad, habrían puesto algodón en todos sus orificios, lo habrían perfumado con alcanfor, lo habrían rociado con henna en polvo y lo habrían cubierto con una sábana blanca. Pero nada de eso podía suceder ahora.

Milad estaba demasiado quemado para los rituales. En todo caso, la *sulta*, que había anunciado tres días de duelo nacional, declaró que los muertos eran mártires, y se sabía que los mártires debían ser enterrados vestidos. No es que a Abed le importaran los pronunciamientos de la *sulta*. El hospital había envuelto el cuerpo de Abed en una sábana blanca, cubierta con una manta negra. Lo llevaron directamente a la mezquita, siguiendo la costumbre de enterrar a los muertos sin ninguna demora.

Mientras entraban a Anata, Abed vio lo que parecían miles de personas camino del funeral, no solo las grandes familias de la ciudad, sino dolientes de toda Cisjordania. Las mujeres se habían reunido en la casa de Abed y en otras casas, mientras que los hombres llenaban las calles que conducían a la mezquita. Sacaron el cuerpo de Milad de la ambulancia y lo colocaron en una caja verde. La inmensa multitud de hombres recitó la plegaria por los muertos, sumando a esta el ruego especial para padres que lloran la muerte de un hijo. Después, otro pronunciamiento por el altavoz de la mezquita: Milad Salama iba a ser enterrado.

La multitud de hombres recorrió la corta distancia desde la mezquita hasta el cementerio en las estribaciones de la colina, a tiro de piedra de la casa de Abed. Desde lo más alto se podía ver el paisaje completo del accidente: al otro lado del muro, las villas y los jardines de Pisgat Ze'ev; más atrás, el comando central de las FDI en Neve Yaakov; después, el muro serpenteando entre Neve Yaakov y a-Ram; más allá, detrás de a-Ram, la carretera de Yaba y el asentamiento de Adam. El funeral y el entierro sucedieron muy rápido, y Abed no tuvo un momento de soledad con Milad. La multitud era tan grande que ni siquiera pudo acercarse al cuerpo; se movió casi contra su voluntad, presionado por todos lados por familiares y amigos que lo sostenían, lo empujaban, le impedían llegar a la tumba. Su viejo amigo Osama Rajabi, el que había ido a la universidad en la Unión Soviética, se quedó con él todo el tiempo. En lo más alto de la colina, uno de sus primos había construido un pequeño sepulcro para toda la familia. El tejado era un rectángulo rosado de tejas de piedra, colocado perpendicularmente a la pendiente, con una hilera de cuatro pequeñas losas que daban acceso a cuatro tumbas aún vacías. Enterrarían a Milad en la parcela más septentrional.

El hermano de Abed, Wa'el, cargó el cuerpo amortajado de Milad y entró en el sepulcro. De acuerdo con la ley islámica, el cuerpo fue puesto de medio lado, mirando hacia La Meca. Las piernas habían quedado dobladas por las rodillas, y fue así como Wa'el lo dejó.

Después del entierro, la multitud de hombres condujo a Abed hasta el club juvenil de Anata, mientras Haifa y las mujeres del pueblo se quedaban en casa. En el club, donde políticos y hombres importantes de la comunidad dieron discursos, Abed recibió una llamada de alguien que se identificó como «Noha», quien dijo ser el jefe de la Shabak, la inteligencia israelí, en Anata. Noha le dio el pésame y Abed se lo agradeció.

Durante la tarde siguiente recibió otra llamada, esta vez de la inteligencia palestina. Un grupo de familiares y de padres iracundos estaban frente al colegio de Nur al-Huda, amenazando con quemarlo. ¿Podría, por favor, ir a convencerlos de que no lo hicieran? El oficial de inteligencia dijo que sabía que Abed no culpaba al colegio por el accidente. Lo llamaba porque era una persona respetada en Anata y porque contaba con cierta autoridad moral, dado que había sido afectado directamente. La Autoridad Palestina no tenía permitido entrar en Anata, e incluso, si intentara entrar, no llegaría a tiempo. Abed aceptó.

La multitud frente al colegio era muy pequeña. Su primo Abu Yihad y los hermanos de este gritaban al frente. Estaban furiosos porque el colegio había insistido en hacer la excursión a pesar de la tormenta, y porque habían usado un autobús de hacía veintisiete años, que aparentemente ya había estado involucrado en otros accidentes antes. Nadie del colegio había contactado con los familiares para dar explicaciones, nadie había ido a los hospitales y ni siquiera habían sido capaces de visitar a los niños heridos.

Abed escuchó y después habló. Él había perdido más que cualquiera de ellos. Aun así, pensaba que el Nur al-Huda era un buen colegio, el mejor de Anata. Era importante no solo para los niños, sino para toda la comunidad. Daba trabajo a docenas de personas. La hermana de

231

Haifa daba clases allí. Abed no iba a sacar a Adam del colegio. «Y si Milad volviera a mí», dijo, «seguiría mandándolo al Nur al-Huda.» Abu Yihad y los demás se fueron a casa.

Durante el segundo día del *azza*, el periodo de tres días de luto y homenaje público, Ghazl visitó a Abed en su casa. El *azza* para las mujeres se llevó a cabo por la mañana, en el salón principal. El lugar de luto para los hombres, en el club juvenil de Anata, se abrió unas horas después del rezo del mediodía, así que pudieron encontrarse.

Era la primera vez que Abed y Ghazl estaban en el mismo espacio desde que él había ido a verla al Ministerio de Educación, más de quince años antes. Ahora ella enseñaba ciencia y literatura en su *alma mater*, el colegio femenino de Anata, donde era una mentora muy querida por las dos hijas mayores de Abed, Lulu y Fufu. Había llegado con otras mujeres del colegio.

Abed no la estaba esperando y ya se había puesto de pie para irse cuando la vio. Haifa le pidió que se quedara. Mientras Ghazl y las otras profesoras les ofrecían sus condolencias a la madrastra de Abed y a sus hermanas, él volvió a sentarse. Estaban en el mismo lugar exacto en el que ella había puesto en su mano el collar, tantos años antes. Aunque no intercambiaron palabras, todo el rencor se había ido y parecía un dolor muy trivial frente al que Abed sufría en esos momentos.

Después del *azza*, Haifa se retrajo en sí misma. No habló del accidente y casi nunca mencionó a Milad o pronunció su nombre. La mayoría de la gente trató de hacer lo mismo en su presencia. No así Abed, sin embargo. Él se negó a quedarse callado, y hablaba de su hijo tanto como podía. Cuando lo hacía, Haifa se retiraba calladamente, buscando una razón para cambiar de cuarto. Abed estaba preocupado por ella, y se preguntaba cuándo saldría por fin el dolor de su cuerpo. Tal vez nunca.

## XXIV

Todo lo que Nansy quería de Azzam era un abrazo, algún tipo de consuelo. Después de dejar el hospital, se fueron juntos a casa de los padres de ella en a-Tur, donde los esperaba Sadine. Allí también estuvo muy frío y distante. Más tarde, Nansy no pudo dormir. Había sido el día más largo de su vida y seguía sin acabarse. Solo estaba segura de que la mochila de Spiderman de Salaah aparecía y volvía a aparecer en las imágenes que circulaban en las redes sociales, en las noticias, en todo tipo de fotografías y vídeos del accidente. Completamente despierta, mirando el techo, imaginó el choque: dónde había estado sentado Salaah, qué amigo había estado a su lado. Se preguntó si había comido su dulce o no, qué había hecho en el momento en el que el autobús había volcado, si había gritado su nombre.

Por la mañana quiso volver al hospital. «¿Volver adónde?», preguntó Azzam. «No hay cara, no hay nariz: no hay nada allí.» ¿Acaso sentía algo ese hombre? ¿Cómo pudo salir de la habitación de Salaah en el hospital con tanta indiferencia, mientras que sus hermanos habían gritado, se habían desmayado, se habían roto una mano? En el Hadassah, la madre de Azzam siguió sin hablarle a

Nansy. La miró como se mira a un enemigo. El padre dijo que sí debía ver a Salaah. «Ella lo mandó a la excursión; ella debe ver el resultado.»

De ahí que Nansy pidiera otra vez que la dejaran entrar. De nuevo, sus hermanos le suplicaron a su madre que lo evitara. Osama tomó la cabeza de su madre entre las manos y fijó sus ojos en los de ella. «No dejes que tu hija lo haga. Se volverá loca. Si voy al baño, prométeme que no la vas a dejar.» De nuevo, Nansy pidió al personal que le dieran actualizaciones sobre el estado del niño, y de nuevo el mismo médico señaló al cielo. Le dijeron que Salaah estaba muy sedado y no sentía ningún dolor. Así que regresó adonde Sadine, en a-Tur.

Durante los dos días siguientes se movió entre su casa y el hospital. No había noticias y ella seguía sin entrar en la habitación de su hijo. Sus suegros quisieron saber por qué no lo había visto. Su familia insistió vehementemente en que no debía hacerlo. En a-Tur, los padres de sus vecinos le dijeron que su hijo iba a estar bien. Le llevaron comida, pero casi no comió. Estaba débil, pálida, devastada.

Por la tarde del tercer día, Salaah se le apareció en un sueño. Vestía su chaqueta favorita, roja, que no había llevado a la excursión, y estaba jugando con los cinco niños muertos. La madre de Nansy también soñó con él esa misma noche; el niño le decía a su abuela: «Tata, voy a unirme con mis amigos», y después caminaba hacia Ula y los cinco niños. A una tía también la visitaron en sueños: el profeta Ibrahim les recitaba versos del Corán a los niños muertos y después les decía que su amigo se les uniría pronto.

Nansy se sentía completamente agotada. Su familia le pidió que descansara y aceptó no ir al hospital ese día. Su madre le dijo que rezara pidiendo lo mejor para Salaah, aunque eso fuera su muerte. Antes del atardecer sintió una opresión en el pecho, como si alguien le hubiera apretado el corazón. Lo primero que pensó fue que el alma de Salaah estaba abandonando su cuerpo. Se vistió y le dijo a su familia que tenía que ver a Salaah inmediatamente. Esta vez, dijo, iba a entrar en la habitación para verlo con sus propios ojos. Impaciente por salir, esperó en la escalera y después bajó para sentarse en el coche. Mientras su madre bajaba, recibió una llamada de la hermana de Azzam, que le dijo que Salaah había muerto.

La madre se sentó entonces en el coche, sin decirle nada a su hija. Estaban esperando a que el padre de Nansy terminara el rezo del atardecer en la mezquita que había al lado. Saliendo de la mezquita, recibió una llamada y se quedó paralizado. Nansy vio que algo no iba bien, pero él también escondió la verdad. Dijo que no podían ir al hospital porque Salaah tenía una infección bacteriana. Sin la protección de la piel, las víctimas de quemaduras eran muy propensas a ese tipo de infecciones, agregó. Todos se dieron la vuelta.

Los vecinos los siguieron hasta el apartamento, y Nansy pudo darse cuenta de que había un cambio en el ambiente. Por fin alguien dijo lo que ella ya sabía. Al confirmarlo no sintió ninguna conmoción, solo remordimiento. No tendría que haber escuchado a su familia: tendría que haber entrado a ver a Salaah, hacer lo que era justo para su hijo. Sumándose a la culpa por haber firmado el permiso para la excursión, ahora sentía un profundo dolor por no haberle dado el adiós definitivo.

En el salón, los vecinos dijeron que había un brillo alrededor de la cara de Nansy. Juraron que nunca habían visto algo así. La luz parecía tener una calidad distinta, justo después del atardecer. Pero su madre no vio ningún brillo, solo angustia.

Azzam enterró a Salaah en el mismo cementerio en el que estaba Abdullah al-Hindi, en Baab al-Asbaat, justo al lado de la muralla antigua. Durante los tres días de luto público que seguían al funeral, Nansy fue a donde la familia de Azzam en Wadi al-Yoz para recibir las condolencias. Sus suegros seguían rechazándola. Las pocas palabras que le dirigieron parecían hechas para atormentarla. «Tú eres su mamá. ¿Por qué no pudiste darle el adiós?» Oyó a su suegro quejándose de que estaba usando la misma chaqueta que tenía puesta cuando había sucedido el accidente, y que no era negra.

Nansy no encontraba la fuerza para regresar al apartamento en Ras Shehadeh, a los dibujos y los juguetes y la ropa de Salaah. Cada centímetro del lugar tenía alguna memoria de su hijo. Por eso se quedó con sus padres en a-Tur. Gente de su barrio, del colegio, de Anata... preguntaron cuándo volvería del otro lado del muro para poder hacerle una visita de pésame. No habían podido ver cómo estaba porque tenían carnets verdes. Nansy temía mucho volver a ese gueto amurallado.

También estaba preocupada por Sadine. Desde el día del accidente, la niña había empezado a tirarse del pelo y a arañarse la cara. Durante más de un mes había dejado de hablar. Entonces Azzam dijo que quería llevar a Nansy y a Sadine a un viaje a Ramala. Era uno de los primeros gestos humanos que tenía desde la muerte de Salaah, y Nansy sintió que había un rayo de esperanza. Había estado tan distante, había sido tan cruel. Y destructivo, además. Unos días después del funeral la había violado.

A pesar de todo, ella estaba dispuesta a perdonarlo. Sentía lástima por Azzam. Él también estaba roto y dolido, aunque no lo mostrara. Así que los tres salieron hacia Ramala por la carretera de Yaba. Deteniendo el coche en el arcén, Azzam dijo que justo ahí había sucedido el accidente. Nansy se derrumbó, sollozando de dolor por su rencor. Sadine estaba en el asiento trasero, viendo a su mamá llorar. Nansy quería arrastrarse hasta un hueco y morir. Si Azzam le hubiera dado unas pastillas o una navaja y le hubiera dicho que se matara, lo habría hecho en ese instante. No había querido herirla, le dijo él más tarde, pero había pensado que ella querría ver el lugar del accidente.

Al final de los cuarenta días de duelo, Nansy supo que estaba embarazada. Los amigos y la familia le dieron un significado divino a la fecha auspiciosa. Dios le había quitado un hijo y ahora le estaba dando otro, uno mejor. Cómo podía la gente ser tan estúpida, pensó ella: no podía existir un niño mejor que Salaah.

El embarazo trajo todavía más tensión al matrimonio. Nansy creía que la familia de Azzam sentía placer abusando de ella. «Tú lo mataste», dijo su suegra en muchas ocasiones. Al sexto mes de embarazo, Nansy estaba frágil y exhausta, y pasaba mucho tiempo en la cama con los recuerdos de su hijo. Cuando supo que estaba embarazada de un niño, quiso llamarlo Salaah. Pero tuvo sueños que parecían advertirle de que no lo hiciera. En el primero, un jeque le daba un niño al que llamaba Mohammad. En el segundo, Salaah le llevaba a Nansy un mono azul y le decía que era para su hermano Mohammad. Así que Nansy le dio ese nombre al niño. Nació en el cuarto cumpleaños de Sadine, un poco más de nueve meses después de que Salaah hubiera muerto.

Después, Nansy se quedó embarazada de nuevo, sin proponérselo. De hecho, había estado usando métodos anticonceptivos. Ahora Azzam quería el divorcio, pero primero exigió que ella renunciara a su derecho a la indemnización que habían cobrado por la muerte de Salaah. Aquellos que tenían carnet azul recibían dinero de Karnit, un fondo gubernamental israelí para las víctimas de accidentes de carretera. La ley era muy clara en el sentido de que cualquiera que se viera afectado por un coche propiedad de un israelí debía recibir compensación –sin importar dónde hubiera sucedido el accidente–, pero solo si se trataba de un ciudadano de Israel o de un turista. Los portadores de carnets de identidad verdes como Abed y Haifa no recibían ni un centavo.

Azzam y Nansy recibieron un poco más de doscientos mil dólares. Azzam quería que ella renunciara no solamente a su parte del dinero, sino también a todo lo demás: sus propiedades compartidas, la manutención y la *mahr*, la dote de Nansy en oro.

Cuando Nansy dijo que no, Azzam la golpeó. Pagó un abogado para que escribiera un acuerdo de separación, que puso frente a ella cada cierto tiempo. Cada vez que se negaba a firmarlo, la golpeaba más. Algunas veces, las palizas la mandaban al hospital. Después de uno de los incidentes casi tuvo un aborto involuntario. Pero Azzam no estaba dispuesto a detenerse. «¿No estás cansada?», le decía. «Solo firma los papeles y te puedes ir.» Después intentó convencerla de que se estaba volviendo loca y amenazó con mandarla a un hospital psiquiátrico. Solía dejar los juguetes de los niños en lugares extraños del apartamento y le echaba la culpa. Al sospechar que la estaba drogando, Nansy dejó de beber el café que él preparaba. También le dijo que su hermana tenía fotografías de Salaah en el hospital –lo cual era cierto– y que la obligaría a verlas si no firmaba.

Nansy se decía que no era del todo culpa de Azzam, que se había vuelto loco por el dolor. Sin embargo, descargó una aplicación de grabación en su teléfono, y lo que oyó fue a la hermana y al padre de él instigándolo a que la golpeara, a que hiciera lo que fuera necesario para deshacerse de ella. En una de las grabaciones, el padre sugería que lo mejor era contratar a alguien para que la matara. Nansy empezó a temer por su vida.

En marzo del 2014 dio a luz a otra hija. Ese verano, cuando la bebé tenía cuatro meses, Nansy le pidió a su padre dinero para comprarle al niño mayor regalos por la fiesta del *Eíd al-Fitr*. Cuando regresó a casa con bolsas de ropas nuevas, Azzam estaba enfadado y la golpeó brutalmente. Esta vez, Nansy llamó a su hermano Osama para que la recogiera. Vestida solamente con su camisón, se llevó a los tres niños y dejó a Azzam para siempre.

Se mudó con sus padres al barrio de a-Tur, al otro lado del muro, pero la situación siguió siendo precaria. Israel había agendado la demolición del edificio de cinco plantas en el que vivían. Rutinariamente, a los palestinos se les negaba el permiso de construir en la zona anexionada de Jerusalén Este. Solamente se permitía construir en el trece por ciento del área de esos barrios, y la mayoría de los proyectos ya estaban en marcha. Los Qawasme solo tenían dos opciones: construir ilegalmente o marcharse. Se quedaron, pero, como muchas otras familias, tuvieron que pagar al Ayuntamiento cientos de dólares en multas todos los meses, con la esperanza de evitar la demolición.

Después del divorcio y a pesar de todo, Nansy todavía quería que Azzam fuera el padre de los niños. Sin embargo, él casi nunca pedía verlos. Nansy y sus padres los criaron ellos solos. El accidente había arruinado su vida y había destruido su familia, pero ella no se creía especial: el accidente había devastado a todas las familias, a cada una a su manera.

# EPÍLOGO

Un equipo de televisión apareció frente a la puerta de Abed un mes después del accidente. Estaban rodando un reportaje para el informativo del fin de semana del Canal 10, uno de los más vistos de Israel. Lo iban a emitir un sábado por la noche, a finales de marzo. El título del reportaje iba a ser: «Un niño árabe murió, ja, ja, ja, ja». Al reportero, Arik Weiss, se le consideraba de izquierdas: cuando presentaba las noticias de la noche, algunos políticos de derechas se negaban a aparecer con él.

El gancho de la historia no era el accidente mismo, sino la reacción de los jóvenes israelíes que se habían alegrado con la muerte de los niños palestinos. Arik estaba consternado por la avalancha de comentarios en Facebook y en otras plataformas de internet que celebraban la pérdida de vidas: «Jajajajajaja, 10 muertos, jajajajaja, ¡buenos días!», «Es solo un autobús lleno de palestinos. No gran cosa. Una pena que no murieran más», «¡Grandioso! ¡¡¡¡Menos terroristas!!!!», «Noticias dichosas para empezar la mañana», «Mi día acaba de volverse dulceeeeeeee».

Lo que impactó a Arik no fue tanto el contenido de los comentarios, sino el hecho de que muchos de los autores los hicieran con sus nombres verdaderos. Como dijo la voz en off, habían escrito «sin esconder sus identidades detrás de un teclado anónimo, sin vergüenza». Y muchas de las frases de júbilo venían de estudiantes de secundaria y bachillerato. A Arik le parecía desconcertante. Esos jóvenes habían crecido en un periodo de relativa calma. Algunos de ellos eran demasiado jóvenes para recordar la violencia de los años noventa y la segunda intifada, y sin embargo parecían más racistas que las generaciones anteriores. Arik quería explorar por qué la juventud sentía más odio que sus antepasados. Creía que el reportaje le pondría un espejo a la sociedad israelí.

En un bachillerato en la ciudad costera de Hadera, a medio camino entre Haifa y Tel Aviv, Arik entrevistó a algunos de los estudiantes que habían publicado comentarios con sus nombres reales. En la emisión, el segmento lo muestra leyéndole a un crío lo que había escrito: «Esos niños palestinos podrían ser los ataques terroristas del futuro. No me vengan con esa mierda de que todo el mundo es un ser humano. Ellos son putas, no gente, y merecen morir». La cámara hace entonces un zoom a la cara del niño, que no parece religioso, tiene aspecto atlético y viste una camiseta marca Hollister debajo de una sudadera con capucha abierta.

–Escribiste esto –empieza a preguntar Arik.

–Con todo el corazón –dice el niño.

Está de pie frente a una cancha de baloncesto mientras otros preadolescentes juegan detrás. Arik pregunta si el niño realmente quiere decir lo que se dice en el comentario.

–Estamos hablando de niños de entre cuatro y cinco años, ¿verdad?

–Niños pequeños. ¿Y qué?

242

En la siguiente toma, el niño, ahora rodeado de varios amigos, le pregunta a uno de ellos:

—Dime, con sinceridad: cuando te enteras de que ha habido un incidente y han muerto muchos niños palestinos, ¿cómo te sientes, físicamente hablando? ¿Feliz? ¿Dichoso?

—*Walla* –dice el amigo–. ¿La verdad? Dichoso. Mientras la cámara hace un zoom en los comentarios de Facebook, la voz de Arik comenta: «No importa si eres de izquierdas o de derechas. El hecho de que alguien celebre la muerte de otras personas debe hacer que nos detengamos un momento y nos preguntemos: ¿cómo diablos hemos llegado a esto?».

En otro momento, el reportaje muestra a Abed de pie al lado del lugar del accidente; en la arena, al lado de la carretera, alguien ha puesto estacas de madera con fotografías de Milad y de Salaah. De camino al lugar, con la cámara apagada, Arik le había preguntado a Abed en hebreo si había leído los comentarios de los israelíes que celebraban las muertes en internet. Los había leído, sí. Todos los padres los conocían, en Anata y también en el campo de Shuafat.

La mayoría de la gente con la que Abed había hablado creía que las autoridades israelíes querían que los niños murieran. Todo el mundo sabía lo rápido que las fuerzas de seguridad tomaban una carretera de Cisjordania cuando un adolescente empezaba a tirar piedras. Sin embargo, esa mañana, nadie había reaccionado: ni los soldados del puesto de control militar, ni las tropas apostadas en la base de Ramá, ni los camiones de bomberos en los asentamientos judíos próximos. Sencillamente, habían dejado que el autobús ardiera durante más de media hora.

Arik mencionó que algunos de los comentarios en línea venían de estudiantes de Givat Shaul, el barrio israelí que incluye lo que alguna vez había sido Deir Yassin, el lugar de la famosa masacre perpetrada por las fuerzas paramilitares judías que antes de 1948 habían contribuido a la creación del Estado. Abed sintió que Arik lo estaba provocando. «Nosotros tenemos extremistas en nuestra sociedad», le dijo, «y ustedes también.»

El reportaje muestra después al periodista entrevistando a dos colonos que viven cerca del lugar del accidente. El primero es Arik Vaknish, habitante de Adam desde el año 2000. En su juventud, Vaknish había acabado el servicio militar como guardia en Ramala en el mismo año en el que Abed había sido procesado en el centro de detención de la ciudad. Como Beber Vanunu, había crecido en un hogar marroquí en Jerusalén y hablaba bien árabe. Era uno de los directivos de la inmobiliaria Anglo-Saxon y se encargaba de vender casas a los nuevos residentes judíos de Cisjordania.

Junto con Beber, Vaknish había trabajado en la enorme señal levantada en el cruce de Adam, en que se daban las condolencias en hebreo y en árabe. Por haber hecho eso, el Canal 10 lo contactó y le preguntó si estaba dispuesto a visitar a Abed en su casa de Anata.

El otro colono entrevistado fue Duli Yariv, de Anatot, quien había recolectado unos mil dólares para las familias en duelo. Yariv también había crecido en Jerusalén, cerca del barrio de Beber y Vaknish. Después de acabar su servicio en la Fuerza Aérea, había empezado a buscar una casa. Deseaba un lugar rural, pero sus padres querían tenerlo cerca y las comunidades dentro de la Línea Verde eran demasiado caras. Por eso se había decidido por Anatot, que era un asentamiento hermoso, cerca de la familia y con precios relativamente asequibles: uno de los pocos sitios en los que habría podido construir una villa de dos plantas en la que cupieran su piano de cola y los cuadros de su hermana.

Frente a la cámara, Duli le dice a Arik Weiss que tiene dudas acerca de si entrar o no a Anata. «No es un pueblo muy amigable; yo no entraría solo, sin estar seguro de cómo salir después.» El reportaje muestra a Vaknish y a Duli viajando desde Anatot hasta Anata, menos de una milla de recorrido. Se ven las carreteras con baches, los muros llenos de grafitis, a unos niños que juegan en medio de una calle sin aceras. «Un kilómetro y medio separa el asentamiento de Anatot del pueblo de Anata», dice Arik en off. «Cinco minutos en coche, un mundo completamente distinto.» Abed y su hermano Wa'el saludan al equipo televisivo y a los colonos. El programa miente al afirmar que Wa'el había sido un «terrorista suicida», aunque acierta cuando sostiene que después de ser liberado de la cárcel se había convertido en un activista por la paz. Fueron precisamente sus contactos entre los pacifistas los que habían hecho posible que un equipo de televisión israelí llegara hasta la puerta de Abed. Este no aprobaba las actividades conciliatorias de su hermano: «¿Qué conseguía, más allá de calmar a los israelíes y de presentar una imagen de paridad entre el opresor y el oprimido?», pensaba.

Wa'el y Abed se sientan juntos en un sofá frente a Vaknish y a Duli. Las cortinas amarillas tapan la luz en el salón. Hay un plato de plástico con dulces para los visitantes. Arik le pregunta a Abed si puede mostrarles fotografías de su hijo. Este se levanta del sofá y regresa con una foto grande de Milad, enmarcada, y con un álbum rosado. Después de que los israelíes miran las imágenes, Duli se dirige a Abed y a Wa'el directamente: «Quiero decirle que yo vivo en Anatot. Soy un colono. Cuando oímos en la radio la noticia del accidente, un pensamiento pasó por mi cabeza: el autobús era uno de los nuestros. Y si Dios se hubiera equivocado por dos segundos, podría haber sido». Después continúa: «Yo no creo que nadie en los asentamientos cercanos pensara que era bueno que fueran niños árabes. Mañana podrían ser los nuestros.» La cámara se desplaza entonces hasta Abed, que lo mira con escepticismo.

Después de que Duli y Vaknish se van, el reportero sigue a Abed a su cuarto, donde este muestra un vídeo de su móvil. Milad, con una chaqueta de invierno y una gorrita, sonriendo y soltando carcajadas mientras le cuenta chistes a su padre. Improvisa a partir de la máxima popular que afirma que quien se enamora acaba mal: «Una vez, un grano de trigo se enamoró y, cuando regresó, lo habían convertido en harina».

–Cuenta otra –dice Abed, que no aparece en el vídeo.

–¿Otra? –pregunta Milad.

–Otra.

–¿Una sobre el diablo? –sugiere Milad–. Un hombre va al baño. En lugar del rezo que se usa para espantar al diablo, el hombre susurra uno equivocado. Dice: «En el nombre de Dios, el más compasivo, el más misericordioso». Y el diablo se mea de la risa.

En el vídeo, Milad suelta carcajadas; Abed también se ríe.

De vuelta al presente, Abed deja de mirar y se cubre la cara mientras empieza a sollozar.

El reportaje termina con esa toma.


La madre de Abed murió aproximadamente un año después del accidente. El alzhéimer la protegió de entender completamente lo que había sucedido con Milad. Pocos días después del funeral, los Salama tuvieron que llorar otra muerte: la de un bebé de ocho meses que había contraído una enfermedad mortal. El padre del niño era Ahmad, ese primo de Abed que tantos años atrás había peleado con él y a quien después Na'el había atacado con una navaja en el hospital Makassed.

Ahmad era un tipo duro y tacaño. No quería pagar un funeral para su hijo, así que se adueñó de la sala de exequias que habían organizado para la madre de Abed. Les ofreció a los asistentes las bebidas y los dátiles que la familia de la difunta había preparado y los invitó a dos días de *azza*, en vez de los tres que dictaba la costumbre, para cerrar al mismo tiempo las dos ceremonias.

Cuando llegó el momento de enterrar a su hijo, Ahmad asumió que podía usar el mismo sepulcro en el que se le había dado descanso a Milad. Sin embargo, no quería el nombre de su hijo tallado en una lápida, por el coste, ni quería usar una parcela propia, así que propuso enterrar al bebé junto con Milad.

Al principio, Abed rechazó la idea, pero pronto la vio como una oportunidad. Después del accidente no había podido ver a su hijo muerto, ni había podido estar a solas con él –ni sin él–. Algunos meses antes había participado de un *hach* colectivo a La Meca, y en Medina había visto la cara de Milad en todas partes: en las columnas de la mezquita, en las páginas del Corán, detrás de los ojos de cada pequeño que veía pasar. Ese peregrinaje, sin familia ni amigos, era lo más cerca que había estado de la soledad que necesitaba.

En Anata se había sentido abrumado y confinado por todos los que estaban a su alrededor: por la multitud en el funeral que lo alejó de la tumba de Milad, por los parientes que lo acompañaron en su pena, por una sociedad que no dejaba a una familia en duelo tener ni un momento de soledad, por una cultura que insistía en que un hombre siempre debía verse fuerte. Quería tener al menos una hora de escape, poder subirse a lo más alto de una montaña y gritar. En lugar de eso, hizo todo lo posible por contenerse, por tratar de no derramar lágrimas en público.

Suprimir el dolor tuvo, sin embargo, un coste muy alto. Desarrolló problemas de corazón y le era difícil caminar. Fue hospitalizado por un coágulo sanguíneo. Un ecocardiograma mostró una «insuficiencia cardiaca muy severa». El doctor estaba asombrado de que Abed siguiera con vida. Y la verdad es que él ya no quería seguir viviendo. Amaba a Haifa y a Adam y a sus hijas, pero aquello que anhelaba más en el mundo ya no era posible.

Abed sentía que tenía dificultades para aceptar que su hijo se había ido para siempre. Después de la entrevista televisiva borró todas las fotografías de Milad, menos dos, y todos sus vídeos. Ver esas imágenes era demasiado doloroso. Después se arrepintió. Quería ver a Milad y hablar sobre él, quería tenerlo cerca, aun a costa de abrir la herida. Si un duelo infinito era el precio de aferrarse a los recuerdos evanescentes de su hijo, Abed estaba dispuesto a pagarlo. El dolor de recordar a Milad era la única manera de tenerlo cerca.

Para Haifa fue diferente. No quería hablar acerca de Milad. No dejó que su hija mayor, Lulu, le diera a su hijo mayor ese nombre. Abed renunció a intentar hablar con ella al respecto. Él, en cambio, veía y volvía a ver un programa de televisión sobre el profeta Yusuf. Se veía a sí mismo en el padre del profeta, Ya'qub, quien no creía que su hijo estuviera muerto. El Corán dice que los ojos de Ya'qub se volvieron blancos –que se volvió ciego– por la pena.

Así es que Abed aceptó la petición de Ahmad. En el cementerio, Ahmad y su familia removieron la piedra a la entrada de la pequeña parcela de Milad y, antes de darle descanso al bebé, se marcharon, dejando que Abed entrara solo. Él gateó bajo el techo de piedra del sepulcro y se metió en el mismísimo lugar en el que su familia lo iba a enterrar cuando muriera. Agazapado en el suelo, podía ver el cuerpo de su hijo envuelto en la sábana con la que había sido enterrado. Algún día, él lo acompañaría. Se arrodilló en la tumba unos minutos. Solo entonces, por fin, pudo decirle adiós a su adorado Milad.

Algunos años después, cuando Abed estaba trabajando de taxista, recogió a una madre y a su hijo, que iban al campo de refugiados de Shuafat. Cuando se acercaron al lugar del accidente, la mujer susurró la *Fátiha*. «Que Dios los proteja», dijo desde el asiento trasero. Abed quedó sorprendido. «¿Usted sabe del accidente?», preguntó. La mujer dijo que su hijo, que estaba sentado a su lado en el taxi, había estado en el autobús.

Abed insistió en llevar a la madre y al niño a su casa a comer. Pasaron por Nur al-Huda, adonde Abed solía llevar huevos Kinder para toda la clase de Milad en los aniversarios del accidente. Se detuvo en el supermercado y le dio un juguete al compañero de clase de su hijo. Ya en casa, se lo presentó a Haifa y a sus hijas. Haifa le puso una mano en la cabeza y los invitó al salón. Sentado en un sofá a su lado, Abed logró encontrar el valor para preguntarle si recordaba algo acerca de Milad el día del accidente. «Estaba en el asiento delantero –dijo el niño–. Se asustó y gateó por debajo.»

Después de que Anata se olvidara del accidente, Abed y Haifa se encerraron. La gente del pueblo casi nunca los veía. Muy cerca del séptimo aniversario, Abed vio que Rama, una prima de su hijo de diecisiete años, había puesto una publicación nueva en Facebook. Aunque habían ido al mismo colegio, la joven era cinco años mayor que Milad. Abed no sabía que habían sido cercanos, pero Rama escribió con mucho afecto, recordando que la fecha del aniversario se acercaba. Abed fue a su casa a preguntarle por qué, después de tantos años, había pensado en publicar eso acerca de su hijo. «Yo fui la última que lo besó», respondió Rama. «Antes de que Milad se subiera al bus, me dio un huevo de chocolate, y yo le di un beso en la mejilla.»

Ashraf Qayqas fue condenado a treinta meses de prisión, una pena notablemente indulgente por un acto de negligencia grave en el que habían muerto siete personas. Durante el juicio enfermó de leucemia y su abogado defensor, un palestino del 48 de Acre, pensó que el cáncer había sido la razón para la levedad del castigo. Cuando Ashraf apeló, la Corte Suprema de Justicia negó la petición. «Cada persona es un mundo en su integridad», escribió en la sentencia el juez Neal Hendel. «La muerte de siete personas es un desastre que no puede ser medido con una simple multiplicación. La pérdida es más grande que la suma de sus partes.»

El juicio y la investigación policial se enfocaron solamente en las acciones del conductor, ignorando las causas más profundas del accidente, de las muertes, de la respuesta a la emergencia, lamentablemente tardía. El ejército israelí había retrasado a algunas de las ambulancias procedentes de Jerusalén cerrando el portón de paso en el muro de separación de Kalandia. Los servicios de emergencia que venían de asentamientos judíos en Cisjordania o a través del puesto de control de Hizma también se habían visto rezagados, en ese caso porque los habían enviado al lugar equivocado –a la rotonda de Adam–. Normalmente, los israelíes nombraban las áreas de Cisjordania de acuerdo con el nombre del asentamiento más cercano, dado que la mayoría no estaban familiarizados con los nombres de las carreteras y los pueblos palestinos.

Otros miembros de los servicios de emergencias declararon a los medios israelíes que les había llevado «bastante tiempo encontrar el lugar exacto por tratarse de territorios palestinos». Sin embargo, la carretera de Yaba no era territorio de la AP. Aunque la usaban cientos de miles de palestinos, estaba completamente controlada por Israel.

Pocos días después del accidente, la AP creó un comité ministerial para investigar las causas. En su informe, hizo notar que «las ambulancias, los servicios de emergencia y la estación de bomberos israelíes más cercanos están a solo un minuto y medio de distancia», mientras que enviar «ambulancias y vehículos de emergencia palestinos» a la carretera de Yaba «requiere de coordinación con Israel». También, según el informe, los servicios de emergencia palestinos habían quedado impedidos por culpa del «denso tráfico» en los puestos de control de Kalandia y Yaba, y peticiones palestinas anteriores para que se instalara iluminación y un separador entre los carriles de la carretera, habían sido «rechazadas por Israel». Resumiendo, todo esto hacía que la «responsabilidad moral y legal cayera del lado israelí». Los desconsolados padres tacharon el informe de chapucero, precipitado e inexacto, destinado a encubrir el inadecuado rescate de la propia AP y su negligente supervisión de las escuelas y de su seguridad.

A pesar de todas las culpas que fueron repartidas, nadie –ni los investigadores, ni los abogados, ni los jueces–

mencionaron el verdadero origen de la tragedia. Nadie habló de la deficiencia crónica de aulas en Jerusalén Este, una deficiencia que obligaba a los padres a enviar a sus hijos a colegios mal supervisados en Cisjordania. Nadie señaló la existencia del muro de separación, ni de un sistema de permisos de movilidad que había forzado a unos niños de preescolar a tomar un desvío muy largo y peligroso hasta los límites de Ramala, en lugar de dejar que su autobús pasara cerca de los jardines de juegos del asentamiento de Pisgat Ze'ev, que quedaba a tiro de piedra.

Nadie mencionó que el fondo israelí para víctimas de accidentes debía compensar también a las víctimas de familias con carnet de identidad verde, cuyos niños habían muerto en una carretera controlada por Israel y patrullada por su policía. Nadie argumentó tampoco que una sola vía mal mantenida era insuficiente para todo el tráfico norte-sur de los palestinos en el área metropolitana de Jerusalén-Ramala. Nadie habló acerca de que los puestos de control se usaban para ralentizar los movimientos de los palestinos durante las horas punta, posibilitando así el movimiento fluido y rápido de los colonos. Nadie hizo notar que la ausencia de servicios de emergencia de un lado del muro tarde o temprano iba a causar una tragedia. Nadie dijo que los palestinos de la zona estaban desatendidos porque el Estado judío pretendía reducir su presencia en la gran Jerusalén, el lugar más codiciado por Israel.

Absolutamente nadie rindió cuentas por ninguno de estos actos.

## NOTA DEL AUTOR

Este es un libro de no ficción. Todos los nombres son reales, excepto los de cuatro personas, que están cambiados por respeto a su privacidad: Abu Hasán, Azzam, Ghazl y Hasán.

Decidí no usar un criterio unificado para las transliteraciones del hebreo y del árabe. Muchas palabras ya tienen una transliteración aceptada en inglés, que usé allí donde fue posible, aunque sean muy inconsistentes. Las palabras que no son muy conocidas en inglés las transcribí de una manera que espero que equilibre la facilidad de lectura con la precisión a la hora de pronunciar para aquellos lectores no familiarizados con los dos idiomas.

Las divisas convertidas a dólares norteamericanos se ajustaron de acuerdo con la inflación y se presentan en cantidades de junio de 2023.

# FUENTES

## EPÍGRAFE
Cavell, Stanley, *The Senses of Walden: An Expanded Edition*, Chicago, University of Chicago Press, 1992. (Hay trad. esp.: *Los sentidos de Walden*, trad. de Antonio Lastra Meliá, Madrid, Pre-Textos, 2011.)

## PRÓLOGO
Entrevistas del autor a Dror Etkes, Abed Salama, Adam Salama, Haifa Salama y Mohammad (Abu Wisaam) Salama.

Administración Civil Israelí para Judea y Samaria, *Arcgis: Información para el público* [hebreo], acceso el 26 de julio de 2022.

Altman, Yair, «Autobús y camión chocan en Jerusalén: 8 muertos», *Ynet* [hebreo], 16 de febrero de 2012.

Applied Research Institute-Jerusalem (ARIJ), *Jericho City Profile*, 2012.

Etkes, Dror, *Anata*, ensayo inédito, 2015.

Ma'an Development Center, *Anata: Confinement to a Semi Enclave*, diciembre de 2007.

Oficina Central de Estadísticas de Palestina, *Anuario estadístico de Jerusalén n.º 12* [árabe], junio de 2010.

255

Seitz, Charmaine, «Jerusalem's Anata Out of Options», *Jerusalem Quarterly*, n.º 32, otoño de 2007.

Thrall, Nathan, «Un día en la vida de Abed Salama», *New York Review of Books* (en línea), 19 de marzo de 2021.

PRIMERA PARTE: TRES BODAS

Entrevistas del autor a Dror Etkes, Abed Salama, Bashir Salama, Haifa Salama, Ibrahim Salama, Mohammad (Abu Wisaam) Salama, Naheel Salama, Wa'el Salama.

Adalah, *The October 2000 Killings*, 11 de agosto de 2020.

American Friends Service Committee, *Palestine Refugee Relief, Bulletin n.º 1*, marzo de 1949.

Amnistía Internacional, *1990 Report*, 1990, pp. 129-132.

— *50 Years of Israeli Occupation: Four Outrageous Facts About Military Order 101*, 25 de agosto de 2017.

Applied Research Institute-Jerusalem, ARIJ, *Anata Town Profile*, 2012.

B'Tselem, «Information Sheet», 1 de agosto de 1989.

— «Banned Books and Authors, Information Sheet», 1 de octubre de 1989.

— «Detained Without Trial: Administrative Detention in the Occupied Territories Since the Beginning of the Intifada», octubre de 1992.

— «Acting the Landlord: Israel's Policy in Area C, the West Bank, junio de 2013.

— «Freedom of Movement», 11 de noviembre de 2017.

— «Statistics on Revocation of Residency in East Jerusalem», 7 de abril de 2021.

— «Statistics on Settlements and Settler Population», consultado el 26 de julio de 2022.

— «Fatalities in the first Intifada», consultado en noviembre de 2022.

Beinin, Joel y Lisa Hajjar, Lisa, «Palestine, Israel and the Arab-Israeli Conflict: A Primer», Middle East Research and Information Project, 2014.

Blankfort, Jeffrey, «Massacre at Rishon Lezion: Killer of Gaza», *Middle East Labor Bulletin 2*, n.º 3, verano de 1990.

Chatty, Dawn y Gillian Lewando Hundt (eds.), *Children of Palestine: Experiencing Forced Migration in the Middle East*, Berghahn, Nueva York, 2005.

Ciotti, Paul, «Israeli Roots, Palestinian Clients: Taking the Arab Cause to Court Has Earned Jewish Lawyer Lea Tsemel the Wrath of Her Countrymen», *Los Angeles Times*, 27 de abril de 1988.

Comisión de Inmigración y Refugiados de Canadá, «Palestine: Whether a Palestinian Formerly Residing in East Jerusalem Who Had His Israeli Identity Card Revoked Is Able to Live in the West Bank or the Gaza Strip», 1 de febrero de 1999.

— «Palestine: Whether a Permit Is Required from Israel for a Palestinian Resident of Bethlehem to Travel to Work in Ramala and Back, Whether a Permit Guarantees Free Movement Past Checkpoints», 4 de julio de 2021.

Departamento de Estado de EE. UU., «Country Reports on Human Rights Practices for 1984: Report Submitted to the Committee on Foreign Relations, U.S. Senate, and Committee on Foreign Affairs, U.S. House of Representatives», 1984, pp. 1260-1268.

— «Key Officers of Foreign Service Posts: Guide for Business Representatives», septiembre de 1990.

División de las Naciones Unidas por los Derechos Palestinos, «Chronological Review of Events Relating to the

Question of Palestine - October 2000», 31 de octubre de 2000.

Embajada de EE. UU. en Israel, «History of the U.S. Diplomatic Presence in Jerusalem & of Our Agron Road Location», consultado el 26 de julio de 2022.

Foundation for Middle East Peace, FMEP, «Comprehensive Settlement Population 1972-2011», 13 de enero de 2012.

Fuerzas de Defensa de Israel, «Orden núm. 101: Orden relativa a la prohibición de acciones de incitación y propaganda hostil» [hebreo], 22 de agosto de 1967.

Gobierno de Israel, «Prevention of Terrorism Ordinance No 33, 5708-1948», 1948.

— «The Counter-Terrorism Law, 5776-2016», 2016.

— «Commission of Inquiry into the Clashes Between Security Forces and Israeli Citizens in October 2000», agosto de 2023.

Hammami, Rema, «Women, the Hijab and the Intifada», *Middle East Report*, mayo-junio 1990, pp. 164-165.

Hass, Amira, «Israel's Closure Policy: An Ineffective Strategy of Containment and Repression», *Journal of Palestine Studies*, 31, n.º 3, primavera de 2002, pp. 5-20.

Hiltermann, Joost R., «Trade Unions and Women's Committees: Sustaining Movement, Creating Space», *Middle East Report*, n.º 164/165, mayo-agosto de 1990, pp. 32-53.

— *Behind the Intifada: Labor and Women's Movements in the Occupied Territories*, Princeton University Press, Princeton, 1991.

Hiroyuki, Suzuki, «Understanding the Palestinian Intifada of 1987: Historical Development of the Political Activities in the Occupied Territories», *Annals of Ja-*

*pan Association for Middle East Studies*, 29, n.º 2, 1992, pp. 171-197.

Hoffman, David, «The Intifada's Lost Generation», *The Washington Post*, 7 de diciembre de 1992.

— «Palestinians Reconsider Their Tactics», *The Washington Post*, 27 de junio de 1993.

Human Rights Watch, «Prison Conditions in Israel and the Occupied Territories», abril de 1991.

— «Justice Undermined: Balancing Security and Human Rights in the Palestinian Justice System»; 13, n.º 4, noviembre de 2001.

Inbar, Efraim, «Israel's Small War: The Military Response to the Intifada», *Armed Forces & Society*, 18, n.º 1, 1991, pp. 29-50.

Jerusalem Institute for Israel Studies, «Statistical Yearbook of Jerusalem,1991-2008», 2009.

Johnson, Penny; y Rema Hammami, «Change & Conservation: Family Law Reform in Court Practice and Public Perceptions in the Occupied Palestinian Territory», Institute of Women's Studies, Universidad de Birzeit, diciembre de 2013.

Landau, Efi, «Ilan Biran: Barak, Ben-Eliezer Promised to Privatize Bezeq Within Year», *Globes*, 26 de septiembre de 1999.

Lesch, Ann M., «Prelude to the Uprising in the Gaza Strip», *Journal of Palestine Studies*, 20, n.º 1, otoño, 1990, pp. 1-23.

Lieber, Dov, «In the Heart of Jerusalem, a Squalid Palestinian "Refugee Camp" Festers», *Times of Israel*, 26 de diciembre de 2016.

Lybarger, Loren D., *Identity and Religion in Palestine: The Struggle Between Islamism and Secularism in the Occupied Territories*, Princeton University Press, Princeton, 2007.

Ma'oz, Moshe, *Palestinian Leadership on the West Bank: The Changing Role of the Arab Mayors Under Jordan and Israel*, Routledge, Nueva York, 1984.

Neff, Donald, «The Intifada Erupts, Forcing Israel to Recognize Palestinians», *Washington Report on Middle East Affairs*, diciembre de 1997, pp. 81-83.

Norwegian Refugee Council, «Undocumented and Stateless: The Palestinian Population Registry and Access to Residency and Identity Documents in the Gaza Strip», enero de 2012.

Oficina Central de Estadísticas de Israel, «Statistical Abstract of Israel, 1992-2008», 2009.

Oficina Central de Estadísticas de Palestina, «Anuario estadístico de Jerusalén», núm. 12 [árabe], junio de 2010.

Oren, Aya, «La acusación contra Ami Popper: asesinó a siete e intentó asesinar a diez», *Ma'ariv* [hebreo], 19 de junio de 1990.

Pedatzur, Reuven, «More Than a Million Bullets», *Haaretz*, 29 de junio de 2004.

Peretz, Don, «Intifadeh: The Palestinian Uprising», *Foreign Affairs*, verano de 1988.

Reuters, «Israeli Acquitted in Traffic Mishap That Sparked Arab Riots», 7 de marzo de 1992.

Rinat, Zafrir, «Los judíos tienen descuento, los árabes pagan el precio completo», *Haaretz* [hebreo], 26 de julio de 2013.

Sofer, Roni, «La acusación contra el conductor que es considerado una de las causas de la Intifada», *Ma'ariv* [hebreo], 6 de diciembre de 1989.

Tzaitlin, Uriel, «30 años: esta es la historia de la intifada», *Kol Hazman* [hebreo], 15 de diciembre de 2017.

Usher, Graham, *Dispatches from Palestine: The Rise and Fall of the Oslo Peace Process*, Pluto Press, Londres, 1999.

Yesh Din y Emek Shaveh, «Appropriating the Past: Israel's Archaeological Practices in the West Bank», diciembre de 2017.

Zureik, Elia, David Lyon y Yasmeen Abu-Laban (eds.), *Surveillance and Control in Israel/Palestine: Population, Territory, and Power*, Routledge, Nueva York, 2011.

SEGUNDA PARTE: DOS FUEGOS
Entrevistas del autor a Salem Abu Marjiye, Milena Ansari, Huda Dahbur, Ashraf Yulani, Imm Ashraf Yulani, Mohannad Yulani, Saadi (Abu Ashraf) Yulani, Saadi Yulani, Mira Lapidot, Yaakov Lapidot, Mansur Nasasra, Rita Qahwaji.

Abdul Jawwad, Saleh, «The Classification and Recruitment of Collaborators», en *The Phenomenon of Collaboration in Palestine*, PASSIA, Jerusalén, 2001.

Abu Ras, Thabet, «The Arab-Bedouin Population in the Negev: Transformations in an Era of Urbanization», The Abraham Fund Initiatives, marzo de 2012.

Adalah, «Bedouin Citizens of Israel in the Naqab (Negev): A Primer», 2019.

Agencia de Obras Públicas y Socorro de las Naciones Unidas, «Fifteenth Progress Report Covering March and April 2002», 2002.

— «Profile: Abu Dis, East Jerusalem», marzo de 2004.

Al-Haq, «Waiting for Justice–Al-Haq: 25 Years Defending Human Rights (1979-2004)», junio de 2005.

Ali, Ahmed, *Al-Qur'an: A Contemporary Translation*, Princeton University Press, Princeton, 2001.

al-Labadi, Dr. Abdel Aziz, *Mi historia con Tel al-Za'atar* [árabe], Editions Difaf, Beirut, 2016.

Aloni, Shlomo, *Israeli F-15 Eagle Units in Combat*, Osprey Publishing, Oxford, 2006.

al-Osta, Adel, «Una familia busca a sus hijos. Maryam al-"Asra"» [árabe], *Romman*, 6 de junio de 2017.

Angrist, Joshua, «The Palestinian Labor Market Between the Gulf War and Autonomy», MIT Department of Economics, Working Paper, mayo de 1998.

Applied Research Institute-Jerusalem, ARIJ, «Abu Dis Town Profile», 2012

— «As Sawahira ash Sharqiya Town Profile», 2012.

B'Tselem, «Collaborators in the Occupied Territories: Human Rights Abuses and Violations», 1994.

— «No Minor Matter: Violation of the Rights of Palestinian Minors Arrested by Israel on Suspicion of Stone Throwing», julio de 2011.

— «The Military Courts», 11 de noviembre de 2017.

— «Palestinian Minors Killed by Israeli Security Forces in the West Bank, Before Operation "Cast Lead"», consultado el 26 de julio de 2022, página web de B'Tselem.

— «Statistics: Palestinians Killed by Israeli Security Forces in the West Bank, Before Operation "Cast Lead"», consultado el 26 de julio de 2022, página web de B'Tselem.

B'Tselem y HaMoked, «Forbidden Families Family Unification and Child Registration in East Jerusalem», enero de 2004.

Bergman, Ronen, *Rise and Kill First: The Secret History of Israel's Targeted Assassinations*, Random House, Nueva York, 2018.

Bimkom, «Survey of Palestinian Neighborhoods in East Jerusalem: Planning Problems and Opportunities», 2013.

— «The Bedouin Communities East of Jerusalem–A Planning Survey», consultado el 26 de julio de 2022.

Comité Especial para Palestina de las Naciones Unidas, «Report to the General Assembly», Official Records of the Second Session of the General Assembly, Supplement n.º 11, 3 de septiembre de 1947.

Consejo de Derechos Humanos de las Naciones Unidas, «Report of the Special Rapporteur on the Situation of Human Rights in the Palestinian Territories Occupied Since 1967, John Dugard», 21 de enero de 2008.

Cook, Jonathan, «Bedouin in the Negev Face New "Transfer"», *Middle East Report Online*, 10 de mayo de 2003.

Dahbour, Ahmad, *Diwan* [árabe], Dar al-'Awdah, Beirut, 1983.

— *Huna, Hunak* [árabe], Dar al-Shurouq, Amán, 1997. Traducido por Khaled Furani en *Silencing the Sea: Secular Rhythms in Palestinian Poetry*, Stanford University Press, Stanford, 2012.

— «We Died for Kufr Kanna to Live», en Kawther Rahmani, «A Portrait of the Late Palestinian Poet Ahmad Dahbour», *Shafaqna*, 25 de mayo de 2017.

Defense for Children International-Palestine, «No Way to Treat a Child, Palestinian Children in the Israeli Military Detention System», abril de 2016.

División de las Naciones Unidas por los Derechos Palestinos, «Chronological Review of Events Relating to the Question of Palestine», mayo de 2004.

Druckman, Yaron, «El 99,7 % de los palestinos son juzgados en cortes militares», *Ynet* [hebreo], 6 de enero de 2008.

Dunstan, Simon, *The Yom Kippur War 1973 (1): The Golan Heights*. Osprey Publishing, Oxford, 2003.

Falah, Ghazi, «How Israel Controls the Bedouin in Israel», *Journal of Palestine Studies*, 14, n.º 2, invierno de 1985, pp. 35-51.

Furani, Khaled, *Silencing the Sea: Secular Rhythms in Palestinian Poetry*, Stanford University Press, Stanford, 2012.

GISHA, «A Guide to the Gaza Closure: In Israel's Own Words», septiembre de 2011.

HaMoked, «Temporary Order? Life in East Jerusalem Under the Shadow of the Citizenship and Entry into Israel Law», septiembre de 2014.

Human Rights Watch, «Stateless Again: Palestinian-Origin Jordanians Deprived of Their Nationality», 1 de febrero de 2010.

— «Children Behind Bars: The Global Overuse of Detention of Children», 2016.

Israeli Air Force, «The long leg», consultado el 26 de julio de 2022.

— «Operation "Wooden Leg"», consultado el 26 de julio de 2022.

JTA Staff, «Arafat Cries After Learning Rabin Is Dead», *Jewish Telegraphic Agency*, 10 de noviembre de 1995.

Khalidi, Walid, «The Fall of Haifa Revisited», *Journal of Palestine Studies*, 37, n.º 3, primavera de 2008.

Kimmerling, Baruch, y Joel S. Migdal, *The Palestinian People: A History*, Harvard University Press, Cambridge, 2003.

Labidi, Arwa, «The Day the Israeli Occupation Army Bombed Tunisia», *Inkyfada*, 1 de octubre de 1985.

Levinson, Chaim, «Nearly 100% of All Military Court Cases in West Bank End in Conviction, Haaretz Learns», *Haaretz*, 29 de noviembre de 2011.

Middle East Research and Information Project, «Why Syria Invaded Lebanon», *MERIP Reports*, n.º 51, octubre de 1976, pp. 3-10.

Ministerio de Relaciones Exteriores de Israel (5 de octubre de 1995. Consultado el 1 de octubre de 2016). *Address to the Knesset by Prime Minister Rabin on the Israel-Palestinian Interim Agreement.*

Morris, Benny, *Israel's Border Wars, 1949-1956*, Oxford University Press, Oxford, 1993.

— *The Birth of the Palestinian Refugee Problem Revisited*, Cambridge University Press, Cambridge, 2004.

— *1948: A History of the First Arab-Israeli War*, Yale University Press, New Haven, 2009.

Nasasra, Mansour, *The Naqab Bedouins: A Century of Politics and Resistance*, Columbia University Press, Nueva York, 2017.

— «Two Decades of Bedouin Resistance and Survival Under Israeli Military Rule, 1948-1967», *Middle Eastern Studies*, 56, n.º 1, 2020, pp. 64-83.

Oficina Central de Estadísticas de Palestina, «Press Release on the Occasion of Palestinian Prisoners Day: More Than 650,000 Palestinian Were Exposed to Detention Since 1967, of Whom 9,400 Are Still in Prison», 17 de abril de 2006.

— «Estimated Population in Palestine Mid-Year by Governorate,1997-2021», consultado el 26 de julio de 2022.

Oficina de las Naciones Unidas para la Coordinación de Asuntos de Derechos Humanos, «The Impact of Israel's Separation Barrier on Affected West Bank Communities», marzo de 2004.

— «Protection of Civilians Weekly Report», 3-9 de agosto de 2011.

Oficina del Coordinador Especial de las Naciones Unidas en los Territorios Ocupados, «Economic and Social Conditions in the West Bank and Gaza Strip», 15 de abril de 1998.

Palmer, E. H., *The Survey of Western Palestine: Arabic and English Name Lists*, The Committee of the Palestine Exploration Fund, Londres, 1881.

Parsons, Nigel, *The Politics of the Palestinian Authority: From Oslo to al-Aqsa*, Routledge, Nueva York, 2005.

Prial, Frank J., «Israeli Planes Attack P.L.O. in Tunis, Killing at Least 30; Raid "Legitimate," U.S. Says.», *New York Times*, 2 de octubre de 1985.

Rees, Matt, «Untangling Jenin's Tale», *Time*, 13 de mayo de 2002.

Reilly, James A., «Israel in Lebanon, 1975-1982», *Middle East Report*, n.º 108, septiembre-octubre de 1982.

Rothschild, Walter, «Arthur Kirby and the Last Years of Palestine Railways: 1945-1948», tesis doctoral presentada en el King's College, Londres, diciembre de 2007.

Sayigh, Yezid, *Armed Struggle and the Search for State: The Palestinian National Movement, 1949-1993*, Oxford University Press, Nueva York, 1999.

Shulman, David, «The Bedouins of al-Khan al-Ahmar Halt the Bulldozers of Israel», *New York Review of Books*, 26 de octubre de 2018 (en línea).

Smith, William E., «Israel's 1,500-Mile Raid», *Time*, 14 de octubre de 1985.

Suwaed, Muhammad Youssef, «Bedouin-Jewish Relations in the Negev 1943-1948», *Middle Eastern Studies*, 51, n.º 5, 2015, pp. 767-788.

Tarazi, Monica, «Planning Apartheid in the Naqab», *Middle East Report*, n.º 253, invierno de 2009.

Tartir, Alaa, «The Evolution and Reform of Palestinian Security Forces 1993-2013», *Stability: International Journal of Security and Development*, 4, n.º 1, 2015.

Thrall, Nathan, *The Only Language They Understand: Forcing Compromise in Israel and Palestine*, Metropolitan Books, Nueva York, 2017.

Warren, Col. Sir Charles y Capt. Claude Reigner Conder, *The Survey of Western Palestine: Jerusalem*, The

Committee of the Palestine Exploration Fund, Londres, 1884.

TERCERA PARTE: INCIDENTE CON MÚLTIPLES VÍCTIMAS

Entrevistas del autor a Salem Abu Marjiye, Dvir Adani, Amnon Amir, Ghadeer Bahri, Ibrahim Bahri, Imm Mohammad Bahri, Mohammad Bahri, Muhannad Bahri, Rula Bahri, Tala Bahri, Eldad Benshtein, Itzhak Bloch, Itai Elias, Raphael Herbst, Namir Idilby, Wadah Jatib, Nadav Matzner, Nader Morrar, Bentzi Oiring, Ilay Peled, Shlomo Petrover, Ami Shoshani, Fathiya Tawam, Mustafa Tawam, Nageebeh Tawam, Saar Tzur, Arik Vaknish, Beber Vanunu, Dubi Weissenstern, Maysoon Zahalka.

Administración Civil Israelí de Judea y Samaria, «Arcgis-Information for the Public», consultado el 26 de julio de 2022.

Altman, Yair, «8 muertos al voltearse un autobús con niños cerca de Jerusalén», *Ynet* [hebreo], 16 de febrero de 2012.

Applied Research Institute-Jerusalem, «Tuqu Town Profile», 2010.

— «Beit Duqqu Village Profile», 2012.

— «Jaba Village Profile», 2012.

B'Tselem, «Statistics on Settlements and Settler Population», consultado el 26 de julio de 2022.

Breiner, Josh, «Prominent Haredi Rescue Organization Inflated Data, and Received Millions of Shekels as a Result», *Haaretz*, 18 de diciembre de 2022.

Corte del Distrito de Jerusalén, «El Estado de Israel vs. Ashraf Qayqas: audiencia del 29 de marzo de 2015» [hebreo], 29 de marzo de 2015, pp. 25-136.

— «El Estado de Israel vs. Ashraf Qayqas: audiencia del 16 de junio de 2015» [hebreo], 16 de junio de 2015, pp. 26-120.

— «El Estado de Israel vs. Ashraf Qayqas: audiencia del 9 de junio de 2016» [hebreo], 9 de junio de 2016, pp. 29-91.

— «El Estado de Israel vs. Ashraf Qayqas: audiencia del 14 de junio de 2016» [hebreo], 14 de junio de 2016, pp. 28-99.

— «El Estado de Israel vs. Ashraf Qayqas: audiencia del 15 de junio de 2016» [hebreo], 15 de junio de 2016, pp. 28-74.

— «El Estado de Israel vs. Ashraf Qayqas: audiencia del 23 de marzo de 2017» [hebreo], 23 de marzo de 2016, pp. 32-92.

— «El Estado de Israel vs. Ashraf Qayqas: sentencia» [hebreo], 29 de marzo de 2018, pp. 1-17.

Emek Shaveh, «On Which Side Is the Grass Greener?», National Parks in Israel and the West Bank, diciembre de 2017.

Gobierno de la Autoridad Palestina (AP), «Informe completo del comité ministerial a cargo de investigar el accidente de tráfico en Yaba», *Wafa* [árabe], 18 de marzo de 2012.

Goldberg, Haim, «19 Years Later: Bentzi Oiring Celebrated the Engagement of the Baby He Saved», *Kikar Hashabbat* [hebreo], 4 de febrero de 2021.

Oficina Central de Estadísticas de Israel, «Table 2.53: Immigrants, by Period of Immigration and Last Continent of Residence», 13 de octubre de 2021.

Oficina Central de Estadísticas de Palestina, «Localities in Jerusalem Governorate by Type of Locality and Population Estimates, 2007-2016», consultado el 26 de julio de 2022.

Policía israelí, «Testimony of Ashraf Qayqas Before Police Officer Shmuel Ozeri» [hebreo], 16 de febrero de 2012.

Policía israelí, Distrito de Shai (Shomron-Yehuda), División de Tráfico, «Expert Opinion: Analysis of the Tachnograph Disc» [hebreo], 28 de febrero de 2012.

— «Informe del incidente» [hebreo], 2012.

— «Presentación de los resultados del examen del Vericom» [hebreo], 10 de abril de 2012.

— «Testimonio de Ashraf Qayqas ante el investigador de tráfico Eliyahu Mizrahi» [hebreo], 21 de febrero de 2012.

— «Informe del examinador de tráfico» [hebreo], 8 de mayo de 2012.

Solomon, Zahava y Rony Berger, «Coping with the Aftermath of Terror-Resilience of ZAKA Body Handlers», *Journal of Aggression, Maltreatment & Trauma*, 10, n.º 1-2, 2005, pp. 593-604.

Unidad de Incendios y Servicios de Emergencia en Judea y Samaria y el Valle del Jordán, «Investigation of the Burning of the Children's Bus», 22 de febrero de 2012.

ZAKA, «ZAKA de nuevo entre los tres mejores» [hebreo], 28 de noviembre de 2016.

CUARTA PARTE: EL MURO

Entrevistas del autor a Ghadeer Bahri, Ibrahim Bahri, Mohammad Bahri, Rula Bahri, Abed Salama, Ibrahim Salama, Ron Shatzberg, Yehuda Shaul, Adi Shpeter, Dany Tirza, Saar Tzur, Arik Vaknish, Beber Vanunu.

Akevot, «Erasure of the Green Line», junio de 2022.

Al Tahhan, Zena, «A Timeline of Palestinian Mass Hunger Strikes in Israel», *Al Jazeera*, 28 de mayo de 2017.

Almog, Shmuel, «"Judaism as Illness": Antisemitic Stereotype and Self-Image», *History of European Ideas*, 13, n.º 6, 1991, pp. 793-804.

— «Between Zionism and Antisemitism», *Patterns of Prejudice*, 28, n.º 2, 1994, pp. 49-59.

Alroey, Gur, «Two Historiographies: Israeli Historiography and the Mass Jewish Migration to the United States, 1881-1914», *The Jewish Quarterly Review*, 105, n.º 1, invierno de 2015, pp. 99-129.

Al-Sahili, Khaled y Hozaifa Khader, «Reality of Road Safety Conditions at Critical Locations in Nablus City with a Road Map for Future Interventions», *An-Naja University Journal for Research-Natural Sciences*, 30, n.º 1, 2016.

Aly, Götz, *Europe Against the Jews, 1880-1945*, Metropolitan Books, Nueva York, 2020.

Aran, Amnon, *Israeli Foreign Policy Since the End of the Cold War*, Cambridge University Press, Cambridge, 2021.

Arens, Moshe, «Tear Down This Wall», *Haaretz*, 5 de marzo de 2013.

Arieli, Shaul y Doubi Schwartz, con la participación de Hadas Tagari, «Injustice and Folly: On the Proposals to Cede Arab Localities from Israel to Palestine», The Floersheimer Institute for Policy Studies, Publication n.º 3/48e, julio de 2016.

Arieli, Shaul, «Messianism Meets Reality: The Israeli Settlement Project in Judea and Samaria: Vision or Illusion, 1967-2016», Fundación de Cooperación Económica (FCE), noviembre de 2017.

Associated Press Staff, «Middle East-Reactions to Hebron Agreement», Associated Press, 15 de enero de 1997.

B'Tselem, «Judgment of the High Court of Justice in Beit Sourik», 1 de enero de 2011.

— «Impossible Coexistence: Human Rights in Hebron Since the Massacre at the Cave of the Patriarchs», septiembre de 1995.

— «Behind the Barrier: Human Rights Violations as a Result of Israel's Separation Barrier», marzo de 2003.

— «Arrested Development: The Long Term Impact of Israel's Separation Barrier in the West Bank», octubre de 2012.

— «Playing the Security Card: Israeli Policy in Hebron as a Means to Effect Forcible Transfer of Local Palestinians», septiembre de 2019.

— «Statistics: Israeli Civilians Killed by Palestinians in the West Bank, Before Operation Cast Lead», consultado el 26 de julio de 2022 en la página web de B'Tselem.

— «Statistics: Israeli Civilians Killed by Palestinians in the West Bank, Since Operation Cast Lead», consultado el 26 de julio de 2022 en la página web de B'Tselem.

— «Statistics: Israeli Security Force Personnel Killed by Palestinians in the West Bank, Before Operation Cast Lead», consultado el 26 de julio de 2022 en la página web de B'Tselem.

— «Statistics: Israeli Security Force Personnel Killed by Palestinians in the West Bank, Since Operation Cast Lead», consultado el 26 de julio de 2022 en la página web de B'Tselem.

Backmann, René, *A Wall in Palestine*, Picador, Nueva York, 2010.

Barkan, Noam, «La historia secreta de los campos de tránsito israelíes», *Ynet* [hebreo], 3 de marzo de 2019.

Baumann, Hanna y Manal Massalha, «Your Daily Reality Is Rubbish: Waste as a Means of Urban Exclusion in the Suspended Spaces of East Jerusalem», *Urban Studies*, 59, n.º 3, 2022, pp. 548-571.

Ben-Gurión, David, *Memoirs, David Ben-Gurion*, World Publishing Company, Nueva York, 1970.

Bimkom, «Survey of Palestinian Neighborhoods in East Jerusalem: Planning Problems and Opportunities», 2013.

Bishara, Azmi, «Acerca de la cuestión de la minoría palestina en Israel», *Teoría y crítica* [hebreo], 3, 1993, pp. 7-20.

Bloom, Etan, «What 'The Father' Had in Mind? Arthur Ruppin (1876-1943), Cultural Identity, Weltanschauung and Action», *History of European Ideas*, 33, n.º 3, septiembre de 2007, pp. 330-349.

Bradley, Megan, *Refugee Repatriation: Justice, Responsibility and Redress*, Cambridge University Press, Cambridge, 2013.

Cable del Departamento de Estado de los Estados Unidos, «Deputy Defense Minister Sneh Describes to Ambassador MOD Steps to Reduce Obstacles to Movement», <Wikileaks.org>.

— «MOI DG Salamah: Hamas Will Not Collapse Quickly», <Wikileaks.org>.

Cattan, Henry, «The Question of Jerusalem», *Arab Studies Quarterly*, 7, n.º 2/3, primavera-verano 1985, pp. 131-160.

Centro Palestino por los Derechos Humanos, «IOF Use Excessive Force and Kill Demonstrator in Peaceful Demonstration in al-Ram Village, North of Occupied Jerusalem», 26 de febrero de 2012.

Comisión Real Palestina, «Notes of Evidence Taken on Thursday 7th January 1937, Forty-Ninth Meeting (Public)», 1937.

Comité Especial para Palestina de las Naciones Unidas, «Report to the General Assembly: Volume 1», Official

Records of the Second Session of the General Assembly, Supplement n.º 11, 1947.

Consejo de Derechos Humanos de las Naciones Unidas, «A/HRC/49/87: Report of the Special Rapporteur on the Situation of Human Rights in the Palestinian Territories Occupied Since 1967», 21 de marzo de 2022.

Consejo de Seguridad de las Naciones Unidas, «S/RES/1073», 28 de septiembre de 1996.

Consejo Noruego de Refugiados, «Driven Out: The Continuing Forced Displacement of Palestinian Residents from Hebron's Old City», julio de 2013.

Corte Internacional de Justicia, «Legal Consequences of the Construction of a Wall in the Occupied Palestinian Territory: Advisory Opinion», 9 de julio de 2004.

Davis, Uri, *Apartheid Israel: Possibilities for the Struggle Within*, Zed Books, Nueva York, 2003.

Dekel, Udi y Lia Moran-Gilad, «The Annapolis Process: A Missed Opportunity for a Two-State Solution?», INSS, junio de 2021.

División de las Naciones Unidas por los Derechos Palestinos, «Israeli Settlements in Gaza and the West Bank (Including Jerusalem): Their Nature and Purpose», 31 de diciembre de 1982.

— «Chronological Review of Events Relating to the Question of Palestine», marzo de 2002.

Doron, Joachim, «Classic Zionism and Modern Anti-Semitism: Parallels and Influences (1883-1914)», *Studies in Zionism*, 4, n.º 2, 2008, pp. 169-204.

Dumper, Michael, «Policing Divided Cities: Stabilization and Law Enforcement in Palestinian East Jerusalem», *International Affairs*, 89, n.º 5, 2013, pp. 1247-1264.

Eitan, Uri y Aviv Tatarsky, Oshrat Maimon, Ronit Sela, Nisreen Alyan, Keren Tzafrir, «The Failing East Jerusalem Education System», Ir Amim and the Association for Civil Rights in Israel, agosto de 2013.

Eldar, Akiva, «Sharon's Bantustans Are Far from Copenhagen's Hope», *Haaretz*, 13 de mayo de 2013.

Enderlin, Charles, *Shattered Dreams: The Failure of the Peace Process in the Middle East, 1995-2002*, Other Press, Nueva York, 2003.

Ephron, Dan, *Killing a King: The Assassination of Yitzhak Rabin and the Remaking of Israel*, W. W. Norton & Company, Nueva York, 2015.

Erlanger, Steven, «Militants' Blast Kills 2 Palestinians by Israel Checkpoint», *New York Times*, 12 de agosto de 2004.

Ettinger, Shmuel, «The Modern Period. A History of the Jewish People» Haim Hillel Ben-Sasson (ed.), Harvard University Press, Cambridge, 1976.

Fezehai, Malin, «The Disappeared Children of Israel», *New York Times*, 20 de febrero de 2019.

Fischbach, Michael R., *Records of Dispossession: Palestinian Refugee Property and the Arab-Israeli Conflict*, Columbia University Press, Nueva York, 2003.

Fundación de Cooperación Económica (FCE), «Resumen de una reunión entre el jefe del Tanzim en Anata y el representante del asentamiento de Anatot» (hebreo), 9 de noviembre de 2000.

Gellman, Barton, «Palestinians, Israeli Police Battle on Sacred Ground», *Washington Post*, 26 de septiembre de 1996.

Gil, Avi, *Shimon Peres: An Insider's Account of the Man and the Struggle for a New Middle East*, I. B. Tauris, Nueva York, 2020.

Gobierno de la Autoridad Palestina (AP), «Informe completo del comité ministerial a cargo de investigar el accidente de tráfico en Yaba», *Wafa* [árabe], 18 de marzo de 2012.

Gobierno del Reino Unido e Irlanda del Norte, «Mandate for Palestine-Report of the Mandatory to the League of Nations», 1932.

Goldenberg, Suzanne, «Snipers Return to Hebron Hill After Israeli Raid», *The Guardian*, 25 de agosto de 2001.

Goodman, Micah, *The Wondering Jew: Israel and the Search for Jewish Identity*, traducción de Eylon Levy, Yale University Press, New Haven, 2020.

Gorenberg, Gershom, «The One-Fence Solution», *New York Times Magazine*, 3 de agosto de 2003.

Gorny, Yosef, *Zionism and the Arabs 1882-1948: A Study of Ideology*, Oxford University Press, Oxford, 1987.

Greenberg, Joel, «Hebron Is a Bit Quieter, but Certainly Not Peaceful», *New York Times*, 28 de junio de 1994.

Greenberg, Stanley B., *Race and State in Capitalist Development: Comparative Perspectives*, Yale University Press, New Haven, 1980.

Grinberg, Lev Luis, *Politics and Violence in Israel/Palestine: Democracy Versus Military Rule*, Routledge, Nueva York, 2009.

Haberman, Clyde, «Hunger Strike Lights a Spark Among Palestinians», *New York Times*, 12 de octubre de 1992.

Hacohen, Dvora, «British Immigration Policy to Palestine in the 1930s: Implications for Youth Aliyah», *Middle Eastern Studies*, 37, n.º 4, octubre de 2001, pp. 206-218.

Harel, Israel, «Sharon Grants Victory to Arafat», *Haaretz*, 13 de junio de 2002.

Hedges, Chris, y Joel Greenberg, «West Bank Massacre; Before Killing, Final Prayer and Final Taunt», *New York Times*, 28 de febrero de 1992.

Herschman, Betty y Yudith Oppenheimer, «Redrawing the Jerusalem Borders: Unilateral Plans and Their Ramifications», en «Fragmented Jerusalem: Municipal Borders, Demographic Politics and Daily Realities in East Jerusalem», PAX, abril de 2018.

Herzl, Theodor, *The Jewish State: An Attempt at a Modern Solution of the Jewish Question*, Jacob de Haas (ed.), Sylvie d'Avigdor (trad.), Anados Books, Withorn, 2018.

Herzog, Chaim, *The Arab-Israeli Wars: War and Peace in the Middle East*, actualizado por Shlomo Gazit, Vintage, Nueva York, 2005.

Hoffman, David, «8 Killed, 40 Injured in Car Bomb Blast at Israeli Bus Stop», *Washington Post*, 7 de abril de 1994.

Human Rights Watch, «A Threshold Crossed: Israeli Authorities and the Crimes of Apartheid and Persecution», abril de 2021.

International Crisis Group, «Leap of Faith: Israel's National Religious and the Israeli-Palestinian Conflict», *Middle East Report*, n.º 147, 21 de noviembre de 2013.

Ir Amin, «Jerusalem Neighborhood Profile: Shuafat Refugee Camp», agosto de 2006.

— «Displaced in Their Own City: The Impact of Israeli Police in East Jerusalem on the Palestinian Neighborhoods of the City Beyond the Separation Barrier», junio de 2015.

Israeli Knesset, «Israeli-Palestinian Interim Agreement on the West Bank and the Gaza Strip-Annex V, Protocol on Economic Relations», 28 de septiembre de 1995.

Jabareen, Yosef, «Territoriality of Negation: Co-production of "Creative Destruction" in Israel», *Geoforum*, 66, 2015, pp. 11-25.

Kaplansky, Tamar, «Israeli Health Ministry Report Admits Role in Disappearance of Yemenite Children in 1950s», *Haaretz*, 8 de diciembre de 2012.

Kaufman, Yehezkel, «Anti-Semitic Stereotypes in Zionism: The Nationalist Rejection of Diaspora Jewry», *Commentary*, marzo de 1949.

Kerem Navot, «A Locked Garden: Declaration of Closed Areas in the West Bank», marzo de 2015.

Khalidi, Walid, *All That Remains: The Palestinian Villages Occupied and Depopulated by Israel in 1948*, Institute for Palestine Studies, Washington D. C., 1992.

Kim, Hannah, «Hi There, Green Line», *Haaretz*, 6 de junio de 2022.

Koren, David, «Arab Neighborhoods Beyond the Security Fence in Jerusalem: A Challenge to Israeli National Security Policy», The Jerusalem Institute for Strategy and Security, 17 de enero de 2019.

Laskier, Michael M., «Jewish Emigration from Morocco to Israel: Government Policies and the Position of International Jewish Organizations, 1949-56», *Middle Eastern Studies*, 25, n.º 3, 1989, pp. 323-362.

Lesch, Ann Mosely, «Israeli Settlements in the Occupied Territories, 1967-1977», *Journal of Palestine Studies*, 7, n.º 1, otoño de 1977, pp. 26-47.

Levinson, Chaim, «Israel Demolishes Three Illegal Houses in West Bank Outpost, Six Arrested», *Haaretz*, 5 de septiembre de 2011.

Levinson, Chaim, y Avi Issacharoff, «Settlers Set Fire to West Bank Mosque After Israel Demolishes Illegal Structures in Migron», *Haaretz*, 5 de septiembre de 2011.

Levinson, Chaim, Anshel Pfeffer y Revital Hoval, «Settlers Vandalize Military Base in First "Price Tag" Attack Against IDF», *Haaretz*, 8 de septiembre de 2011.

Levy-Barzilai, Vered «Ticking Bomb (1 of 2)», *Haaretz*, 15 de octubre de 2003.

Lidman, Melanie, «Barkat Proposes Changing Jerusalem's Borders», *Jerusalem Post*, 17 de diciembre de 2011.

Lloyd, Robert B., «On the Fence: Negotiating Israel's Security Barrier», *The Journal of the Middle East and Africa*, 3, 2012.

Lustick, Ian S., «The Holocaust in Israeli Political Culture: Four Constructions and Their Consequences», *Contemporary Jewry*, 37, n.º 1, 1 de abril de 2017, pp. 125-170.

Masland, Tom, «Shot All to Hell», *Newsweek*, 6 de octubre de 1996.

McCarthy, Justin, *The Population of Palestine: Population History and Statistics of the Late Ottoman Period and the Mandate*, Columbia University Press, Nueva York, 1990.

Mekorot, «The National Water Carrier», consultado el 14 de mayo de 2021 en la página web de Mekorot.

Michael, Kobi y Amnon Ramon, «A Fence Around Jerusalem: The Construction of the Security Fence Around Jerusalem, General Background and Implications for the City and Its Metropolitan Area», The Jerusalem Institute for Israel Studies, 2004.

Ministerio de Justicia de Israel, «Road Accident Victims Compensation Law, 5735-1975 (Amended 1989, 1994 1995, 1997, 1998)», *Laws of the State of Israel*, 29, 5735, 1974/1975.

Ministerio de Asuntos Exteriores de Israel, «Israeli-Palestinian Interim Agreement on the West Bank and the Gaza Strip», 28 de septiembre de 1995.

Ministerio de Transporte AP, «Registro de vehículos-6055040» [árabe], 21 de febrero de 2012.

— «Accidentes de coche en Cisjordania, reporte anual», *Wafa* [árabe], 2010, 2011 y 2012.

Morris, Benny, «Camp David and After: An Exchange (1. An Interview with Ehud Barak)», *New York Review of Books*, 13 de junio de 2002.

— *The Birth of the Palestinian Refugee Problem Revisited*, Cambridge University Press, Cambridge, 2004.

Mualem, Mazal, «Creeping Separation Along the "Seam"», *Haaretz*, 19 de diciembre de 2001.

Municipalidad de Jerusalén, «Local Outline Plan–Jerusalem 2000», agosto de 2004.

Murphy, Verity, «Mid-East Cycle of Vengeance», BBC News Online, 5 de octubre de 2023.

Nunez, Sandy, «Warring Communities Separated by Wall», ABC News, 6 de junio de 2002.

Oficina Central de Estadísticas de Israel, «Table 5.04–Casualties in Road Accidents in the Judea and Samaria Area, by Locality, Severity, Type and Age of Casualty», 2010, 2011 y 2012.

Oficina de las Naciones Unidas para la Coordinación de Asuntos Humanitarios, «New Wall Projections», 9 de noviembre de 2003.

— «Barrier Update: Seven Years After the Advisory Opinion of the International Court of Justice on the Barrier: The Impact of the Barrier in the Jerusalem Area», julio de 2011.

— «The Monthly Humanitarian Monitor», 29 de febrero de 2012.

Osherov, Eli, «Jerusalén Este: las autoridades lo han abandonado, está en manos de Hamas y del Tanzim», *Ma'ariv* [hebreo], 13 de julio de 2010.

Ottenheijm, Eric, «The 'Inn of the Good Samaritan': Religious, Civic and Political Rhetoric of a Biblical Site», Pieter B. Hartog, Shulamit Laderman, Vered Tohar y Archibald L. H. M. van Wieringen (eds.), *Jerusalem and Other Holy Places as Foci of Multireligious and Ideological Confrontation*, Brill, Leiden, 2021, pp. 275-296.

Oxfam International, «Five Years of Illegality. Time to Dismantle the Wall and Respect the Rights of Palestinians», julio de 2009.

Parlamento israelí, «Israeli-Palestinian Interim Agreement on the West Bank and the Gaza Strip–Annex V, Protocol on Economic Relations», 28 de septiembre de 1995.

Parsons, Nigel, *The Politics of the Palestinian Authority: From Oslo to al-Aqsa*, Routledge, Nueva York, 2005.

PASSIA, «Palestinian Planning Imperatives in Jerusalem with a Case Study on Anata», agosto de 2000.

Peace Now, «Carta de un oficial» [hebreo], 7 de marzo de 1978.

Periodistas de Newsweek, «Presenting a New Face to the World», *Newsweek*, 19 de febrero de 2006.

Periodistas de Reuters, «Settlers Suspected in West Bank Mosque Vandalism», Reuters, 19 de junio de 2012.

Periodistas de Time, «A Majority of One», *Time*, 13 de noviembre de 1995.

Ravitzky, Aviezer, «Exile in the Holy Land: The Dilemma of Haredi Jewry», en Peter Y. Medding (ed.), *Israel: State and Society, 1948-1988*, University Press, Oxford, 1989, pp. 89-125.

Raz, Avi, *The Bride and the Dowry: Israel, Jordan, and the Palestinians in the Aftermath of the June 1967 War*, Yale University Press, New Haven, 2012.

Robinson, Shira, *Citizen Strangers: Palestinians and the Birth of Israel's Liberal Settler State*, Stanford University Press, Stanford, 2013.

Ross, Dennis, *The Missing Peace: The Inside Story of the Fight for Middle East Peace*, Farrar, Straus and Giroux, Nueva York, 2004.

Savir, Uri, *The Process: 1,100 Days That Changed the Middle East*, Vintage, Nueva York, 1998.

Segev, Tom, «The Makings of History: Revisiting Arthur Ruppin», *Haaretz*, 8 de junio de 2009.

— *A State at Any Cost: The Life of David Ben-Gurion*, Farrar, Straus and Giroux, Nueva York, 2019.

— *The Seventh Million: The Israelis and the Holocaust*, Hill and Wang, Nueva York, 2019.

Setton, Dan y Tor Ben Mayor, «Interview: Benjamin Netanyahu», en «Shattered Dreams of Peace: The Road from Oslo», *Frontline*, 27 de junio de 2002.

Sfard, Michael, *The Wall and the Gate: Israel, Palestine, and the Legal Battle for Human Rights*, Metropolitan Books, Nueva York, 2018.

Shapira, Anita, *Land and Power: The Zionist Resort to Force, 1881-1948*, Stanford University Press, Stanford, 1992.

— «Anti-Semitism and Zionism», *Modern Judaism*, 15, n.º 3, octubre de 1995, pp. 215-232.

— «The Origins of the Myth of the 'New Jew': The Zionist Variety», en Jonathan Frankel (ed.), *The Fate of the European Jews, 1939-1945: Continuity or Contingency?*, Oxford University Press, Nueva York, 1997.

— *Israel: A History*, Brandeis University Press, Waltham (MA), 2012.

Shimoni, Gideon, *The Zionist Ideology*, University Press of New England, Hanover, New Hampshire, 1995.

Shindler, Colin, *A History of Modern Israel*, Cambridge University Press, Cambridge, 2013.

Shlaim, Avi, *The Iron Wall: Israel and the Arab World*, W. W. Norton & Company, Nueva York, 2014.

Shragai, Nadav y Ori Nir, «Yesha Lobbying for Separation Fence Along Area A Border», *Haaretz*, 13 de junio de 2002.

Singer, Joel, «Twenty-Five Years Since Oslo: An Insider's Account», *Fathom Journal*, 21 de agosto de 2018.

Stanislawsky, Michael, *Zionism: A Very Short Introduction*, Oxford University Press, Nueva York, 2016.

The Jewish Publication Society, *The Holy Scriptures According to the Masoretic Text: A New Translation, with the Aid of Previous Versions and with Constant Consultation of Jewish Authorities*, The Jewish Publication Society of America, Filadelfia, 1917.

Thrall, Nathan, «BDS: How a Controversial Non-violent Movement Has Transformed the Israeli-Palestinian Debate», *The Guardian*, 14 de agosto de 2018.

— «The Separate Regimes Delusion: Nathan Thrall on Israel's Apartheid», *London Review of Books*, 43, n.º 2, 21 de enero de 2021.

Tirza, Danny, «The Strategic Logic of Israel's Security Barrier», Jerusalem Center for Public Affairs, 8 de marzo de 2006.

Veidlinger, Jeffrey, *In the Midst of Civilized Europe: The Pogroms of 1918-1921 and the Onset of the Holocaust*, Metropolitan Books, Nueva York, 2019.

Verter, Yossi y Aluf Benn, «El rey Salomón también entregó territorios de la Tierra de Israel», *Haaretz* [hebreo], 22 de abril de 2005.

Vital, David, «The Afflictions of the Jews and the Afflictions of Zionism: The Meaning and Consequences of the "Uganda" Controversy», en Jehuda Reinharz y Anita Shapira, *Essential Papers on Zionism*, New York University Press, Nueva York, 1996, pp. 119-132.

Waked, Ali, «Muerte por ataque al corazón por culpa de las demoras de las FDI», *Ynet* [hebreo], 24 de mayo de 2006.

Weiss, Efrat, «Explosión en Kalandia: palestinos muertos, tres oficiales de la policía de fronteras con heridas severas», *Ynet* [hebreo], 11 de agosto de 2004.

Weiss, Yfaat, «The Transfer Agreement and the Boycott Movement: A Jewish Dilemma on the Eve of the Holocaust», *Yad Vashem Studies*, 26, 1998, pp. 131-199.

Willacy, Mark, «Israeli Conscripts Break the Silence», ABC Radio Australia, septiembre de 2005.

Winer, Stuart, «Israel Reportedly Offering Land and Its 300,000 Residents to Palestinians» *Times of Israel*, 1 de enero de 2014.

Wolf-Monzon, Tamar, «"The Hand of Esau in the Midst Here Too"–Uri Zvi Grinberg's Poem "A Great Fear and the Moon" in Its Historical and Political Contexts», *Israel Studies*, 18, n.º 1, primavera de 2013, pp. 170-193.

Zipperstein, Steven J., *Pogrom: Kishinev and the Tilt of History*, Liveright, Nueva York, 2019.

QUINTA PARTE: DOS ENTIERROS

Entrevistas del autor a Mahmud (Abu Jihad) Alawi, Ghadeer Bahri, Ibrahim Bahri, Imm Mohammad Bahri, Mohammad Bahri, Muhannad Bahri, Rula Bahri, Tala Bahri, Ahmad al-Hindi, Hafez al-Hindi, Haya al-Hindi, Namir Idilby, Saadi Yulani, Wadah Jatib, Jalil Jury, Ruba al-Najjar, Abed Salama, Adam Salama, Fufu Salama, Haifa Salama, Lulu Salama, Nansy Qawasme, Sahar Qawasme, Ami Shoshani, Livnat Wieder.

Actas del Congreso de los Estados Unidos, «Celebrating Nursing and Khalil Khoury, MSc Pharm, BSN, RN. E1435», 18 de julio de 2006.

Applied Research Institute-Jerusalem, «Deir Jarir Village Profile», 2012.

— «Kafr Malik Town Profile», 2012.

Asociación por los Derechos Civiles en Israel, «East Jerusalem in Numbers», mayo de 2012.

BBC News, «Palestinian Pupils Killed in West Bank School Bus Crash», 16 de febrero de 2012.

Berg, Kjersti G., «Mu'askar and Shu'fat: Retracing the Histories of Two Palestinian Refugee Camps in Jerusalem», *Jerusalem Quarterly*, 88, invierno de 2021, pp. 30-54.

Cassel, Matthew, «Occupied and High in East Jerusalem», AJ+, 28 de abril de 2015.

Consejo de Seguridad de las Naciones Unidas, «Summary by the Secretary-General of the Report of the United Nations Headquarters Board of Inquiry into Certain Incidents That Occurred in the Gaza Strip Between 8 July 2014 and 26 August 2014», 27 de abril de 2015.

Corte Suprema de Justicia de Israel, «HCJ 2164/09, 'Yesh Din'–Voluntarios de derechos humanos vs. comandante de las FDI en Cisjordania» [hebreo], 26 de diciembre de 2011.

Dumper, Michael, *The Politics of Jerusalem Since 1967*, Columbia University Press, Nueva York, 1997.

— *The Politics of Sacred Space: The Old City of Jerusalem in the Middle East Conflict*, Lynne Rienner Publishers, Boulder (CO), 2003.

Efrati, Ido, «"Another Terrorist Is Born": The Long-Standing Practice of Racism and Segregation in Israeli Maternity Wards», *Haaretz*, 5 de abril de 2016.

Hasson, Nir, «In East Jerusalem's War on Drugs, Residents Say Police Are on the Wrong Side», *Haaretz*, 14 de diciembre de 2019.

Ir Amim, «Displaced in Their Own City», junio de 2015.

Lefkovits, Etgar, «Sharon Back at Work After Stroke», *Jerusalem Post*, 20 de diciembre de 2005.

Ministerio de Defensa israelí, «Base de datos de asentamientos», *Haaretz* [hebreo], 30 de enero de 2009.

Morris, Benny, *The Palestinian Refugee Problem Revisited*, Cambridge University Press, Cambridge, 2004.

Oficina de las Naciones Unidas para la Coordinación de Asuntos Humanitarios, «Record Number of Demolitions, Including Self-Demolitions, in East Jerusalem in April 2019», 14 de mayo de 2019.

Parlamento israelí, «Israeli-Palestinian Interim Agreement on the West Bank and the Gaza Strip-Annex V, Protocol on Economic Relations», 28 de septiembre de 1995.

Peace Now, «Jerusalem Municipal Data Reveals Stark Israeli-Palestinian Discrepancy in Construction Permits in Jerusalem», 12 de septiembre de 2019.

Periodistas de Arutz Sheva, «Elazar: An American Experiment in Gush Etzion», Israel National News, 9 de octubre de 2015.

Purkiss, Jessica, «East Jerusalem Youth Find Escape in Drugs», *Deutsche Welle*, 15 de julio de 2015.

Yesh Din, «The Great Drain-Israeli Quarries in the West Bank: High Court Sanctioned Institutionalized Theft», septiembre de 2017.

EPÍLOGO

Entrevistas del autor a Dvir Adani, Amnon Amir, Eldad Benshtein, Itzhak Bloch, Itai Elias, Raphael Herbst, Namir Idilby, Wadah Jatib, Nadav Matzner, Nader Morrar, Bentzi Oiring, Ilay Peled, Shlomo Petrover, Abed Salama, Haifa Salama, Ibrahim Salama, Nahil Salama, Wa'el Salama, Ami Shoshani, Arik Vaknish, Beber Vanunu, Arik Weiss, Dubi Weissenstern, Duli Yariv.

Ali, Ahmed, *Al-Qur'an: A Contemporary Translation*, Princeton University Press, Princeton, 2001.

Comité de las Familias de las Víctimas del Accidente de Yaba, «Carta al primer ministro Salam Fayyad» [árabe], 1 de mayo de 2012.

Corte del Distrito de Jerusalén, «El Estado de Israel vs. Ashraf Qayqas: audiencia del 29 de marzo de 2015» [hebreo], 29 de marzo de 2015, pp. 25-136.

— «El Estado de Israel vs. Ashraf Qayqas: audiencia del 14 de junio de 2016» [hebreo], 14 de junio de 2016, pp. 28-99.

— «El Estado de Israel vs. Ashraf Qayqas: audiencia del 15 de junio de 2016» [hebreo], 15 de junio de 2016, pp. 28-74.

— «El Estado de Israel vs. Ashraf Qayqas: audiencia del 16 de junio de 2015» [hebreo], 16 de junio de 2015, pp. 26-120.

— «El Estado de Israel vs. Ashraf Qayqas: audiencia del 9 de junio de 2016» [hebreo], 9 de junio de 2016, pp. 29-91.

— «El Estado de Israel vs. Ashraf Qayqas: audiencia del 23 de marzo de 2017» [hebreo], 23 de marzo de 2017, pp. 32-92.

— «El Estado de Israel vs. Ashraf Qayqas: sentencia» [hebreo], 29 de marzo de 2018, pp. 1-17.

Corte Suprema de Israel, «Judgment by Justice Neal Hendel in Ashraf Qayqas v. The State of Israel», 24 de febrero de 2016, pp. 1-6.

Dar, Yoel, «Una nueva vigilancia en Galilea Occidental», *Davar* [hebreo], 7 de noviembre de 1980.

Dolev, Aharon, «El centro del asentamiento de Gilon es demasiado grande», *Ma'ariv* [hebreo], 6 de abril de 1979.

Gobierno de la Autoridad Palestina (AP), «Informe completo del comité ministerial a cargo de investigar el accidente de tráfico en Yaba», *Wafa* [árabe], 18 de marzo de 2012.

Macintyre, Donald, «Bassam Aramin's Search for Justice», *The Independent*, 18 de agosto de 2010.

Policía de Israel, «Testimonio de Ashraf Qayqas frente al agente de policía Shmuel Ozeri» [hebreo], 16 de febrero de 2012.

Policía de Israel, Distrito de Shai (Shomron-Yehuda), División de Tráfico, «Reporte del incidente» [hebreo], 2012.

— «Testimonio de Ashraf Qayqas ante el investigador de tráfico Eliyahu Mizrahi» [hebreo], 21 de febrero de 2012.

— «Opinión de un experto: análisis del disco taquimétrico» [hebreo], 28 de febrero de 2012.

— «Presentación de los resultados del examen del Vericom» [hebreo], 10 de abril de 2012.

— «Informe del inspector de tráfico» [hebreo], 8 de mayo de 2012.

Rosenberg, Oz, «Hundreds of Beitar Jerusalem Fans Beat Up Arab Workers in Mall; No Arrests», *Haaretz*, 23 de marzo de 2012.

Thrall, Nathan, «A Day in the Life of Abed Salama», *New York Review of Books* (en línea), 19 de marzo de 2021.

Weiss, Arik, «An Arab Kid Died, Ha Ha Ha Ha», Channel 10, Israel, 31 de marzo de 2012.

Yiftachel, Oren, «The Internal Frontier: Territorial Control and Ethnic Relations in Israel», *Regional Studies*, 30, n.º 5, 1996, pp. 493-508.

# AGRADECIMIENTOS

Quiero empezar por dar las gracias a quienes aparecen en este libro. Ellos compartieron generosamente los detalles más íntimos de su vida, en algunos casos hablando de su tragedia por primera vez en casi diez años. Sobre todo estoy en deuda con Abed Salama. Fue un privilegio pasar tanto tiempo con él durante los últimos tres años. Espero haber hecho justicia a su historia y a la de Milad. Mis agradecimientos también para Haifa y para la familia Salama más extensa, que me hizo sentir como un miembro honorario: Lulu, Fufu, Thana'a, Mayar, Adam, Fidaa, Wa'el, Naheel, Abu Wisaam, Bashir, Ruba, Yessenia, Yad, Ibrahim, Sahar, Abud, Abu Yihad, y Tha'er.

Huda Dahbur me confió sus historias y me dedicó su tiempo una y otra vez. También quiero agradecer a las familias de Salaah Dweik, Abdullah Hindi y Ula Yulani; a Tala Bahri y a su familia; a Radwan Tawam y a su familia; a Salem Abu Marjiye.

Los testimonios de otros muchos entrevistados aparecen en estas páginas. Estoy agradecido con Dvir Adani, Amnon Amir, Eldad Benshtein, Itzhak Bloch, Itai Elias, Namir Idilby, Wadah Jatib, Jalil Jury, Mira Lapidot,

Yaakov Lapidot, Nader Morrar, Bentzi Oiring, Shlomo Petrover, Rita Qahwaji, Ron Shatzberg, Ami Shoshani, Adi Shpeter, Dany Tirza, Saar Tzur, Arik Vaknish, Beber Vanunu, Arik Weiss, Dubi Weissenstern, Livnat Wieder, Duli Yariv y Maysoon Zahalka. Otros que fueron generosos con su tiempo y sus conocimientos incluyen a Milena Ansari, Kjersti Gravelsæter Berg, Mick Dumper, Dror Etkes, Raphael Herbst, Shawan Jabarin, Eitay Mack, Nadav Matzner, Quamar Mishirqi-Assad, David Myers, Mansur Nasasra, Ilay Peled, Michael Sfard y Aviv Tatarsky.

Fue un honor tener como compañeros de investigación a dos periodistas excepcionales, Ashira Darwish y Sami Sockol, y, en una fase temprana, a Bashar Mashni, quien murió en enero de 2023.

Dos años de la investigación y de la escritura fueron posibles gracias a becas de las fundaciones de Open Society. Mi más profunda gratitud va para su director ejecutivo en Oriente Próximo y el norte de África, Isandr El Armani, a quien tuve la suerte de llamar colega en nuestros días juntos en el International Crisis Group. Muchas gracias también a Noor Shufani, Abier Al-Jateeb y Lenny Benardo, quienes me dieron un apoyo invaluable.

Completé este libro en el Bard College, donde pasé el año académico 2022-2023 como escritor residente. Mi agradecimiento a Tom Keenan, Jonathan Becker y Leon Botstein por darnos a mí y a mi familia un año idílico en el valle del Hudson y por negarse a agacharse ante los matones.

Este proyecto empezó siendo un artículo para el *New York Review of Books*. Aunque el libro contiene menos de una página del artículo que fue publicado en la revista, le debe su existencia al *Review* y a tres defensores del texto allí: Patrick Hederman, Emily Greenhouse y, sobre todo, Matt Seaton.

Estoy en deuda con Sara Kayyali, Jeremy Kleiner y David Remnick, quienes me animaron a convertir el artículo en un libro, y con Mark Danner, Nadia Saah, David Shulman y, en particular, con Kathleen Peratis.

En Oriente Próximo, tres colegas han sido fundamentales en mi vida profesional y personal, y me ayudaron con este libro en más formas de las que puedo describir: Omar Shakir, Yehuda Shaul y, especialmente, Hagai El-Ad, quienes me ofrecieron apoyo incondicional. También recibí ayuda de mil maneras distintas de Sana'a Allan en Jerusalén y de Azmi Keshawi en Gaza, dos personas extraordinarias que han acogido a mi familia y nos han dado la bienvenida a las suyas. Varios amigos leyeron los manuscritos en una etapa temprana e hicieron valiosos comentarios: Tareq Baconi, Sara Bershtel, Rob Malley y Josh Yaffa, quien ha estado a mi lado desde el comienzo.

Como sucedió con mi libro anterior, escribí buena parte de este en la casa de Musrara de nuestros amigos Adina Hoffman y Peter Cole, quienes han enriquecido nuestra vida en Jerusalén y en cuyos oídos y ojos muy agudos sigo confiando de varias maneras, grandes y pequeñas.

Este libro no podría haber sido creado sin Riva Hocherman, mi supremamente talentosa editora. La profundidad de su implicación en él, su inteligencia y la sensibilidad de sus intervenciones no pueden subestimarse. Revisó más borradores de los que puedo contar y, cada vez, con un aguante casi inhumano y con una gran atención al detalle. Este libro habría sido mucho menos si hubiera estado en manos de cualquier otra persona.

En Metropolitan-Henry Holt, quiero dar las gracias a Flora Esterly, Laura Flavin, Devon Mazzone, Chris O'Connell, Carolyn O'Keefe y Kelly Too. En Allen Lane-Penguin Press, en el Reino Unido, tuve la buena suerte de trabajar con mi editora Maria Bedford, así como con Noosha Alai-South, Rosie Brown y Maddie Watts. Levente Szabo diseñó la cubierta de la edición inglesa y Christopher Sergio, la de la estadounidense. Daleen Saah hizo los innovadores mapas. Mi agente Edward Orloff hizo que este libro pudiera existir y Michael Taeckens lo ha llevado hábilmente al mundo entero.

Los mayores agradecimientos son para mi esposa, Judy Heiblum, editora profesional y mi primera y última lectora. Todo lo que escribo ha sido moldeado y refinado por ella. Pero esa es la menor de las formas en que me hace ver mejor de lo que debería. Nuestras tres hijas, Juno, Tessa y Zoe, han crecido en Jerusalén, justo al otro lado del muro que las separa de los niños que se mencionan aquí. A pesar de que parece poco probable que la segregación termine en lo que me queda de vida, escribí el libro con la esperanza de que pueda desmantelarse durante la suya.

292

# ÍNDICE TEMÁTICO

303

Salama, Adam (hijo de Abed; hermano de Milad), 14, 87, 201, 204, 227-228, 248

Salama, Ahmad (primo de Abed), 35-41, 247, 249

Salama, Amin (primo de Abed), 18, 36-41

Salama, Asmahan (primera esposa de Abed), 19, *38-39*, 60, 68, 78
  divorcio de Abed y, 67-68, 72, 83-84
  matrimonio con Abed y, 58-68
  matrimonio de Abed con Haifa y, 80-84
  padres de, 59-60, 72, 83-85
  segundo matrimonio de, 85-86

Salama, Bashir (hermano de Abed), 200, 205, 228

Salama familia, 17, 23, 26, 39, 194

Salama, Fátima «Fufu» (hija de Abed), 68, 232

Salama, Hilmi (primo de Abed), 14-17

Salama, Ibrahim (funcionario de alto rango de la AP), 149-152, 161-162, 168, 178-180, 187-190, 194-195, 226, 228

Salama, Layla (esposa de Wa'el, hermano de Abed), 52-56, 63

Salama, Manolia «Lulu» (hija de Abed), 66, 200-201, 232, 248

Salama, Milad (hijo de Abed)
  búsqueda de, 199-201, 204-206, 226, 228
  excursión del colegio y, 14-19
  nacimiento de, 87

Salama, Nabeel (hermano de Abed), 70

Salama, Na'el (hermano de Abed), 37, 40, 247

Salama, Naheel (hermana de Abed), 27, 30, 32-33, *38*, 51, 58-60, 62, 82-83
  arresto de, 33
  matrimonio con Abu Wisaam y, 30

Salama, Rama (prima de Milad), 250

Salama, Wa'el (hermano de Abed), 37, 52-54, 82, 230, 245

Salem (ayuda en el rescate del accidente del autobús), 95-98, 126, 140-142, 149, 156

Salomón, rey, 220

Santo Sepulcro, iglesia del, 60

Sawahre, pueblo, 114, 117-118, *215*

segunda intifada (2000-2005),

307

# ÍNDICE